Tanja Grundmann

AF672962

Einseitiger Beziehungswunsch – Wenn Männer nicht verbindlich werden

Beziehungsratgeber für Affäre, Liebeskummer, heimliche Liebe, Verlustangst, Dreiecksbeziehung & toxische Liebe

EK-2 Publishing

Ihre Zufriedenheit ist unser Ziel!

Liebe Leser, liebe Leserinnen,

zunächst möchten wir uns herzlich bei Ihnen dafür bedanken, dass Sie dieses Buch erworben haben. Wir sind ein kleines Familienunternehmen aus Duisburg und freuen uns riesig über jeden einzelnen Verkauf!

Wir sind bestrebt, jedes unserer Bücher für Sie zu einem ganz besonderen Leseerlebnis zu machen. Daher liegt uns Ihre Meinung sehr am Herzen!

Wir freuen uns über Ihr Feedback zu unserem Buch. Haben Sie Anmerkungen? Kritik? Bitte lassen Sie es uns wissen. Ihre Rückmeldung ist wertvoll für uns, damit wir in Zukunft noch bessere Bücher für Sie machen können.

Schreiben Sie uns: info@ek2-publishing.com

Nun wünschen wir Ihnen ein angenehmes Leseerlebnis!

Jill & Moni von EK-2 Publishing

INHALT

Über die Autorin

Tanja Grundmann, Jahrgang 1963, ist Beziehungscoach und therapeutische Wegweiserin. In mehr als 39 000 Beratungsgesprächen hat sie tausenden Frauen dabei geholfen, aus toxischen Beziehungen und unglücklichen Affären auszubrechen oder manche Affäre sogar in eine echte Beziehung umzuwandeln. Sie ist studierte Pädagogin und berät seit 28 Jahren Menschen in Beziehungs- und Lebenskrisen.

Sie selbst hat in ihrem früheren Beziehungsleben Erfahrungen mit toxischen Beziehungen und mit einer sehr schmerzhaften Affäre gemacht. Damals gab es für diese Lebenslagen noch keine Beratungen und Vieles von dem, was sie erlebte, hatte nicht einmal einen Namen. So blieb ihr nur die Möglichkeit, den Abhängigkeiten und Zwängen dieser Beziehungen ganz tief auf den Grund zu gehen und sich mit den Erkenntnissen und ihren eigenen Fähigkeiten selbst aus dem Schlamassel zu befreien.

Tanja Grundmann untersuchte und erforschte später die Lebensgeschichten vieler Menschen und alle Mechanismen, die in diesen suchterzeugenden Beziehungskonstellationen dazu beitragen, dass man sich zunächst kaum aus der Bredouille befreien kann und eine riesige Angst vor der Trennung entwickelt. Aus einer langen Phase der Beobachtung und der erfolgreichen Anwendung hat sie hochwirksame Vorgehensweisen entwickelt, um aus der Zwangslage einer schmerzhaften Beziehung oder Affäre wieder zurück in die eigene Kraft und die Handlungsfähigkeit zu finden – ohne Schmerz und ohne erbarmungslose Methoden wie *No Contact*. Ihre Methoden berücksichtigen vor allem den quälenden emotionalen Schmerz, der mit diesen Beziehungstypen einhergeht.

Tanja Grundmann ist es wichtig, die schweren Situationen im Leben so zu nutzen, dass sie uns später dienlich sind, und zwar nicht als abstrakte Größe, sondern ganz konkret und sichtbar: indem wir uns in gewünschter Weise verändern, indem wir auf diese Weise dafür sorgen, dass wir nie wieder in so etwas hineingeraten, und indem wir uns gerade *durch* diese Erfahrung zu einer glücklichen und erfüllten Partnerschaft befähigen.

Denn das Leben macht keine Fehler. Wir müssen nur verstehen, worauf wir unsere Aufmerksamkeit richten müssen, um es richtig zu interpretieren.

Tanja Grundmanns Vorgehensweisen sind vielfach erprobt, sie haben sich bewährt und sie sind im Laufe der Jahre durch die Arbeit mit ihren Klientinnen bereichert und verfeinert worden. Sie hält Seminare, arbeitet als Buchautorin und berät Frauen und Männer in allen Reifungskrisen und Beziehungsfragen.

Sie betreibt die Website www.tanja-grundmann.de und den YouTube-Kanal *Tanja-Grundmann*. Tanja Grundmann lebt heute mit ihrem Lebensgefährten im Südwesten Frankreichs.

Einleitung

Unerträglicher Liebeskummer, Ungewissheit, oftmals der Verlust der Selbstachtung und Zweifel an der eigenen Beziehungsfähigkeit prägen den Verlauf einer unsicheren Beziehung, einer Beziehung, die eigentlich keine ist, denn der Mann hat sich nicht eindeutig entschieden. Stattdessen trifft er sich mit dir und genießt deine Zuwendung und die schönen Stunden mit dir. Nie scheint es jedoch zu reichen für ein Bekenntnis, für eine Kontinuität und auch nicht für die Erschaffung eines verbindlichen Rahmens, den eine Zweierkonstellation braucht, um wachsen und reifen zu können. In unsicheren Beziehungen fängst du immer wieder von vorne an. Nichts entfaltet und entwickelt sich.

Was folgt ist ein beständiger Zyklus von Nähe, Intensität und Glück und dann Trennung, Isolation und ein alles verzehrender Liebeskummer.

In einer unsicheren Beziehung wirst du wieder und wieder verlassen: Jedes Mal, wenn er nach Hause geht, entzündet sich der Schmerz von neuem. Das Warten beginnt, genauso wie die nagenden Zweifel an der eigenen Liebenswertigkeit.

Der Leidensdruck, den unverbindliche Beziehungen meist bei einem von beiden produzieren, und die vielen Fragen, die sich daraus ergeben, haben mich dazu bewogen, dieses Buch zu schreiben.

∞

Auch wenn jede Geschichte einmalig ist, so gibt es doch wesentliche Aspekte in unsicheren Beziehungen, die einander gleichen. Die Rede ist von Affären, und zwar jene, bei denen einer von beiden einen Beziehungswunsch hat und der andere nicht, oder weniger.

Die Umstände sind unterschiedlich

Es gibt zum Beispiel die klassische Affäre mit einem gebundenen Mann. Hier ist meist von vorneherein klar, dass der Mann nicht verbindlich werden wird. Die Frauen, die sich darauf einlassen, unterschätzen das. Sie unterschätzen die Stärke ihrer eigenen Gefühle und denken, sie hätten sich unter Kontrolle. Sie rechnen nicht damit, dass sie nach einer Weile so viel mehr empfinden für den Mann. Sie unterschätzen die Stärke der Bindung zu seiner Frau. Denn selbst wenn er der Geliebten schwört, er liebe sie und hätte so etwas noch nie so empfunden, trennt sich ein verheirateter Mann nur in den seltensten Fällen ganz von seiner Frau. Kommt es doch entgegen allen Widrigkeiten zu einer festen Beziehung mit ihm, geht das selten gut. Der Boden, auf dem sie wächst, ist kein gesunder.

Dann gibt es jene Affären, deren Charakteristikum darin besteht, dass ein Mann zwar faktisch frei ist, sich dennoch aber nicht auf eine feste Beziehung einlässt. Die Gründe hierfür sind wiederum unterschiedlich. Es gibt den Fall, dass ein Mann sich noch zu sehr an eine Frau aus einer vergangenen Beziehung gebunden fühlt und deshalb die Verantwortung für eine neue Beziehung noch nicht wieder übernehmen kann. Mal weiß er das, mal nicht.

Weiterhin gibt es Männer, die beim Kennenlernen merken, dass sie eine Frau zwar attraktiv finden und Lust haben, Zeit mit ihr zu verbringen, sie aber nicht als langjährige Partnerin infrage kommt. Und dann gibt es natürlich auch den Fall, dass ein Mann nicht beziehungswillig oder beziehungsfähig ist und sich etwas nimmt, wie „Sex ohne Verpflichtung". Das ist bereits nah dran an dem Jäger der Nacht, der sich in ein sexuelles Abenteuer nach dem anderen stürzt.

Auch toxische Beziehungen, in denen der Verbindlichkeitsgrad ständig changiert, gehören zu den unsicheren Beziehungen. Nicht alle toxischen Beziehungen haben dieses Merkmal, aber viele haben es.

Dann gibt es noch die Affären, die aus ernstgemeinten Beziehungsversuchen hervorgehen, bei denen etwas schiefgelaufen ist. Zwischen Männern und Frauen gibt es oft Missverständnisse, die zu Fehlentwicklungen führen, insbesondere dann, wenn man noch nicht lange genug beieinander ist, um Irrtümer klären zu können.

Da zieht sich ein Mann dann plötzlich zurück und die Frau hat keinen Schimmer, warum. Hier lässt sich das Ruder oft noch herumreißen: Verstehen wir, was passiert ist, können wir es ändern und sehr oft die beginnende Beziehung retten. Das habe ich in meiner Beratungspraxis oft gesehen!

Es gibt auch Männer, die eine Weile zögern, bevor sie die Verantwortung für eine Beziehung übernehmen. Sie brauchen einfach länger, um große Entscheidungen zu treffen. Mancher zögert allerdings so lange, bis er selbst reichlich Fläche für Missverständnisse und eine Menge von Verletzungen produziert hat und damit verhindert, dass aus einer Verbindung eine langjährige Beziehung entstehen kann.

Und zu guter Letzt gibt es den Fall, dass man sich ineinander verliebt, doch einer von beiden bemerkt, dass es nicht passt. Hat sich die Frau schon zu sehr verliebt, kann es ihr schwerfallen, die geringe Übereinstimmung als solche anzuerkennen und loszulassen. Auch aus dieser Situation können sehr schmerzhafte Affären erwachsen.

Dieses Buch richtet sich an Frauen, die in einer dieser Konstellationen festhängen.

Hier wird es also zum einen um unverbindliche Beziehungen gehen, die man als Beziehungsversuche bezeichnen kann, welche jedoch zurzeit mehr einer Affäre ähneln, weil sie aus verschiedenen Gründen noch nicht fest geworden sind.

Zum anderen wird es um reine Affären gehen, die voraussichtlich nie zu Beziehungen werden.

Auch auf Dreiecksbeziehungen sind die Inhalte dieses Buches anwendbar.

Manchmal braucht es Unterstützung beim Verstehen und Reifen. In anderen Fällen braucht es Transparenz für die Klärung von Missverständnissen, um so einer unverbindlichen Beziehung eine gute Wendung zu geben. Beide Erfordernisse werden im Buch berücksichtigt und behandelt, und zwar so, dass es immer beiden Situationen dient.

Wir werden untersuchen, wie man in eine solch schmerzvolle Konstellation hineingerät und warum man kaum wieder herausfindet. Wir werden die gemeinsamen Nenner aller Affärentypen und die Grundlagen für eine Affinität zu einer unverbindlichen Beziehungssituation herausarbeiten. Inhalte, die nur auf einen der Affärentypen anwendbar sind, werden als solche gekennzeichnet.

Wir werden erfahren, wie Männer fühlen, denken und funktionieren.

Was die Männer jedoch in ihrer Kindheit erlebt haben mögen, darüber werde ich in diesem Rahmen nicht spekulieren. Entscheidend für eine Beziehungsfähigkeit ist das Maß an Eigenwahrnehmung, Sensibilität und Bewusstheit: Diese Faktoren bestimmen darüber, wie ein Mensch sich verhält, wie er denkt und fühlt und inwieweit er sich in einen anderen Menschen einfühlen und Verantwortung übernehmen kann.

Es soll ein grundlegendes Verstehen der Verzahnung von männlicher und weiblicher Natur entstehen, das auch für zukünftige Begegnungen als Orientierung dient.

All diese Konstellationen gibt es auch in umgekehrter Rollenverteilung: auch Männer hängen in Affären mit unschlüssigen oder gebundenen Frauen fest. Aber dafür muss ein anderes Buch geschrieben werden, weil man den Betroffenen sonst nicht gerecht würde. Dieses Buch richtet sich explizit an Frauen, die sich in dieser schwierigen und schmerzhaften Lage befinden.

In diesem Buch wird genau erklärt, in welche Dynamik man sich verstrickt, wenn man mehr Beziehung will als der andere, was man daraus lernen, wie man daran reifen kann und wie man es anders machen kann.

Wenn es bei dir aktuell eine Verbindung gibt, die derjenigen im Erfahrungsbericht im ersten Kapitel ähnelt, so können dir die folgenden Kapitel aus der Bredouille raus- und in die eigene Kraft zurück helfen. Aus manch einer Affäre kann sogar noch eine Beziehung werden. Aber dafür muss man sich erstmal aus der schmerzvollen Verhakung des Unglücklich-Verliebtseins lösen.

Für Frauen in Affären mit potentiell beziehungsbereiten Männern gibt es hilfreiche Anregungen, wie sie manches Missverständnis lösen können. In diesem Buch wird auch es darum gehen, warum es so wichtig ist, dass eine Frau sich eben nicht für eine Beziehung verbiegt, und warum die Beziehung und natürlich auch der Mann sie genau so braucht, wie sie *wirklich* ist, in ihrer Einzigartigkeit, mit ihren Konturen und Besonderheiten. Mit allem, was einen Menschen so liebenswert macht!

Wie das Buch aufgeteilt ist

Im ersten Teil berichte ich von meinen persönlichen Erfahrungen, die sich auf viele Frauen in Affären übertragen lassen. Du wirst in meinem Bericht bereits Erklärendes und Erhellendes finden.

Im zweiten Teil des Buches geht es zunächst um die inneren Passungen, die ein Mensch für eine solche Zwangslage hat. Im Weiteren geht es um Missverständnisse zwischen Männern und Frauen und um die Gründe, warum Männer sich zurückziehen. Wir werden die Dynamiken sichtbar machen, die im Zusammenspiel der Beteiligten einen fatalen Verlauf nehmen. Am wichtigsten wird hier sein, dass du dich selbst besser verstehen lernst und dass die Voraussetzungen für schmerzhafte Beziehungen ausheilen können.

Der dritte Teil des Buches besteht aus einem 10-tägigen Selbsterfahrungskurs, der hilft, aus der schmerzvollen Situation heraus und zurück in das eigene Leben zu finden. Und zwar glücklich! Er dient sowohl derjenigen, die sich in einer aussichtslosen Affäre befindet, als auch derjenigen, die einen Beziehungsversuch mit unklarem Ausgang erlebt. Denn auch, wenn es noch eine Chance auf eine feste Partnerschaft gibt, musst du zunächst den Rückwärtsgang einlegen.

Wer den Kurs nicht machen möchte, dem empfehle ich, ihn zumindest zu lesen. Er beinhaltet nämlich noch eine Menge an Informationen und Lösungen für viele Situationen.

Ich empfehle allerdings, den Kurs wirklich zu machen.

Es kann sich nur ändern, was wir sehen

Im Lauf des Lebens trägt sich Schicht um Schicht ab, die auf unserem wirklichen Selbst liegen. Das geschieht, indem wir uns selbst immer ein Stück besser wahrnehmen und damit freilegen, was erkannt werden muss.

Im weitesten Sinne möchte ich mit diesem Buch einen Teil dazu beitragen, dass du dir selbst näherkommst und damit einen Schritt auf das *wirkliche, innere* Zuhause zugehst. Denn das stellt die Grundlage einer jeden gesunden, tragfähigen Partnerschaft dar und du läufst nicht mehr Gefahr, eine vielleicht gute, beginnende Beziehung unbewusst zu sabotieren oder dich schlichtweg in einen Mann zu verlieben, mit dem du nicht glücklich werden kannst.

Je näher wir dem inneren Zuhause kommen, desto größer ist unsere Freiheit und unsere Schöpferkraft, nach der wir uns so sehr sehnen! Wenn du derzeit unter einer unsicheren Zweierkonstellation leidest, kann die Lektüre dieses Buches dazu beitragen, aus der schweren Beziehungserfahrung **Gold zu machen**!

Das kannst du sogar nachträglich noch tun, wenn eine schmerzliche Erfahrung dieser Art schon hinter dir liegt.

Wie du schon gesehen hast, verwende ich das *Du* im Buch. Die Entscheidung dafür fußt auf sorgfältiger Überlegung. Das Buch ist sehr persönlich und soll ein

Stück weit einen inneren Dialog anregen und repräsentieren. Das *Du* erschien mir für diesen Zweck passend.

Mir wurde verschiedentlich geraten, auf die Großschreibung des *Du* und seiner Pronomen zu verzichten – der besseren Lesbarkeit wegen und zu guter Letzt, weil es so im Duden steht.

Diese sehr persönliche Anrede kommt mit warmem Herzen und großem Respekt.

Chabrouillas, den 31. Mai 2022

Tanja Grundmann

Teil I

Erfahrungsbericht: Er zog sich immer wieder zurück

Wie ich aus einer schmerzhaften und aussichtslosen Liebesaffäre herausfand

In diese Bredouille brachte ich mich vor fast 25 Jahren.

Es passierte, als ich von Beziehungen noch nicht viel wusste und einfach drauflos lebte und liebte.

Die Vorgeschichte ist schnell erzählt: Ich traf ihn abends, draußen vor einer Kneipe. Er saß dort mit einem alten Freund von mir und es stellte sich heraus, dass auch er, wie mein alter Freund, in meiner Jahrgangsstufe gewesen war. Ich konnte mich aber nicht an ihn erinnern.

Er war noch nicht lange geschieden. Auch ich hatte mich kurz zuvor von meinem Mann getrennt, und es dauerte nicht lange, bis wir begannen, uns angeregt zu unterhalten und kennenzulernen. Er bot an, mir zu helfen und mich bei Bedarf zu den Themen Scheidung und Trennung zu beraten.

Wir trafen uns einige Male und ich merkte, wie ich seine Gesellschaft und seine Zuwendung genoss. Obwohl ich ihn sehr anziehend fand und es auch ein bisschen knisterte zwischen uns, verspürte ich zunächst keine große Lust irgendwas anzufangen. Dennoch begann ich mehr und mehr an ihn zu denken. Es war wahrscheinlich das Knistern ...

Ich erinnere mich noch an einen Gedankengang: „Wahrscheinlich landen wir ein, zwei Mal im Bett und dann ist der Reiz weg. Wenn es gut läuft, können wir vielleicht Freunde werden, wenn nicht, dann gehen unsere Wege danach wieder auseinander."

Letzteres hielt ich für am wahrscheinlichsten, ein Gedanke, der mir weiter nichts ausmachte. Wir verabredeten uns wieder, gingen zusammen aus und fingen das Knutschen an. Und das war ungewöhnlich schön. Die Chemie stimmte; wir waren wie aus einem Guss und ab hier war klar, was als Nächstes passieren würde.

Wäre ich damals präsenter und wachsamer gewesen, hätte ich das, was dann folgte, hochrechnen können. Habe ich aber nicht.

Und so begann eines meiner finstersten Jahre

Wir kamen uns also näher und meine ursprüngliche Hochrechnung ging nicht auf: ein, zwei Mal ins Bett und dann ist der Reiz weg ... das Unternehmen ging kräftig in die Hose, denn: Wir landeten im Bett und ich verliebte mich fürchterlich in ihn.

Bevor es dazu kam, war zunehmend eine ordentliche Spannung und Anziehung zwischen uns zu spüren und es dauerte nicht lange, bis meine innere Alarmanlage das erste Mal losging. Diese kleine Begebenheit will ich erzählen.

Wir trafen uns abends bei ihm. Zu der Zeit arbeitete ich als Schauspielerin und war in der Vorbereitung für eine Aufführung im Rahmen eines Festivals. Ich musste genau an dem Abend unseres Treffens zur Kostümbildnerin, um Maß für ein Kostüm nehmen zu lassen. Ich fragte ihn, ob er Lust habe, schnell mitzukommen. Es werde nicht lange dauern, wir könnten uns im Auto unterhalten.

Er kam mit und war auch bei der Vermessung dabei. Ich genoss die Situation.

Ich war ein bisschen stolz auf meinen ungewöhnlichen Beruf und darauf, dass er mit mir gerade etwas erlebte, was er sicher noch nicht gesehen hatte. Bei der Kostümbildnerin herrschte eine angenehme Atmosphäre. Ihr Atelier befand sich in der ausgebauten Scheune eines großen, alten Forsthauses.

Überall lagen hochwertige Stoffe sowie die wunderschönen Kleider, Mäntel und die von ihr designten, historischen Kostüme. Die Vermessung verlief konzentriert, aber entspannt und ich fühlte mich fast, als wäre ich mit meinem neuen Freund unterwegs.

Beim Rausgehen – ich ging vor – hörte ich die Kostümbildnerin zu ihm sagen: „Dann bist du ja bei der Premiere am zwanzigsten sicher auch dabei!"

Und an die Pause, die dann folgte, kann ich mich heute noch genau erinnern. Sie war so lang, dass es mir peinlich war. Ich spürte, dass die bedrückende Stille durch etwas beendet würde, das mich verletzen würde. Dann sagte er etwas wie: „Weiß ich noch nicht, ich habe immer viel zu tun."

Ich wusste nicht, was peinlicher war: die Pause oder das Gesagte.

Es war nicht nur das Vage in seiner Antwort, das unangenehm war. Es hatte auch etwas Herablassendes, etwas Abweisendes, so als sei allein die Vermutung, er könne kommen wollen, an Absurdität nicht zu überbieten.

Es war subtil, aber es war so deutlich spürbar, dass ich diesen Augenblick heute noch, nach so vielen Jahren, vollständig aufrufen kann. Nicht nur, dass auch die Kostümbildnerin den Unterstrom an Ablehnung herausgehört hatte. Etwas war klar geworden: Ich wusste, dass er nicht kommen würde.

Er war weder dort noch jemals sonst bei irgendeiner Aufführung von mir.

Es hatte mir wehgetan, diese kleine Begebenheit.

Anstatt diesen Vorfall als Warnung einzustufen, ging ich darüber hinweg. Meine freundlich-mahnende innere Stimme war das Letzte, was ich gerade hören wollte. Also schwieg sie.

Der wunderschöne Abend, der dann folgte, schien meiner „Entscheidung" recht zu geben ... Entscheidung deshalb in Gänsefüßchen, weil es keine war. Ich hätte zu dem Zeitpunkt schon nicht mehr aus der Sache herausgekonnt.

Nach unserem ersten Abend im Bett fuhr ich nach Hause, bester Laune. Ich fühlte mich sehr zu ihm hingezogen. Ich genoss das Gefühl und machte mir weiter keine Sorgen. Sicher würden wir morgen telefonieren. Klar würde er mich anrufen, weil er verrückt nach mir war. Das hatte ich ja gesehen, als wir im Bett waren, und natürlich empfand er so wie ich.

Aber er rief nicht an.

Am Abend des folgenden Tages überkam mich eine unglaubliche Traurigkeit. Es war ein Schmerz, wie ich ihn kaum kannte, und die Tränen liefen. Ich wusste nicht einmal warum; was war denn schon los bis jetzt? Ich hatte einen alten Mitschüler getroffen, wir hatten uns ein paar Mal unterhalten und gut verstanden, und ja, er war ein sehr gut aussehender Mann und ich war einmal im Bett mit ihm gewesen. Mehr war nicht los.

Ich verstand die Relationen nicht. Ich verstand nicht, warum ich jetzt schon so traurig war, als hätte mich jemand nach zehn Jahren Beziehung verlassen!

Das würde nicht das einzige bleiben, das ich nicht verstand.

Ich begann, das Telefon zu bewachen – das fing schon früh an – und meinen E-Mail-Account stündlich mehrfach zu öffnen. Jedes Mal, wenn die berühmte alte AOL-Stimme sagte: „Sie haben Post", bekam ich Puls und war furchtbar enttäuscht, wenn es wieder keine E-Mail von ihm war.

Ich rechtfertigte seinen Rückzug, entschuldigte ihn, suchte und erfand Erklärungen: Sicher hätte er viel zu tun. Er arbeitete zu der Zeit unter der Woche in Frankreich und kam jedes zweite Wochenende nach Hause. Ich war mir sicher, dass er sich nicht meldete, weil er dazu noch nicht gekommen wäre, weil ich irgendwas vielleicht falsch verstanden hätte, weil er meine Telefonnummer verlegt hätte, weil er mich sicher auch schon vermissen würde, aber nicht zwingend deswegen anrufen müsse.

Ich entfernte mich sogar schweren Herzens aus dem Hörbereich des Telefons, damit ich sagen konnte: „Ich war ja nicht die ganze Zeit da. Er hat sicher zwischenzeitlich angerufen."

Den Anrufbeantworter hatte ich abgestellt. So konnte ich die Idee aufrechterhalten, er habe sich während meiner Abwesenheit bestimmt gemeldet. Dass das alles schräg war und irgendwie nicht stimmen konnte, ahnte ich. Aber das wollte ich nicht wahrhaben.

Nun, irgendwann meldete er sich. Per E-Mail, am folgenden Wochenende.

Ich las, war voller Anspannung. Sie war nett geschrieben, seine E-Mail:

Dass wir ja einen schönen Abend gehabt hätten, dass wir das wiederholen sollten, dass er leider dieses Wochenende in Frankreich sei, sich aber melde, wenn er in einer Woche nach Hause komme. Ein Smiley, das Küsschen gibt, Gruß A.

Obwohl ich nicht so recht herauslesen konnte, was er für mich empfand, war ich in Hochstimmung. Diese E-Mail hatte mich völlig aus dem lethargischen Zustand geholt. Endlich musste ich nicht mehr dauernd vor dem Rechner sitzen und auf Post warten oder um das Telefon herumschleichen.

Bald würde er mich anrufen und sich mit mir verabreden.

Ich schrieb ihm zurück und brauchte dafür ewig. Ich feilte an den Sätzen. Es durfte nicht zu lang sein und auch nicht zu kurz. Ich wollte nett sein, unkompliziert, gut drauf, klug, interessant, witzig, vor allem souverän. Ich wollte die Frau sein, in die er sich auf jeden Fall verliebt.

Diesen Zirkus, weitab jeder wirklichen Souveränität, veranstaltete ich ab diesem Zeitpunkt mit jeder E-Mail, die ich ihm schrieb. Es dauerte, der Text wurde überarbeitet, gefeilt, verworfen. Dann wurde nachgedacht, wann ich sie am besten losschicken solle. Zu schnell sah blöd aus, aber die Nerven, erst zwei Tage später zu antworten, hatte ich nie. Ich konnte die Spannung in meinem Inneren nicht aushalten, genauso wenig die Idee, er könne sich von mir zurückgewiesen fühlen oder mich vergessen.

So wurde jede E-Mail und kurz später dann, als die Handys kamen, jede SMS ein kleines schriftstellerisches Werk. Geschliffen, poliert, frisiert und heiter – alles, nur nicht ich selbst. Stattdessen eine Inszenierung von etwas, das ich nicht war. Zumindest zu einem erheblichen Teil. Denn es ging mir zu dem Zeitpunkt schon nicht gut mit ihm.

Es war mir schon früh aufgefallen: Ich wartete und hielt still.

Ich hatte das sichere Gefühl, dass es nicht gut sei, ihn einfach anzurufen. Lieber wartete ich. Es war mehr ein ängstliches, fast starres Abwarten. Zu der Zeit war mir das noch nicht ganz klar: Ich war voller Angst vor Zurückweisung.

Eigentlich rührte ich mich nicht. Ich war gelähmt; hoffte inständig, dass er mich nicht verletzen würde. Ich bewegte mich in einem inneren Spannungsfeld zwischen meinen Hochgefühlen und der Angst, er könne mich verlassen. Ich merkte, dass etwas nicht stimmte, dass irgendetwas an der Situation überhaupt nicht gesund war, aber ich wusste weder, was das war noch hätte ich an der Stelle gewusst, wie ich aus dem ganzen Ding wieder herauskomme.

Allein die Idee, ihn aufzugeben, stresste mich so sehr, dass ich diesen Gedanken nicht weiterverfolgte. Es hätte mich sogar gestresst zu erfahren, was mich stresst. Deshalb dachte ich diese Dinge lange Zeit nicht zu Ende.

Also trafen wir uns weiter und eine Zeit der emotionalen Achterbahn begann. Eine Zeit des Gefühlskinos: Rausch-Schmerz, Rausch-Schmerz, Rausch-Schmerz, Rausch-Schmerz. Dass das zusammenhing, wusste ich damals noch nicht: dieser Rausch, der mich überkam, wenn er sich meldete, wenn ich ihn endlich sah, wenn ich ihm nah sein konnte, hatte immer Schmerz zur Folge.

Ich dachte, wenn der Schmerz aufhöre, bleibe nur das Schöne. Ich wollte diese schönen Gefühle. Das war es, worauf ich wartete und was ich erhoffte, wenn wir uns sahen. Das waren die schönsten Empfindungen, die ich kannte. Ich dachte, dass das Liebe sei.

Deshalb entschied ich mich auch für ihn.

Ich wollte mit ihm zusammen sein. Was wäre das denn für ein Zynismus, wenn das Leben mir so eine Liebe schickt und sich dann herausstellt, dass er gar nicht der Richtige ist?

Alles war möglich, aber sicher nicht DAS!

Er *musste* der Mann sein, der für mich bestimmt war, das konnte ich ja an meinen Gefühlen erkennen! Und wenn wir erstmal fest zusammen sein würden und er sehen würde, dass ihm das auch guttut, dann würde der Schmerz verschwinden und nur das Schöne bleiben.

Ich musste ihn überzeugen.

Aufgeben war keine Option

Über die gesamte Dauer der Affäre fuhr immer ich zu ihm und nie er zu mir.

Überhaupt verlief das Ganze allein nach seinen Spielregeln. Ich wartete, bis er sich meldete. Er bestimmte die Abstände und die Dauer unserer Treffen; er signalisierte auf subtilste Weise, dass ich ihn besser nicht „einfach so" anrufen oder ihm mailen solle, wann ich Lust habe. Nie hätte ich mich getraut, mit ihm umzugehen wie mit einem Partner, den man anruft, wenn man es will. Ich kannte so etwas bis dahin überhaupt nicht.

Aber ich dachte Tag und Nacht an ihn.

Ich war so verliebt in ihn! Ich plante tage- bis wochenlang, was ich anziehen würde, ob ich nochmal zum Friseur oder auf die Sonnenbank musste. Jedes Mal ein riesen Aufriss! Meinen letzten Groschen hätte ich ausgegeben. Ich wollte die tollste, schönste und interessanteste Frau sein, die er sich nur vorstellen kann. Dafür tat ich alles, alles, um wert zu sein.

Unsere Zusammenkünfte liefen indes weiterhin nach dem gleichen Fahrplan ab: Er rief irgendwann an, ich geriet binnen zehn Sekunden von Lethargie auf hohen Blutdruck und bereitete mich minutiös auf das Wiedersehen vor. Dann trafen wir uns bei ihm, sprachen miteinander und gingen ins Bett. Einmal, zweimal, dazwischen ein bisschen Gespräch, ein paar Zigaretten, ein Schluck Wein, und dann fuhr ich nach Hause.

Auch hier immer dasselbe: ziemlich genau zwölf Stunden lang hielt die Hochstimmung an; lebte ich noch in den frischen Erinnerungen. Dann merkte ich, dass er sich nicht meldete, merkte, wie allein ich war. Es folgte der Hangover und ich begann zu leiden. Jedes Mal.

Wenn wir beisammen waren, war es, als versänke die ganze Welt um uns herum. Wir schienen so vertraut zu sein! Er war so nah und so präsent. Es war ein Verschmelzen, das mir das Gefühl gab, mit ihm jede Einsamkeit, jede Traurigkeit und jede Leere zu überwinden. Diese Momente füllten das auf, was an Sehnsucht und Mangelgefühl in mir vorhanden war. Das, was ich mit ihm fühlte, war die vollkommene Erfüllung.

Später erfuhr ich, dass einige Drogen, allem voran Heroin, solche Gefühle erzeugen. Sie schienen aus dem Nichts zu kommen, denn er tat dafür nichts.

Wir unternahmen nicht einmal wirklich etwas miteinander, gingen nirgendwo hin, nicht mal zum Essen aus. Ich habe ihn erst Jahre später zum ersten Mal essen sehen.

Das genaue Gegenteil dieses Glücksgefühls überkam mich, wenn wir nicht beisammen waren, was ja überwiegend der Fall war. Dann war er so fern, dass ich keinen Kontakt zu ihm fühlen konnte. Es war fast so, als existiere er nicht mehr. Der Schmerz, den ich dann erlitt, war das genaue Gegenteil von dem Rausch mit ihm.

Er war einfach nicht mehr da, so als wäre er vom Erdboden verschwunden. Ich konnte ihn nicht mehr wahrnehmen; hatte weder äußeren noch irgendeinen inneren Kontakt zu ihm.

Nach einer der Weile tauchte der Begriff „Gespenst" für ihn auf.

∞

Nach einiger Zeit bemerkte ich, dass die Pausen, die er machte, genau dann besonders lang waren, wenn es besonders schön zwischen uns gewesen war. Diese Beobachtung versetzte mich in Panik. Ich wusste sie nicht einzuordnen ... das war doch alles, was ich hatte, um ihn an mich zu binden: besonders schöne Treffen!

Was, wenn das nichts nutzte? Wenn besonders schöne Begegnungen genau das Gegenteil von dem bewirkten, was ich mir wünschte? Was hatte ich dann noch, um ihn von uns zu überzeugen? Warum machte er das?

Ich war mittlerweile so verliebt in ihn, so abhängig von seiner „Zuwendung" und dem Gefühl, welches sich dann einstellte, dass ich mir nichts anderes mehr vorstellen konnte. In meinen Kopf passte nichts anderes mehr rein. Ich musste das irgendwie knacken; er mochte mich doch auch und genoss unsere Treffen genauso wie ich! Wieso, bitte schön, wollte er nicht mehr davon? Warum wollte er nicht genauso mit mir sein wie ich mit ihm? Ich hatte immer den Eindruck, dass er dasselbe empfinde, wenn wir beisammen waren. Er mochte mich doch ganz offensichtlich!

Vielleicht musste ich ihm einfach noch mehr von mir zeigen, mich mehr bemühen. Vielleicht würde das helfen.

Ich durfte keine Fehler machen

Dass ich aber nur sehr wenig Spielraum dafür hatte, ihm zu zeigen, wie ich bin, das merkte ich schon ziemlich früh. Immer hatte ich nur diese kleinen Zeitfenster. Alle zwei bis drei Wochen einen Abend, vielleicht hatten wir dann fünf Stunden zusammen, in denen er mich kennenlernen konnte. Ohne, dass mir das damals bewusst war, habe ich mich von diesem Zeitdruck völlig dominieren lassen.

So wurde aus dem Zeitdruck Leistungsdruck.

Egal, wie eng seine Vorgaben waren, ich ordnete mich dem unter und wurde perfekter, je enger das Zeitfenster war. Ich hatte das Gefühl, dass ich keine Fehler machen durfte. Weil wir nur die paar wenigen Abende miteinander hatten.

Es hatte mich traurig gemacht, und ich sagte es einmal sogar. Ich sagte ihm, dass er mich gar nicht richtig kennenlerne, dass ich eigentlich auch noch ganz anders sei. Dass ich verrückter bin, launischer, lustiger und lebendiger. Er ließ sich von meiner Aufzählung berieseln, nickte und sorgte dafür, dass die aufkeimende Verzweiflung in meinen Worten nicht die Oberhand bekam. Denn er wollte noch mit mir ins Bett. Und er wollte – eigentlich offensichtlich – nicht in eine *wirkliche*, geistige und emotionale Intimität mit mir treten.

Es schien zunehmend, als *wolle* er mich auch gar nicht so genau kennenlernen. Dennoch sorgten seine Spielregeln dafür, dass er von mir alles bekam: Schönheit, Sex, schöne Abende, viel, viel Aufmerksamkeit, frisierte, nette Unterhaltungen, keinerlei Konflikte, eine lackierte Fassade und mein Stillhalten.

Die Spielregeln sorgten dafür, dass er nichts dafür tun musste. Er musste nicht mit mir in Beziehung treten, musste keine echten Verlässlichkeiten schaffen oder sich um mich bemühen. Er musste kein Risiko eingehen, nichts investieren, musste nicht zu mir stehen oder Position beziehen und mir die Sicherheit einer festen Partnerschaft geben.

Er tat nichts und bekam alles.

Das Alles war mein Überlebenssystem, aber nicht ich, wie ich wirklich bin.

Genauso wirkungsvoll verhinderte er umgekehrt natürlich auch, *dass ich* ihn kennenlernte.

Ich kannte ihn nur als frischgeduschten, gut angezogenen Mann bei Nacht. Ich wusste ein paar Dinge über ihn, aber es gab keine Realitätsprüfung. Es gab keinen Alltag; jene Plattform, auf der man den anderen und die Passungen miteinander kennenlernt.

Stattdessen maß ich den Unterhaltungen, die wir hatten, große Bedeutung bei. Ich fand, dass er mir vertraute, dass er mir Vieles erzählte. Ich hatte den Eindruck, dass er seine Gefühle mit mir teilen würde. Sicher hatte er mir das ein oder andere erzählt, das er nicht mit jedem teilt. Er schien mir wohl auch zu vertrauen, aber er sprach mit mir nicht darüber, wie er für *mich* empfand.

Er achtete auch darauf, dass wir nichts gemeinsam erlebten, was uns hätte verbinden oder woran wir uns hätten gemeinsam erfreuen können.

Er ließ nicht mal einen Hauch von Wir entstehen

Merkwürdigerweise schaffte ich es aber, unsere Verbindung auf zwei völlig widersprüchlichen Spuren gleichzeitig wahrzunehmen und zu beurteilen.

Während ich also durchaus merkte, dass es fundamentale, beziehungsrelevante Mängel in unserem Miteinander gab, hatte ich zugleich aber den Eindruck, ihn sogar ganz besonders gut zu kennen. Vielleicht noch besser als seine geschiedene Frau! Ich dachte sogar, dass niemand ihn je so geliebt hatte, wie ich es tat.

Deshalb verstand ich auch überhaupt nicht, warum er nicht sah, wie gut unsere Beziehung ihm doch tun musste. Warum begriff er das denn nicht?

Diese Panik kam immer wieder auf, weil ich ernsthaft dachte, dass er vielleicht einfach noch nicht gemerkt hätte, wie toll das mit uns beiden ist, und wie sehr es das Beste ist, das ihm überhaupt passieren konnte, und wie verliebt er eigentlich auch in mich war. Ich hatte Angst, das mit uns könne zu Ende sein, noch bevor er das alles merken würde.

Das habe ich echt gedacht.

Das durfte auf keinen Fall passieren. Zu sehr hatte ich doch gesehen, dass er genauso genoss und liebte wie ich. Ich dachte, dass ihm diese Beziehung genauso wichtig sein müsse und dass das mit uns auch für ihn etwas ganz Besonderes sei. Es verletzte mich bis ins Mark, dass er das alles in meinen Augen mit Füßen trat. Wie konnte er den Stellenwert unserer Verbindung für sein Leben nicht richtig einordnen?

Ich war so entsetzt darüber, dass ich nicht mal auf die Idee kam, mich zu fragen, ob etwas mit dem Stellenwert nicht stimmte. Ob unsere Verbindung für ihn schlichtweg nicht so wichtig war. Ich war so vernebelt von den starken Eindrücken unserer Zusammenkünfte, dass ich das ganze Drumherum völlig ausblendete.

Er warf sich und sein Leben meiner Meinung nach wie ein Lemming von der Klippe und all das Gute, das Richtige, das Optimale, was direkt vor seinen Augen lag. Nämlich eine Beziehung mit mir. Wie konnte man so blind sein? So was passiert einem doch nicht jeden Tag; so was passiert einmal im Leben. Warum riskiert er dauernd, mich zu verlieren?

Das war die ganze Zeit durch die größte Frage von allen: Er setzte mich aufs Spiel, und zwar mit einer Unbekümmertheit, die mich immer wieder zutiefst erschütterte. Er riskierte, dass er die Beziehung tödlich verwundet. Er forderte es geradezu heraus, dass ich ihn verließ.

Ich verstand nicht, warum ein Mensch das tut.

Diese Fragen stellten sich schon sehr früh und hielten sich bis zu jenem Tag, an dem ich begann auszusteigen.

Dass ich diejenige war, die irgendwas nicht richtig sah, kam mir lange nicht in den Sinn.

So hingen wir weiterhin in einer merkwürdigen Verhakung unserer Fassaden fest

Er gab wenig von sich preis und bediente das schöne Bild, das ich von ihm hatte, und ich bemühte mich mit zunehmender Angst um Perfektion, damit ich ihm gefalle. Es war vor allem die Angst davor, ihm nicht genügt zu haben. Angst, verlassen zu werden und Angst vor Irrtum. Ich fürchtete, dass, wenn es ein Irrtum wäre, dass dieser Irrtum kein kleiner war. Die Angst, er könne mich ohne Vorwarnung verlassen, begleitete die Affäre von Tag 1 bis zum Schluss. Genauso konnte ich das fast zeitgleich auch alles ausblenden. Irgendwie läuft man in dieser emotionalen Not auf mehreren Spuren.

Ich hielt still in der Hoffnung, die Affäre dadurch zu erhalten, dass ich nicht unbequem für ihn wurde.

Ich ging auf Zehenspitzen.

Für ihn war das bequem, für mich wurde es zur Qual. Die überspielte ich vor ihm und vor mir selbst, mit aller Kraft und wann immer es möglich war.

Dazu nutzte ich beispielsweise das merkwürdige Anrufverbot, dieses blöde Gefühl, ihn nicht einfach kontaktieren zu können. Eigentlich – das weiß jede Frau intuitiv – ist das ein Zeichen dafür, dass ein Mann nicht richtig will.

Ich drehte das deshalb kurzerhand um: Nicht *ich* rufe ihn an, sondern *er mich*. Das habe ich mir sogar fast geglaubt.

Es begann eine Phase voller Interpretationen, Erklärungen und mentalem Dauergelaber

Mein Verstand musste die vielen losen Enden irgendwie zusammenbringen. All die Widersprüche: die Nähe, die wir hatten – wie ich dachte – und dann seine Rückzüge, das Herunterkürzen unserer Beziehung auf eine Bettgeschichte.

Auf dem Boden meiner Verlustangst spann ich mir dann Erklärungen zusammen. Ich musste Gründe für sein Verhalten finden. Und zwar Gründe, die es mir erlaubten dranzubleiben. Es durfte nur Gründe geben, die mich nicht zur Aufgabe zwangen. Gründe, die mir noch die Illusion eines Handlungsspielraums ließen.

Und so kam ich eines Tages darauf, und zwar zweifelsfrei: Er war beziehungsunfähig.

Er war beziehungsunfähig, aber nur *momentan*. Keinesfalls jedoch durfte seine Beziehungsunfähigkeit genereller Natur sein, das hätte mich zur Kapitulation gezwungen.

Er hatte Angst vor seinen Gefühlen. Ich war mir 100 Prozent sicher, dass er sie für mich hegte und sie nicht zulassen konnte. Im Moment.

Dass er möglicherweise Angst vor *meinen* Gefühlen haben könnte, kam in meinem Denken nicht vor. Diese Überzeugung, er habe Angst vor seiner Liebe zu mir, hielt sich hartnäckig.

Es war sogar so, dass ich dachte, seine Rückzüge, seine Beziehungsverweigerung und seine Distanz seien direkt proportional zu seiner Liebe zu mir: Je mehr er für mich empfand, desto mehr Angst verspürte er vor seinen Gefühlen und zog sich folglich zurück. Das erklärte in meiner Logik natürlich, warum er sich nach besonders schönen Treffen besonders nachhaltig zurückzog. Ich war besessen von dieser Idee. Damit hebelte ich die richtige Interpretation seines Verhaltens völlig aus und kam auf keinen grünen Zweig mehr.

Er liebte mich, wollte insgeheim mit mir zusammen sein und musste durch meine Duldsamkeit und psychologische Analysefähigkeit geheilt werden. Er musste durch mich gerettet werden. Das war das, was er in Wirklichkeit brauchte! Gut, dass ich das alles besser wusste als er.

Unaufgefordertes Helfen

Um ihm zu beweisen, dass ich seine Retterin und die Wegweiserin zu seinen wahren Gefühlen bin, lenkte ich unsere Gespräche schnell in eine Richtung, in der wir ernsthaft und intensiv über uns sprachen. Nicht etwa über uns als *Wir*, das machte er bis zum Schluss nicht, sondern jeder über sich. Ich wollte diejenige sein, die ihn am besten verstand, die ihm am nächsten war, und die er als besonders wichtig wahrnahm. Anstatt ihm seinen Raum und die Dinge zu lassen, wie er sie darstellte, griff ich ein. Mal helfend, mal mahnend, mal kritisierend, mal interpretierend. Sicher aber immer kommentierend. Mein ständiger Begleiter war der Druck, wichtig, richtig und gut für ihn sein zu müssen. Und die ständige Angst davor, ihn zu verlieren. Ich war unter Beweisdruck.

So belehrte ich ihn darüber, dass er Angst vor seinen Gefühlen habe und nicht zu sich stehe. Dass er mich seinen Ängsten unterordne und seinem Sohn in jeder Weise den Vorzug gebe, weil er voller Schuldgefühle sei.

Das kam gar nicht gut.

Wie tief ich damit in der Tinte saß, wie absolut aussichtslos das Ganze war, begriff ich erst später. Unaufgefordert gab ich also Rat, der auch noch auf meinen Verlustängsten basierte. Dadurch verkehrte sich das ein oder andere, was vielleicht sogar richtig war, zu einem Geschoss gegen mich selbst.

Damals wusste ich noch nicht, dass all das, was ich aus *unbewusster* Angst tat, dachte und sagte, nur neue Angst produzierte, aber gewiss nicht den Wunsch bei ihm, mit mir zusammen sein zu wollen.

Deshalb wich er auch jedem Gespräch über *Uns* aus. Das ist, wie ich später sah, ein sicheres Zeichen dafür, dass der Mann nicht verbindlich werden will.

∞

Viele Frauen kennen diese Gespräche: Man beginnt mit einer Vorlage und sagt ein bisschen vorsichtig, was man fühlt, oder was man sich mit dem Mann so vorstellen kann, zukunftsbezogen natürlich, und wartet. Dann kommt aber nichts. Ein Lächeln, eine höfliche Antwort oder eine verlegene Geste.

Anstatt diesen Unterhaltungsstrang sofort zu beenden, geht es dann weiter. Je schweigsamer er ist, desto mehr dreht man selbst auf. Mit weiteren Offenbarungen über die Gefühle für den anderen versucht man ihn jetzt aus der Reserve zu locken.

Je mehr man von sich preisgibt, um den anderen zu Aussagen über seine Empfindungen zu bewegen, desto mehr bringt man sich selbst und den anderen in eine peinliche Situation. Weil also nicht viel kommt und man die Aussage- und Sprachlosigkeit des anderen kaum aushalten kann, beginnt die Fragerei, die nicht selten in einer Inquisition endet. Was er denn so fühle und wie er über *Uns* denke, was er sich denn für später mit *Uns* so vorstelle oder was er sich in einer Beziehung wünsche …

Natürlich mit dem Hinweis versehen, dass er es längst habe …

Man lässt keine Gelegenheit aus, zu versuchen, eine emotionale Absicherung einzuholen, indem man ihn fragt, löchert und mit Andeutungen herausfordert. Je mehr man eine Liebesoffenbarung von ihm braucht, desto unruhiger und penetranter drängt man auf Gespräche über Gefühle.

Und weil das nie funktioniert, beginnt die nächste Phase: die Überzeugungsarbeit.

Man beginnt, die Vorzüge der Verbindung anzupreisen wie ein Gemüsereibenverkäufer in der Fußgängerzone.

Je weniger man in seinen Plänen vorkommt, desto mehr drängt man sich hinein mit Anmerkungen zu all den Gemeinsamkeiten, den Übereinstimmungen, den harmonischen Stunden, den ähnlichen Zukunftsvisionen und allem, was einem in der Angst vor Ernüchterung so einfällt.

Wenn es ganz schlimm kommt, beginnt man sich und die persönlichen Eigenschaften, die man für ihn für passend hält, zu empfehlen.

Selbst aufkommende Scham kann das nicht bremsen: Man redet sich so lange um Kopf und Kragen, bis man Gefahr läuft, dass er die Wahrheit sagen *muss*: nämlich, dass er nicht liebt.

Meist beendet man den Vortrag einen Moment, bevor er es gesagt hätte.

Ich habe mal von einer Frau gehört, deren Überzeugungsarbeit bei einem beziehungsunwilligen Mann darin bestand, dass sie sich direkt vor ihn setzte und sang. Es war ein langes Lied mit vielen Strophen. Sie saßen in einer vollbesetzten Therme.

Was in einer intakten Beziehung vielleicht zauberhaft gewesen wäre, sieht man mal von der Therme ab, verkehrt sich ins genaue Gegenteil, wenn man es aus Angst vor Zurückweisung tut. Wenn das passiert, läuft man geradewegs in das hinein, was man zu vermeiden suchte.

Es gibt Männer, die es schaffen, wirklich gar nichts zu sagen

Andere reagieren ausweichend oder versuchen auf eine nette Weise, das Gespräch etwas herunterzukochen, ohne die Frau zu sehr zu verletzen.

Das sind die Gespräche, in denen er so was sagt wie:

Im Moment habe ich keine Kapazitäten für eine Beziehung. Ich bin beruflich zu eingespannt.

Das war ungefähr das, was ich zu hören bekam.

Oder: *Mal gucken.*

Oder: *Ich bin noch nicht so weit.*

Oder: *Ich habe im Moment keine Zeit.*

Oder: *Ich habe meine Scheidung noch nicht ganz verdaut.*

Oder: *Ich habe Beziehungsangst.* (Egal, ob das stimmt oder nicht.) Oder, oder, oder.

Gerne antwortet ein Mann, der sich nicht positionieren will, auch mit: *ja*, *nein*, *kann sein* oder *weiß ich nicht*.

Oder er schweigt.

Das ist eigentlich noch das Harmloseste, denn das lässt wieder Platz für Spekulationen. Eine überverliebte Frau wird für ihn denken und diese Pause mit eigenen Interpretationen füllen.

Gleich, ob er nichts sagt oder Nichtssagendes sagt: es ist nicht so, dass er nicht antworten kann.

Er *will* nicht.

∞

Mancher Mann macht sich eher zum Beziehungsklaus, als dass er sich die Mühe macht und sich einer Frau erklärt, mit der es für ihn nicht weitergeht. Er wird auch nicht darlegen, warum er sich in sie nicht verlieben will oder kann. Die mangelnde geistige Intimität und fehlende Verbindlichkeit schließen solche Gespräche für ihn aus.

Es ist eben diese Unverbindlichkeit der Beziehung selbst, die solche Klärungen und Positionierungen für einen Mann nicht zulassen. Ein Mann offenbart sich nur, wenn er sich für eine Frau entschieden hat oder wenn sie mindestens deutlich infrage kommt.

Männer gehen mit solchen Situationen eher rational um und nicht emotional. Wenn ein Mann weiß, dass er mit einer Frau nicht verbindlicher werden will, ist es wahrscheinlich, dass seine innere Ökonomie eine ausführliche Erläuterung seiner Gefühle als nicht lohnenswert einstuft, und er folglich schweigt oder Floskeln anbringt. Aber er wird sich für nichts in der Welt wahrnehmbar oder nachvollziehbar machen.

Auch die *Wir*-Gespräche, die ich anzettelte, verliefen natürlich so. Ich hatte die Hoffnung, dass ich ihn durch Andeutungen über meine Gefühle für ihn dazu bewegen könne, sich mir zu öffnen. Und wenn er noch nicht genug für mich empfände, dann würde er vielleicht anfangen, sich darüber Gedanken zu machen, weil ich etwas für ihn empfand.

Wenn mir damals jemand gesagt hätte, dass man Liebe nicht erzwingen kann, hätte ich das sofort unterschrieben.

Ich hätte aber nicht gemerkt, dass ich das gerade selber versuchte.

Wirklich offenbart habe ich mich ihm auch nicht. Nie hätte ich ihm die Wahrheit gesagt: Ich dachte damals, dass ich ihn lieben würde. Da war ich mir sicher. Ich wusste, dass es besser war, ihm das nicht zu sagen.

Heute weiß ich warum. Ich wäre damit Gefahr gelaufen, dass er die Affäre beendet hätte. Das würde ein anständiger Mann jedenfalls tun.

Es war auch deshalb besser, ihm nicht zu sagen, was ich fühlte, weil es nicht stimmte. Ich ahnte wahrscheinlich, dass die unterschwellige Wahrheit als Boomerang zurückkommen würde.

Wir haben offizielle Gefühle und wirkliche Gefühle

Es gibt so etwas wie unsere offiziellen Gefühle, die wir nach außen tragen und oft auch selbst glauben. Und es gibt *wirkliche* Gefühle. Die sind anders. In diesem Fall war das offizielle Gefühl ein Gefühl von Liebe, Zugehörigkeit und Verbundenheit. Die wirklichen Gefühle dahinter jedoch waren: extreme Angst, ihn zu verlieren, Angst einen Fehler zu machen, Angst davor nicht genug zu sein, Unmengen von Sehnsucht nach Aufmerksamkeit und Sicherheit, ein tiefes Gefühl der Isolation und ein furchtbarer seelischer Schmerz.

Kurz: die *wirklichen* Gefühle, auf denen meine Liebe fußten, waren Mangelgefühle und Unmengen von Angst.

Das ist die Abwesenheit von Liebe. Das war der Boomerang.

Das, was ich für Liebe hielt, war in Wirklichkeit Sehnsucht nach Liebe.

Das ganze innere Chaos, den Schmerz und meine Versuche, das alles zu verstecken, kaschierte ich mit einer Fassade aus *Alles-easy-kein-Problem*. Auf keinen Fall durfte er erfahren, *wie* sehr ich litt; und ich dachte ernsthaft, dass mir das helfen würde. Denn das Schlimmste, was mir passieren könne, so dachte ich, sei, dass er von meinem Leiden erfahren und dann das Ganze beenden würde, weil er mir das nicht antun wolle. Dass er mir keinen Schmerz zufügen wolle und es vor sich und mir nicht verantworten könne.

Außerdem dachte ich, dass meine heiter-unbefangene Fassade genau jene Unabhängigkeit und emotionale Stärke dokumentiert, die eine Frau unwiderstehlich macht. Ich verstand nicht, warum er darauf nicht abfuhr. Ich machte doch alles richtig!

Ich kannte den Unterschied von echt und gespielt nicht

In mir kam der Gedanke auf, dass die Beziehung zu diesem Mann darauf fuße, dass ich gut drauf und bedürfnislos sei. Mir wurde irgendwie klar: sobald ich mit meinen Konturen, Charakteristika, Bedürfnissen, Grenzen und Besonderheiten aufwarte; mich einfach mehr selbst lebe, bricht das ganze Ding mit ihm zusammen. Diese Vermutung machte mich traurig. Vorerst gelang es mir noch, solche Gedanken beiseitezuschieben und so weiterzumachen wie vorher. Einerseits wusste ich also zunehmend um diese massiven Mängel in unserem Miteinander, andererseits kaufte ich mir meine eigene Fassade ab. Ich glaubte, dass das meine echten Gefühle waren, auf denen alles baute.

Das Risiko, mein *Alles-easy-kein-Problem*-Bühnenbild abzureißen, konnte ich nicht eingehen. Einen finalen Rückzug von ihm hätte ich jetzt noch nicht ertragen.

Vor dem Hintergrund der ganzen Theaterinszenierung und der Feststellung, dass ich meine Konturen verstecken musste, wunderte ich mich dann aber trotzdem immer noch, warum er mir jedes Fitzelchen wirkliche Beziehung verweigerte. Wenn ich wieder mal den zaghaften Versuch unternahm, von ihm zu erfahren, wie er das mit uns so sah, stieg er nach wie vor aus, und zwar sofort.

Er antwortete nicht oder so einsilbig, dass mir alles Weitere zu dem Thema im Hals stecken blieb.

Einmal traute ich mich, ihm zu sagen, dass mir etwas fehle, dass ich nicht wisse, wo ich bei ihm dran sei. Ich sagte zu ihm: „You don't make me feel special." Ein Satz, den ich in dieser knappen Präzision nicht gut ins Deutsche übersetzt kriege.

Er nickte, fast mitfühlend. Das war einer der ehrlichsten Dinge, die ich in der ganzen Zeit zu ihm gesagt hatte. Ich hegte natürlich die Hoffnung, dass er es abstreiten würde. Dass er sich ab jetzt bemühen würde, mir das besondere Gefühl zu geben, das ein verliebter Mann einer Frau gibt.

Aber er stritt nichts ab. Er wusste genau, dass er mir das vorenthielt und auch warum.

Er gab mir in kleinen ausgewählten Situationen das Gefühl, dass ich ihm wichtig war.

Das war die Art, wie er mich ansah. Es konnte eine Zärtlichkeit sein, die ich in seiner Stimme hörte. Es konnte ein Gefühl der Übereinkunft sein, das in unseren Gesprächen oft auftauchte. Er schaffte über mehrere Stunden etwas, das sich anfühlte wie eine grenzenlose Nähe.

Ich dachte, wenn ein Mann sich so verhält, dann liebt er auch. Es waren diese Nähe, die vertraulichen Gespräche und das Einssein miteinander, woran ich mich festhielt. Später begriff ich, dass ein Mann ziemlich genau weiß, was er tut, wenn er sich so verhält. Er weiß, dass er die Frau verliebt macht und ihr emotionale Sicherheit vorgaukelt. Intuitiv weiß ein Mann, dass das die Grundlage dafür darstellt, dass eine Frau vertraut und sich für ihn entscheidet.

Das passiert nicht versehentlich. Ein Mann, der eine Frau in sich verliebt macht, ohne sie zurücklieben zu wollen, nimmt leichtfertig in Kauf, ihr das Herz zu brechen und sie zutiefst zu demütigen. Jedenfalls, wenn er über 20 ist. Es ist rücksichtslos und schäbig.

Bevor er sein Werk beendet, nimmt er sich noch alles von ihr und überträgt seinen unverarbeiteten Schmerz auf sie.

Das bringt nur ein Mann fertig, der nicht genug fühlt. Der sich selbst nicht fühlt und folglich auch nicht, was er einem anderen Menschen antut. Das verstand ich aber erst sehr viel später.

Er gab mir tatsächlich ein Gefühl von emotionaler Sicherheit, wenn wir zusammen waren.

Genauso zeigte er mir auch, wie wenig wichtig ich für ihn war

Dann ließ er mich fühlen, wie wenig ich für ihn besonders war. Die Unverbindlichkeit in seinem Verhalten außerhalb unserer Treffen passte in meinem Erleben überhaupt nicht zu den Momenten der totalen Nähe, wenn wir zusammen waren.

Ansonsten war ich nicht *special*, dann war ich eine Bettgeschichte. Da es aber die Momente der Nähe zwischen uns lange gab, hatte ich immer dieses Doppelbild, bei dem ich dazu tendierte, einfach nur den Teil anzuerkennen, den ich haben wollte. Ich blendete schlichtweg aus, was sein sonstiges Verhalten allzu deutlich signalisierte, und bewegte mich gedanklich und emotional zwischen diesen beiden Extremen: „Ich bin *die* Frau für ihn“, und „Ich bin nichts weiter als eine Bettgeschichte für ihn.“ Und es gab nichts dazwischen.

Also hielt ich mich fest an der Idee: „Ich bin *die* Frau für ihn.“ Und ich suchte nach Beweisen, Zeichen und Argumenten, die dafürsprachen. Das war mir angenehmer.

Wenn ich bei ihm übernachtete, was auch vorkam, dann begann sich die Nähe bereits beim gemeinsamen Einschlafen wieder aufzulösen. Er nahm mich nicht in den Arm wie ein Mann, der liebt. Er schmiegte sich in der Nacht nicht total an mich oder küsste mich im Halbschlaf. Er wollte nicht in mich hineinkriechen und mich nicht mehr loslassen.

Er schlief einfach nur neben mir.

Sollte es während der Nacht noch Missverständnisse über sein Bedürfnis nach Nähe zu mir gegeben haben, dann verschwanden diese allerspätestens am Morgen. Ein flüchtiger Kuss höchstens, dann stand er auf, fragte im Rausgehen, ob ich auch einen Kaffee wolle. Wenn er dann, wie jedes Mal, fragte, was ich in meinem Kaffee haben wolle, waren wir wieder auf Distanz.

Er merkte sich das nicht. Er war höflich, aber er wurde nicht fürsorglich.

Auch hier klammerte er konsequent die Dinge aus, die Verbindlichkeit und geistig-emotionale Intimität signalisieren und erzeugen: morgens kuscheln, maulen, dass man gleich aufstehen müsse, aber viel lieber mit dem anderen liegenbliebe. Er freute sich nicht über Gemeinsamkeiten; er sammelte sie nicht. Er freute sich nicht, wenn er merkte, dass wir uns wieder ein bisschen besser kannten; wenn wieder ein Stückchen Vertrautheit mehr entstanden war. Er behandelte mich immer wie einen Gast. Und zwar wie einen, der zum ersten Mal bei ihm übernachtet.

Dieser Umgang mit mir enthielt auf subtiler Ebene auch die Möglichkeit, dass jedes Mal auch das letzte Mal sein konnte. Ich spürte das. Das war Teil meines Gastseins bei ihm.

Diese Momente waren besonders schmerzhaft. Hier spürte ich am stärksten, wie vehement er jeden aufkommenden Funken eines *Wir* im Keim erstickte. Egal, wie schön der Abend gewesen war.

Er konnte gar nicht schnell genug aus dem Bett raus.

Dann ging er in die Küche, von da aus ins Bad, und wenn er dann mit zwei Tassen Kaffee und Zigaretten wieder ans Bett kam, war er schon halb angezogen und gab zu verstehen, dass es Zeit sei. Selbst samstags. Er müsse in die Stadt, einkaufen, oder zu seinen Eltern, oder sonst was, hieß es dann. Klar war immer: Jetzt war unsere Zeit um.

Er verweigerte mir einfach alles. Er stritt sich nicht mal mit mir. Das hatte ich einmal versucht und dann lieber nicht mehr. Keine Auseinandersetzung hätte so ätzend sein können wie das Gefühl, dass ich ihm nicht mal einen Streit wert war.

Einen richtigen Weckruf bekam ich nach ein paar Monaten

Und zwar zu seinem Geburtstag. Erleichtert stellte ich fest, dass dieser Tag auf einen Wochentag fiel. Dann war er in Frankreich, und ich entkam den üblichen Fragen. Ob an diesem Tag etwas stattfinden würde, ob er mich sehen wollen würde, und, ob es angemessen sei, ihm etwas zu schenken. Allein schon diese Überlegungen hätten mich alarmieren müssen, aber mein Denksystem, das ja einen Irrtum meinerseits noch ausschloss, schloss folglich auch jeden korrektiven Einwand aus.

Er würde mit Arbeitskollegen einen trinken, zeitig ins Bett gehen, und ich brauchte mich also nicht weiter darum zu sorgen, ob und inwieweit ich zu seinem Leben dazugehörte.

Sein Geburtstag kam, ich schickte einen Gruß nach Nizza, er bedankte sich und rief mich erst Wochen später wieder an. Ich hatte einen zaghaften Versuch gemacht, mich mit ihm zu verabreden, für das nächste Wochenende, das er wieder zu Hause verbringen würde. Er konnte nicht, das Wochenende sei bereits verplant. Wenn er so etwas sagte, erfuhr ich nie, was er konkret vorhatte. Das teilte er nicht mit mir.

Er meldete sich drei Wochen später.

Nachdem er aus dem Gespensterstatus wieder real geworden war, trafen wir uns und sprachen erstmal länger miteinander.

Und dann sprach er über seinen Geburtstag. Er habe einen sonnigen Tag in Frankreich gehabt. Abends seien sie mit der ganzen Truppe einen trinken gegangen, aber es sei nicht allzu spät geworden. Es hätten ja alle am nächsten morgen früh rausgemusst.

Während ich so zuhörte und mich noch mit ihm freute, bekam seine Geschichte eine Wendung. So schnell konnte ich gar nicht umschalten.

Er habe den Geburtstag dann am folgenden Wochenende zu Hause bei sich nachgefeiert, in kleiner Runde. Im engsten Freundeskreis. Wirklich nett sei es gewesen, ein lustiger, langer Abend.

Ich brauchte einen Augenblick.

Dann dröhnte der Kopf. Was hat er gesagt? Engster Freundeskreis? Moment, engster Freundeskreis, das hat er gesagt?

... und ich war *nicht* dabei, ich gehörte nicht zu seinem engsten Freundeskreis? Und dann sagt er mir das auch noch mit dieser Selbstverständlichkeit?

Dann erinnerte ich mich daran, dass ich ihn gefragt hatte, ob er an genau jenem Wochenende Zeit und Lust hätte, sich mit mir zu treffen. Er hatte mir ja kurz mitgeteilt, das Wochenende sei verplant.

Jetzt wusste ich, mit was. Mit seinem engsten Freundeskreis.

Er genoss meine Gesellschaft und alles, was dazu gehörte, und trotzdem und immer noch war ich nicht mehr als eine Affäre, die er von seinem engsten Freundeskreis fernhielt. So weit weg, dass es mich nicht einmal etwas anging. Einen erheblichen Teil dieser Leute kannte ich, und das sogar noch länger als er.

Und ich gehörte nicht dazu.

Ich weiß nicht mehr, was in diesem Moment stärker war, die Ernüchterung, die Erniedrigung oder die Beschämung. Es war ein scheußliches Gemisch und als wäre das noch nicht genug, musste ich auch noch durch die Schmach hindurch, meinen ganzen Schmerz vor ihm zu verstecken und so zu tun, als freute ich mich weiter für ihn.

Alles-easy-kein-Problem. Der Gipfel der Verbiegung

Nach dieser Abrissbirne hatte ich zunächst, wie immer in den Tagen nach unseren Treffen, mit Traurigkeit, Schmerz und Depressionen zu kämpfen. Und dann mit der Wahrheit.

Ich wusste es.

Ich wusste es insgeheim schon lange und wollte es nicht wahrhaben. Ich machte mir etwas vor. Ich rannte hinter etwas her, das nicht existierte.

Meine ganze mentale Energie nutzte ich dazu, um immer wieder alles gerade zu biegen; um meine Irrtümer nicht erkennen zu müssen.

Ich begriff allmählich, dass der Schmerz nicht daherkam, dass der Mann nicht *ja* zu mir sagte, sondern daher, dass ich mich selbst verlassen hatte. Er kam daher, dass ich nicht ehrlich zu mir war, mich stattdessen anpasste und den Kontakt zu meinem Inneren verloren hatte. Ich hatte mich jemand anderem völlig ausgeliefert.

Je mehr ich den Kontakt zu mir verloren hatte, desto mehr wollte ich ihn. Je mehr ich ihn wollte, desto mehr musste ich den Kontakt zu mir selbst aufgeben.

Noch war mir nicht klar, wie ich aus der Bredouille herauskommen sollte. Ich wusste nur, dass ich es nicht mehr lange aufschieben konnte.

So versuchte ich mich vorerst damit zu beruhigen, dass wir ja etwas miteinander teilten, auf das ich mich verlassen konnte. Er würde wieder anrufen und nach mir verlangen. Ich musste also nichts auf der Stelle entscheiden oder tun.

In den folgenden Wochen erhöhte sich erwartungsgemäß mein innerer Druck, die Affäre zu beenden, einerseits. Andererseits, wenn wir uns trafen, hoffte ich immer noch, dass er sich in mich verlieben würde.

Aber immer noch bewies er mir umso mehr das Gegenteil, je mehr ich das wollte.

Er genoss und trennte uns, wie immer, ohne jede Aussicht auf irgendwas. Wenn wir uns verabschiedeten, sagte er: „Tschüss“. Beim Abschiedskuss war klar, dass er auch nichts weiter sagen würde. Kein: „Ich melde mich. Bis bald. Komm gut nach Hause.“ Oder: „Melde dich, wenn du zu Hause angekommen bist.“

Nichts. Tschüss.

Er übernahm nicht einmal den leisesten Hauch von Verantwortungsgefühl für meinen Nachhauseweg. Ob ich ankam, war ihm egal.

Ich wusste theoretisch bei der Verabschiedung nicht, ob ich ihn überhaupt wiedersehen würde.

Mir wurde immer klarer: Je weniger er investierte, desto mehr wollte ich ihn.

Die Mängel in dieser Beziehung zueinander begannen sichtbarer zu werden. Ich hatte unmerklich begonnen, mehr bei mir zu bleiben, mich selbst wieder besser wahrzunehmen, und ich ahnte, dass die Märchen bald zu Ende sein würden. Trotzdem hielt ich noch kurze Zeit daran fest und suchte nach Erklärungen.

Das Aufrechterhalten des Selbstbetrugs wurde allerdings schwieriger.

∞

Ich dachte nach: Er genoss also genauso wie ich. Das hat er später auch nie infrage gestellt. Aber er zog offenbar ganz andere Schlüsse daraus als ich. Nämlich gar keine.

Gute Gespräche und schöner Sex lösen bei den meisten Frauen Bindungsgefühle aus. Bei Männern entsteht das ganz woanders; selten durch Sex und schöne Gespräche allein.

Gerade beim Sex tappen Frauen oft in die Falle. Man sieht, dass der Mann genauso genießt und vielleicht den Moment liebt.

Schnell kommt die Frau unbewusst zu dem Schluss: „Wenn er genauso empfindet wie ich, dann wird er die Beziehung auch genauso wollen wie ich."

Diese Verknüpfung existiert an dieser Stelle bei einem Mann so aber nicht, oder nur höchst selten.

Während ich also schon überlegte, wie wir zusammenleben könnten, dachte er nicht mal im Traum daran, auch nur mit mir essen zu gehen.

Die einzigen Gelegenheiten, bei denen man uns zusammen sah, waren seltene, mitternächtliche Diskothekenbesuche und eine große Party einer gemeinsamen Freundin, die uns beide zu ihrem Geburtstag eingeladen hatte. Man sah zwar, dass wir uns kannten, aber mehr auch nicht. Er tat viel dafür, dass man uns nicht für ein Paar hielt, schmerzhafterweise auch dann, wenn wir uns kurz zuvor noch sehr nah gewesen waren.

Dann kam der Point of no Return

Der Punkt ohne Wiederkehr erfolgte eines nachts in der Diskothek. An diesem Abend fand ich ihn von Anfang an irgendwie herablassend und destruktiv gestimmt. Er war arrogant zu mir und die Nähe, die wir sonst miteinander hatten, wenn wir zusammen waren, war nicht auffindbar. Dennoch ging ich mit ihm dorthin. Er verhielt sich, als habe er den Respekt vor mir, aber auch vor sich selbst verloren. Er trank zu viel, war abweisend und beachtete mich in der Diskothek kaum. Als ich ohne ihn auf der Tanzfläche war, sah ich von weitem eine Frau, die ich entfernt kannte. Mir schwante nichts Gutes.

Genau das passierte dann auch: der GAU.

Sie hatten einander an der Bar angesprochen, während ich tanzte. Dann setzten sie sich und tranken.

Ich wurde unruhig, fast panisch, als ich realisierte, dass sie nicht nur ein paar zufällige Worte miteinander wechselten. Sie schienen sich angeregt zu unterhalten und Gefallen aneinander zu haben.

Wie sehr wollte ich dieses Treiben unterbrechen; ihn davon abhalten, sie kennenzulernen! Am liebsten hätte ich gebrüllt: *Ich* bin mit ihm hier!

Aber es war ja *er*, der mich in die Pfanne haute und nicht sie. Sie wusste nicht mal, dass er mit mir dort war. Er hatte das entschieden.

Es gab nichts zu brüllen und auch nichts zu tun, obwohl mein Körper im Kriegszustand war. Ich konnte nicht mal zu ihm hin.

Mir war klar, dass er sich durch mich beim Baggern nicht hätte stören lassen. Ich hätte mich nur komplett zum Löffel gemacht.

Um dieser Erniedrigung zu entgehen, und das auch noch vor der Frau, blieb ich also auf der Tanzfläche. Aus den Lautsprechern dröhnte Insomnia von Faithless. Na, die sollte ich bald haben …

Ich behielt ihn und die Frau im Augenwinkel, aber ich konnte nicht lückenlos hinüberschauen. Es waren zu viele Leute dazwischen.

Nach einer kleinen Unterbrechung in meiner Observation sah ich beide nicht mehr.

Sie waren weg und das nach kurzer Zeit. Damit hatte ich nicht gerechnet!

Ich konnte das einfach nicht glauben und dachte, sie seien vielleicht draußen vor der Tür oder wieder getrennt unterwegs. Der eine irgendwo in den Räumen, der andere im Taxi.

Diese Hoffnung erfüllte sich jedoch nicht, denn sie waren weg.

Zusammen.

Er hatte sie tatsächlich mit nach Hause genommen.

Mich hat er mitten in der Nacht in der Disse stehenlassen. Ohne Verabschiedung. Und wie immer, ohne sich darum zu scheren, wie ich um die Zeit nach Hause komme.

Zunächst hatte ich mit einem Schock zu kämpfen. Es war wie ein Erdbeben, mein ganzer Körper war aufgewühlt, Herz und Nervensystem rasten, Stress auf Höchststufe. Ich rauchte Kette, schlief und aß nicht. Als sich nach einem Tag das akute Schockgefühl etwas beruhigte, folgte die Depression.

Ich litt. Ich raste. Ich war eifersüchtig, traurig und zerstört. Ich wusste, dass ich keine Rechte hatte, keine Handhabe, nichts, womit ich ihn zur Rechenschaft hätte ziehen können. Er war nie verbindlich geworden, das hatte er mir mehr als deutlich gezeigt. Er war ein freier Mann, so verhielt er sich auch, und jeder Versuch, ihn zu konfrontieren, wäre nach hinten losgegangen.

Den Gedanken, dass er sich draußen wahrscheinlich nicht wie ein gebundener Mann verhielt, hatte ich lange beiseitegeschoben.

∞

Nun, er verhielt sich nicht wie ein gebundener Mann. Nicht mal in meiner Gegenwart tat er das. Er hatte keine Skrupel, ohne Verabschiedung vor meinen Augen mit einer anderen Frau abzuziehen. Mit keinem Freund oder Kumpel hätte er das gemacht. Wo mochte ich in seinem Wertesystem wohl rangieren?

Wie immer machte ich auch diesen Horror mit mir selber aus. Vor allem aber den Horror, der mich ergriff, wenn ich an die Möglichkeit dachte, er könne sich in sie verliebt haben.

Mir wurde immer klarer, wie emotional gefährlich diese Verbindung für mich war. Wenn ich ohnehin schon dauernd litt, wie konnte ich dann die ganze Zeit das Risiko eingehen, dass er mich jederzeit verlassen könnte, weil er sich woanders verliebte? Diese Vorstellung, dass das durchaus passieren könnte, fühlte sich so vernichtend an, dass ich jetzt erst merkte, wie fragil und bedrohlich die Situation für mich war. Das war mir vor diesem Abend so gut wie nie in den Sinn gekommen. Die Verliebtheit und der Schmerz hatten wohl jeden Funken Vernunft betäubt.

Meine Angst vor Ernüchterung und vor den Konsequenzen daraus hat diese Gedanken schlichtweg nicht an mich herangelassen.

Ich bekam Angst vor ihm und vor dem, zu was er fähig war

Dieses Mal war es nochmal gut gegangen: Ich sah die Frau ein paar Wochen später in einer Kneipe, wo er regelmäßig verkehrte. Sie stand allein und wartete offensichtlich auf ihn. Sie wirkte traurig und verloren. Sie sah so schön aus, aber es war die Art Schönheit einer Frau, die gegen Zurückweisung und Schmerz ankämpft, nicht die strahlende und vitale Schönheit einer Frau, die von einem Mann geliebt wird.

Ab da wusste ich, dass der Supergau nicht eingetroffen war. Sie war für ihn nicht wichtig geworden.

Die Erleichterung darüber währte nur kurz; zu tief hatte sich der Schock in mein System eingebrannt. Gott sei Dank, denn sonst hätte ich weitergemacht.

Ich bekam Angst vor ihm und der Beziehung zu ihm, und vor meiner eigenen Blindheit. Die begann ich nämlich zu sehen.

Ich fragte mich an dieser Stelle: was muss eigentlich noch passieren? Wo ist meine Obergrenze für Abfuck? Was kann ich eigentlich noch alles ab?

Was muss noch passieren, damit ich *richtig* wach werde? Damit ich merke, dass das ganze Ding mir nicht guttut? Woran kann ich überhaupt erkennen, ob ein Mensch mir bekommt oder nicht? Erkennt man das nicht an solchen Situationen; daran, wie es einem geht?

Woran hätte ich es früher schon merken können? Wie lange will ich noch warten, auf etwas, das nicht besser, sondern ganz offensichtlich immer schlimmer wird? Hatte ich irgendeinen Hinweis darauf, dass das Warten sich noch lohnen würde? Zu was war er noch fähig, wenn ich offensichtlich bei ihm überhaupt keinen Schutz genoss? Nicht mal das kleine Einmaleins von anständigem Benehmen konnte ich von ihm erwarten. Was würde er mir als Nächstes zumuten?

Zu dieser Zeit kam ich ihm noch viel zu nah – ihm, der mich emotional so aufs Spiel setzte.

War ich von Sinnen?!

Warum war ich in einer solchen Situation so gefangen? Was muss noch passieren, damit ich anerkenne, dass das nichts wird? Dass er mich doch offenbar nicht liebt oder nicht genug? Dass ich mir an ihm nur immer weiter wehtue und …, dass ich mich vielleicht *schlichtweg vertan habe?*

Ich hatte etwas in ihm gesehen, was er aber gar nicht lebte. Vielleicht existierte das auch nicht. Was musste noch passieren, damit ich aufhöre? Ich dachte, ich hätte ihm auf den Grund der Seele geschaut und er würde mich dafür lieben. Mir kamen Zweifel an jedem Fragment dieser Annahmen: Was heißt auf den Grund der Seele schauen? Habe ich das wirklich? Wollte er das? Wenn ja, muss er mich dafür lieben? Muss er alles genauso schön finden wie ich? Und wenn ja, muss er dann auch Beziehung wollen?

Was, wenn er einfach nicht genug zu mir wollte? Vielleicht wollte auch ich das Ganze gar nicht so sehr, wie ich mir das einredete.

Wie konnte ich einen Mann so lieben, der mich so schlecht behandelte? Kam der Schmerz vielleicht daher?

Das waren die ersten vernünftigen Fragen, die ich stellte.

Die Angst wurde stärker, und zwar endlich an den richtigen Stellen

Ich hatte Angst, dass ich mich verrannt hatte, noch mehr verrennen würde, dass ich nicht mehr da herauskommen würde, dass er noch ekliger zu mir werden würde, dass ich die Selbstachtung ganz verlieren würde.

Ich hatte Angst vor dem Schmerz, der mich immer noch jedes Mal überkam, wenn wir uns wieder trennten, und ich hatte Angst vor dem Schmerz, den ich vermutete, wenn ich das beenden würde. *Ich hatte sogar Angst, dass, wenn der Schmerz aufhören würde, es dann noch mehr wehtun würde.*

Ich hatte Angst vor der Größe des Irrtums. Ich dachte, ich hätte wahnsinnig viel investiert und würde durch Aufgeben dieser Verbindung meinem Leben eine verhängnisvolle Wendung geben. Ich dachte, ich hätte durch meine Entscheidung für ihn die wichtigste Weichenstellung meines Lebens vollzogen, deren Korrektur nur in einem Absturz enden könne. Ich dachte wirklich, mein Leben sei irgendwie vorbei, wenn ich ihn aufgäbe.

Ich erkannte aber, dass ich nicht immer so weiter machen konnte, nur um dieser Angst auszuweichen. Ich hatte Angst, dass er keine Hemmschwelle habe, mich zu verletzen. Richtigerweise bekam ich Angst, er könne mich vernichten. Ich konnte mich auf ihn nicht verlassen. Er hatte keine Beißhemmung, keine Skrupel und kein Gewissen. Auch kein Mitgefühl.

Er hatte nichts für mich.

Ich hatte Angst, dass er eine Bessere finden würde. Genauso viel Angst hatte ich, dass er eine Frau lieben könnte, die mir das Wasser nicht reichen konnte. Ich hatte Angst, dass ich die Bessere sei und er das nicht erkennen würde. Ich hatte Angst, dass ich nach ihm nie mehr lieben können würde und dass ich nie wieder so fühlen würde. Ich hatte Angst, dass etwas zurückbleiben würde; dass ich vielleicht irgendwann mit einem anderen Mann zusammen sein würde, mich aber insgeheim immer nach ihm sehnen würde. Ich hatte Angst davor, mir die Wahrheit zu sagen und davor, dass das Konsequenzen haben würde.

Genauso hatte ich Angst davor, das nicht zu tun.

Mir wurde klar, dass ich meine Mantras aufgeben musste.

Es waren die immer gleichen Sätze in meinem Verstand, die sich wie Affirmationen autonom wiederholten. Sie machten aus meinem Inneren eine Echokammer, aus der nur ich mich selbst befreien konnte. Ich wusste noch nicht wie, aber das Leben schien mir zu helfen, denn mein Denken wurde immer konstruktiver. Es wurde klarer, aber auch milder und freundlicher zu mir.

Ich betrachtete diese Mantras und fragte mich zum ersten Mal, ob sie überhaupt stimmen konnten, wenn sie imstande waren, mich in so eine Not zu bringen.

Ich liebe ihn.
Wir gehören zusammen.
Das ist für die Ewigkeit gemacht.
Tief im Inneren weiß ich, dass er genauso empfindet.
Er ist der Richtige.
Ich bin doch nicht blöd, ich sehe doch, dass er für mich empfindet.
Ich bin die Richtige für ihn.
Er hat Angst vor seinen Gefühlen. Aber er hat sie für mich.
Mit uns, das ist was ganz Besonderes.
So starke Gefühle müssen auf Gegenseitigkeit beruhen.
So eine Liebe zeigt, dass wir zusammengehören.
Wir haben eine unglaubliche Verbindung zueinander.
Niemand versteht ihn so wie ich.
Ich bin das Beste, was ihm passieren kann. Das wird er noch merken.
Er ist die Liebe meines Lebens.

Das waren sie, die Mantras.

Ich hatte Angst davor, mir all die losen Enden, die ich in meiner Hand hielt, anzuschauen. Und Angst, statt weitere Rechtfertigungen für meine Irrtümer zu finden, endlich die richtigen Schlüsse zu ziehen. Nichts passte.

Ich wusste, wenn ich mir eingestehen würde, was wirklich los war, müsste ich ihn aufgeben.

Wenn die Mantras fallen, ist die Affäre vorbei.

Aber so konnte es nicht weitergehen. Das schaffte ich einfach nicht mehr.

Es ging mir immer schlechter

Die absolute Talsohle aber erreichte ich, als es in Sichtweite seiner Wohnung einen Trommelabend mit einer Schamanin gab. Die räumliche Nähe zu ihm machte mich verrückt.

Sie schien meine Einsamkeit zu potenzieren, denn seine Unerreichbarkeit wurde genau durch diese Nähe fast physisch greifbar. Der Gedanke, dass er Luftlinie 50 Meter von mir entfernt war, hatte nichts Beruhigendes mehr. Früher war ich aufgeregt, wenn ich an seiner Wohnung vorbeifuhr. Selbst wenn er in Nizza war, fühlte ich mich ihm nah.

Diese Illusion konnte ich nun nicht mehr aufrechterhalten: Er war nicht mein Zuhause geworden und ich nicht seins. Das hatte ich den ganzen Abend gefühlt.

In der letzten Sequenz der Veranstaltung lagen wir alle auf dem Boden. Die Schamanin ging um jeden Einzelnen herum und trommelte in dessen persönlichem Rhythmus. Sie musste dann, als ich an der Reihe war, meinen Nerv getroffen haben. Es dauerte keine Minute und die Tränen liefen. Es war schlimm; es wollte gar nicht mehr aufhören. Ich schluchzte und schluchzte und konnte das nicht mal mehr vor den anderen Teilnehmern verbergen.

Es gab jedoch eine leise Ahnung, dass das nicht mehr der Schmerz war, wie ich ihn sonst kannte, sondern es war etwas anderes.

Es war Abschied.

Irgendwann hörte das Weinen auf. Es ging mir nicht wirklich gut, aber auch nicht mehr so elend. Es war etwas Ruhiges dazwischen.

Ich hatte auf sonderbare Weise das Gefühl, dass es wieder stimmte. Dass ich echt war, wieder ich.

Auch wenn ich unsanft bei mir selbst gelandet war, so fühlte ich mich wieder mehr authentisch. Irgendwas hatte sich gelöst, vielleicht der Druck, mich selbst belügen zu müssen. Irgendwas war weg. Jetzt beim Erinnern und Schreiben wird mir klar, dass die endgültige Wende und der Anfang des Aufgebens tatsächlich an dem Trommelabend kamen.

Ich hatte aufgehört zu phantasieren; hatte den Versuch aufgegeben, den Schmerz loszuwerden, indem ich an den Mann dachte und mir die desolate Situation schön bog. Als ich das aufgab und die Tränen laufen ließ, war ich wieder ich.

Was konnte ich nun tun, um alles wieder in Ordnung zu bringen und aus dem Dilemma herauszufinden?

Das kam von selbst.

Das kleine Stück zurückgewonnener Authentizität erlaubte mir wieder ein gesünderes Denken.

Ich hatte mich selbst verlassen und total ausgeliefert. Daher kam der Schmerz. Immer hübsch, immer interessant, immer klug und unkompliziert. Das war ich nicht. Ich hatte viel mehr Facetten, viel feinere Konturen und komplexere Gedanken und Empfindungen.

Mir wurde klar, dass ich überhaupt nicht mehr wahrnehmbar war. Für ihn nicht, aber vor allem für mich selbst nicht.

Da musste das Problem sitzen, aber auch die Lösung.

Also tat ich das Gegenteil von dem, was ich bisher getan hatte.

Ich hörte auf, jemand zu sein, der ich nicht war

Ich verlangte nicht von mir, sofort Schluss zu machen und ihn nie mehr zu sehen. Ich war nur das Schauspiel satt, das ich inszeniert hatte. Was lag also nahe?

Ich musste in mich hinein spüren und wahrnehmen, wie es mir *wirklich* ging. Ich musste den Kontakt zu meinen wirklichen Gefühlen wiederherstellen.

Mehr nicht.

Als wir uns wieder sahen, saßen wir in seinem Wohnzimmer auf dem Boden und unterhielten uns. Ich spürte mir nach, bevor ich sprach, ein paar Momente lang … *Ist das wirklich das, was ich sagen will? Wie geht es mir wirklich?*

Ich gab lange nicht alles preis, was ich dachte und fühlte, aber ich ließ meine Fragen und Antworten von einem anderen Ort kommen als zuvor. Statt drauflos zu babbeln und etwas Beeindruckendes oder Interessantes zu sagen, sagte ich, was los war. Und das war meistens nichts Besonderes.

Ich sagte Dinge, die ich mich früher nicht getraut hätte zu sagen. Und schwieg, wo ich vorher geredet hatte. Ich wollte nichts mehr beweisen, schon gar nicht, dass ich toll bin. Das war ich gründlich satt. So waren meine Wortbeiträge und Antworten wenig spektakulär, dafür aber nah an mir dran und ehrlich in ihrer Einfachheit. Ich sagte ihm, dass es mir nicht gut gehe mit uns. Dass es mir nicht guttue, mit ihm ins Bett zu gehen und dabei weder eine Freundschaft noch eine Beziehung mit ihm zu haben.

Ich hielt kurz die Luft an, weil ich befürchtete, dass er etwas sagen könne, was mich verletzen würde. *Ich spürte meine Angst und erlaubte in meinem Inneren, dass sie sich zeigen durfte.* Ich unternahm einen Augenblick – eine kleine Sprechpause lang – nichts, was meine Angst herunterkochte. Ich ließ meine inneren Bewegungen völlig zu, war sehr bei mir.

Das war das erste echte Gespräch mit ihm seit Längerem.

Ich fühlte mich wohl, weil ich wieder ich selbst war. Die ganze Inszenierung, die *Alles-easy-kein-Problem-Show* war vorbei. Ich musste die Rolle der tollen Frau nicht mehr spielen. Damit verschwanden auch alle Erwartungen an ihn. Das war schnell gegangen.

Ich hatte keine Ahnung, ob ich ihn zum letzten Mal sehe und, ob dieses Gespräch das Ende von allem bedeutete. Aber mir ging es ganz gut. Das Vertrauen in mich selbst kam langsam wieder zurück. Ich war ein bisschen traurig, hatte ein bisschen Angst, aber das alles war in meinem Inneren gut aufgehoben.

Ich versuchte nicht mehr, diese Gefühle loszuwerden, indem ich versuchte, ihn zu etwas zu bewegen, oder indem ich Hoffnungen und Erwartungen an ihn richtete.

Schlimmer als vorher konnte es ohnehin nicht werden. Das beruhigte mich und ließ mich echt bleiben. Ich begann mich in mir selbst wieder sicher zu fühlen.

Es war ein ruhiges Gespräch. Es wurde auch gar nicht so viel gesagt. Aber wir verstanden einander. Zum ersten Mal seit langem lag wieder eine Zärtlichkeit in seinem Blick und in seiner Stimme, wenn er sprach. Ein Stein fiel mir vom Herzen und ich wusste, dass alles richtig sei und in Ordnung kommen würde.

Dann, ohne, dass ich das geplant hatte, hörte ich mich sagen, dass ich nicht mehr kann und wir aufhören müssen, miteinander ins Bett zu gehen. Seine Reaktion signalisierte mir, dass er das erwartet hatte. Er verstand mich. Er hat es mir nicht schwer gemacht.

Stattdessen tat er etwas, was ich gar nicht von ihm kannte: er nahm mich in den Arm. Und so saßen wir dann an sein Sofa gelehnt, ganz lange. Er zeigte mir, dass er mich auch dann mag, wenn wir nicht die Kissen durchwühlen.

Er ging mit mir so um, wie ich mit mir selbst umging. Als ich noch als wandelnde Fassade unterwegs gewesen war, hatte er mich nicht wie einen empfindsamen, verletzbaren Menschen behandelt. Jetzt, wo ich wieder wahrnehmbar war, ging er sanft und liebevoll mit mir um.

Er wollte nicht plötzlich eine Beziehung, aber er ging wieder in Beziehung mit mir, weil ich wieder in Beziehung mit mir selbst war.

Er war ganz sicher kein Heiliger und hatte seinen Teil zu dieser Situation beigetragen. Ich kam mit einer Vorgeschichte mit viel Verlust und wenig Anerkennung in die Beziehung zu ihm. Meine ganze Not war für mich selbst leicht nachvollziehbar, aber tatsächlich hatte ich versucht, ihn dahin zu manipulieren, mich lieben und haben zu wollen. Das kann nicht funktionieren.

Jetzt aber war es anders. Wir waren in unserem Verhalten und unseren Worten echt und ehrlich. Und das tat nicht weh, kein bisschen.

Das Leben wird mild, wenn wir ehrlich zu uns selbst sind.

Eine Last fiel von mir ab.

Ich wusste, dass wir ab jetzt anders miteinander umgehen konnten, und auch, dass er nicht aus der Welt ist. Er kam vom Gespenster-Status wieder in den Status eines greifbaren Menschen zurück. Und ich auch.

Dieser Abend war der Beginn der Auflösung und der Erlösung

Als ich später nach Hause fuhr, war ich traurig, weil klar war, dass die Affäre als solche zu Ende war. Ich fühlte mich ernüchtert; der Rausch war weg, und zwar ganz. Ich empfand anders für ihn. Ich mochte ihn sehr, aber ob das Liebe war?

Und es war auch zum ersten Mal egal. Neben der Traurigkeit war ich erleichtert darüber, dass die Last des Jemand-sein-müssens weg war.

Die Traurigkeit empfand ich als angemessen, fast als angenehm. Sie hatte nichts von diesem Mörderschmerz, der mich sonst immer heimsuchte. Die Traurigkeit ließ noch Platz für andere Gefühle und Erlebnisse. Sie besetzte mich nicht, nahm mich nicht voll in Beschlag. Sie war gut zu mir. So gab ich ihr Raum, in dem sie *sein* durfte.

In den folgenden Tagen und Wochen ging es mir deutlich besser als sonst. Ich bereute keine Sekunde, dass ich die *Alles-easy-Show* beendet hatte.

Dennoch hing ich immer noch irgendwie drin.

Er meldete sich zunächst nicht und ich hatte wieder dieses Gefühl festzuhängen, weil mich jemand verletzt. Damals kam mir zum ersten Mal der Gedanke, dass Schmerz total binden kann. Heute weiß ich, dass das stimmt.

Starke Emotionen sind Klebstoff. Sie fixieren uns an Gedanken, Erinnerungen, Ideen, Limitierungen, Denkschablonen, Situationen oder an bestimmte Menschen. Wir können dann nicht mehr richtig für uns sorgen und das tun, was uns guttäte. Wir können auch nicht mehr tun, was uns befreit und erlöst. Starke Emotionen berauben uns der Fähigkeit, klar zu sehen, Entscheidungen zu treffen und die Werkzeuge zu deren Ausführung mit Bedacht zu wählen. Wir können nicht mehr komplex und integral denken.

Starke Emotionen nehmen uns unsere Freiheit. Diesen Freiheitsverlust nehmen wir als limitierende Muster wahr. Sie sind eine Emission unseres Überlebenssystems. Dazu später mehr.

∞

Dieses ganze Gefühlskino hat nichts mit Liebe zu tun, mit Tiefe, mit Spüren oder mit echtem Empfinden. Es gaukelt uns das aber vor und berauscht uns wie eine Droge.

In dieser Verfassung klopfen wir an Türen, die nicht aufgehen, und halten das für Liebe.

Ich hatte das Klopfen an der Tür zwar drangegeben, aber ich war noch nicht wieder wirklich frei. Es begann wieder zu schmerzen, dass er sich nicht meldete. Je länger ich nichts von ihm hörte, desto mehr dachte ich wieder an ihn.

Es war jedoch alles lange nicht mehr so schlimm wie vorher, als der Schmerz noch eine direkte Folge vom Rausch war.

Aber es reichte, um das Gefühl zu haben, drin zu hängen.

Ein paar Tage später rief er an.

Dann kam die Wende

Ich war erleichtert. Wir erzählten ein bisschen, wie immer, und ich bemerkte, dass ich wieder in den *Alles-easy-kein-Problem-Modus* verfiel. Ich plauderte, tat bestens gelaunt und unbeschwert und rutschte in meine alte Rolle zurück. Während wir so erzählten, spürte ich meinem Unwohlsein darüber nach, und dann passierte es wieder, wie an dem letzten Abend bei ihm: Ich hörte mich sprechen.

Ich hörte mich Dinge sagen, die ich früher nicht mal gewagt hätte zu denken.

Ich sagte plötzlich, ohne irgendeinen Zusammenhang zu unserem Gesprächsthema, zu ihm: „Du musst mir raushelfen."

Er schwieg eine kleine Weile. Dann fragte er: „Was brauchst du denn von mir?"

Darauf antwortete ich: „Du musst mir irgendwie die Hand reichen, damit ich loslassen kann. Du musst dich einen Schritt auf mich zu bewegen, damit ich gehen kann. Ich komme sonst nicht raus."

Was hatte ich denn da gesagt? Ich wusste nicht, woher die Worte gekommen waren. Es war nicht geplant und nicht überlegt. Ich hatte sogar etwas Mühe, das zu verstehen.

Offensichtlich hatte er das aber verstanden.

Offenbar war das *Nachspüren selbst* mir zu Hilfe gekommen. Denn was danach passierte, hätte ich im Leben nicht erwartet.

Wir beendeten das Gespräch kurz nach dieser kleinen Sequenz und zwei Wochen lang hörte ich nichts von ihm. Aber es ging mir besser. Viel besser.

Ich merkte, wie er aus meinem System verschwand. Das dauernde An-ihn-denken hörte auf und ich konnte mir wieder ein Leben ohne ihn vorstellen.

Bis dahin hätte ich an den schönsten Orten der Welt sein können: Ich wäre immer traurig gewesen, weil er nicht bei mir war. Das war vorbei.

Ich war wieder fröhlich, und zwar ohne ihn.

Und dann kam er.

Er rief an, samstagnachmittags, und fragte, ob er vorbeikommen könne. Ich freute mich, ihn zu hören und hatte Lust, ihn zu sehen.

Wir lümmelten uns dieses Mal auf meinem Wohnzimmerboden herum und waren unbefangen wie noch nie zuvor. Ich war vorher weder auf der Sonnenbank gewesen noch hatte ich mich in irgendeiner Weise lackiert. Mir war es egal, ob ich schön genug und ob meine Haare gekämmt waren, ob er meine Klamotten cool fand oder ob es aufgeräumt genug war. Wir blödelten herum, schmusten ein bisschen miteinander, erzählten und rauchten. Der ganze Druck war weg, das ganze Heckmeck, was ich gemacht hatte. Nicht nur, dass wir einander wahrnehmen konnten: Wir mochten einander und hatten uns richtig was zu erzählen.

Nachdem mein Belehrungszwang dann auch weg war, erzählte er sehr frei, was ihn bewegte. Ich hörte zu und musste keine klugen Antworten mehr geben.

In der folgenden Zeit hatten wir öfter Kontakt als je zuvor. Und er hatte Zeit für mich. Ich konnte ihn anrufen und mailen, wann ich wollte. Es war so leicht auf einmal.

Ich wollte nichts mehr von ihm. Und bekam alles.

Jetzt konnte ich ihm alle meine Fragen stellen

Wir hatten schöne Gespräche und irgendwann, Wochen später, begann ich mich zu offenbaren und ihm Fragen zu stellen. Ich fragte ihn, wie das Ganze für ihn gewesen sei und ob er eigentlich gewusst habe, dass mir das sehr wehgetan hat.

Ich habe das nicht vorwurfsvoll oder erwartungsvoll gefragt, sondern interessiert. Ich wollte wirklich wissen, wie ich auf ihn gewirkt hatte und war nicht sonderlich überrascht, als er mir sagte, dass er das irgendwie gewusst hatte, aber sicher nicht, *wie sehr* mir das wehgetan hatte.

Ich hatte mir ja auch reichlich Mühe gegeben. Die *Alles-easy-Show* sieht eben nicht vor, dass man seine Verletzlichkeit offenbart. Aber auch eine Offenbarung hätte mir nicht geholfen. Damit hätte ich mich nur tiefer in die Bredouille hineingebracht, denn er hatte keine Verantwortung für eine Beziehung übernommen. Das Einzige, was geholfen hatte, war, dass ich das aufgegeben hatte.

Dass es einem von uns sehr wehtun würde, den Schmerz haben wir wohl beide in Kauf genommen.

Ich kann mich sogar an Augenblicke erinnern, in denen sich diese Inkaufnahme immer wieder neu entschied. Zu meinen Lasten. Wenn die innere Stimme versuchte zu warnen, kam so ein lodernd-leckeres Gefühl von *leider-geil.*

Verletzt haben wir uns jedoch beide daran. Solche Eskapaden bekommen auch dem anderen nicht. Denn er bekommt ein riesiges Spielfeld, auf dem er sich austoben, sich belügen, sich schlecht benehmen und sich gehen lassen kann.

Auch das ist selbstverletzend.

Was mir tatsächlich geholfen hatte, war, dass *ich* wieder die Verantwortung übernommen und mir die Wahrheit gesagt hatte. Das führte dazu, dass ich mein selbstverletzendes Verhalten einstellen konnte und wir beide aus der destruktiven Abwärtsspirale miteinander herauskamen.

Es wurde immer klarer, dass ich mit meiner Pseudo-Souveränität weder preisgegeben hatte, dass ich einfach nur mit ihm hatte zusammen sein wollen, noch wie weh mir seine Rückzüge getan hatten. Ich hatte das auch irgendwie alles vor mir selbst versteckt. Mit jemandem zusammen sein zu wollen ist etwas anderes, als die Beste, die Tollste und die Wichtigste von allen sein zu wollen. Mit so einem Tamtam kommt man kaum in einen stillen, aufrichtigen inneren Dialog mit sich selbst, der stimmige und belastbare Ergebnisse hervorbringt.

Ich war ihm viel zu nah gekommen. Jeder Mann auf diesem Planeten weiß intuitiv, dass eine Frau dafür zunehmend die Sicherheit einer festen Beziehung braucht. Mit ihm ins Bett zu gehen und das immer und immer wieder zu tun, muss ihm etwas ganz Schräges signalisiert haben. Ich hatte auf ihn einfach nicht wie eine Frau gewirkt, die man mit so etwas ernsthaft verletzen konnte.

Ich war ja perfekt, die Überfrau, und konnte alles ab.

Wer viel aushalten kann, kriegt viel.

Dennoch war diese Affäre auch von seiner Seite keine Glanzleistung gewesen.

Ein anderes Mal, ein paar Monate später, wir saßen auf dem Rasen in meinem Garten herum, fragte ich ihn: „Wenn du gewusst hättest, wie furchtbar gerne ich mit dir zusammen gewesen wäre, hättest du uns dann eine Chance gegeben und es versucht?"

Er überlegte eine Weile und sagte dann: „Ja, ich glaube, das hätte ich. Ich glaube aber nicht, dass es funktioniert hätte. Ich war zu der Zeit noch viel in Frankreich und überhaupt nicht für Beziehung gestimmt. Das war eine komische Zeit, das weißt du ja. Ich trank zu viel und war teilweise echt finster drauf. Aber ich hätte versucht, das möglich zu machen."

Es war schön zu hören, und ich glaube sogar, dass das stimmte. Aber es half alles nichts: Wir passten nicht zusammen.

∞

Ich konnte jetzt alles fragen, was ich wissen wollte, weil ich keine Angst mehr vor seinen Antworten hatte. Und er musste keine Angst vor irgendwelchen Erwartungen, Belehrungen oder inquisitorischen Befragungen haben.

So ging es dann weiter. Ich kann es zusammenfassen: Ab dem Telefonat, als ich ihn gebeten hatte, mir die Hand zu reichen, damit ich gehen konnte, hatte er genau das getan.

Er kam, er war für mich da. Er fragte nach meinem Wohlergehen.

Er war richtig lieb zu mir. Er beantwortete jede Frage, die ich ihm stellte, so ehrlich, wie er konnte, und zeigte mir, dass ich nicht nur eine Bettgeschichte für ihn gewesen war.

Das tat so wohl und machte vieles wieder gut, was ich erlitten hatte. Ich glaube, dass ihm das auch guttat.

Ob ich noch einen Beziehungswunsch hatte? Der war weg und das schneller, als ich je gedacht hätte.

Ich wollte das nicht mehr. Ich wollte ihm auch nicht mehr so nah sein. Aber ich genoss unsere Treffen noch eine Weile. Wir trafen uns nur noch bei mir, gingen im Wald spazieren und lernten einander so gut kennen, dass für mich klar wurde, dass wir vielleicht Freunde sein können, aber keine Partner.

Er hatte mir die Hand gereicht, so konnte ich selbst sehen und fühlen, dass wir nicht zusammenpassten.

Er blieb, solange ich ihn brauchte. Ich habe das als eine unglaublich liebevolle Geste in Erinnerung.

Wenn es zwischen uns irgendwo so etwas wie echte Liebe gegeben hatte, dann lag sie in der sanften Aufrichtigkeit am Ende der Affäre. Und darin, dass wir uns trennten.

Wir wurden Freunde für einige Jahre.

Ausblick

Wenn du, liebe Leserin, noch in einer so schmerzhaften Situation feststeckst, dann will ich dir einen Ausblick geben.

Denn ich kenne die Befürchtung, dass man denkt, man könne nie wieder so etwas empfinden. Man denkt, man könne vielleicht sogar nie wieder ganz glücklich werden. Man denkt manchmal: *Er* wäre es gewesen, danach kommt nichts mehr.

Das ist ein gutes Beispiel für die schmale Spur, auf der das Denken unter starken Emotionen funktioniert.

Deshalb will ich dir als erstes sagen: Glaub das bloß nicht. Wenn du nämlich wieder frei bist, dann kannst du viel mehr sehen. Dann wirst du sofort wissen, dass diese Befürchtungen bar jeder Vernunft sind und schlichtweg nicht stimmen.

Aber auch diese mentale Tortur vergeht, und zwar ganz.

Ich erzähle dir noch kurz, wie es weiterging.

Heute bin ich froh, dass alles so war, wie es war. Denn dieser Mann hat erheblich zu meiner Beziehungsfähigkeit beigetragen.

Etwa zu Beginn des letzten Drittels dieser anstrengenden Erfahrung hatte ich einen gedanklichen Impuls.

Mir kam die Idee, dass ich nicht umsonst gelitten haben wollte. Ich hatte so viel gelitten, auch unter der Vorstellung, mein Leiden sei überflüssig und sinnlos.

Ich wusste aber plötzlich, dass das nicht stimmte.

Ich dachte: Wenn es schon so wehtut, dann will ich etwas davon haben. Dann will ich daran wachsen. Dann will ich genau wissen, was ich damit zu tun habe. Dann will ich an dieser Erfahrung heilen und reifen. Ich will nicht nur sicher verhindern, dass mir so etwas nochmal passieren kann, sondern ich will mich selbst dadurch besser kennenlernen und daran hochziehen.

Ich will aus dieser Erfahrung *Gold machen*.

All das ist dann auch geschehen.

∞

Diese Idee ist auch auf zahllose andere Lebenssituationen anwendbar: „Wenn es wehtut, will ich daran reifen." Jedem Gegenwind, der mir ins Gesicht weht, vertraue ich und stelle ich mich.

Das macht das Leben erheblich leichter und erfüllter. Die limitierenden Muster lösen sich auf. Das bringt sichtbare Ergebnisse hervor.

Damals ahnte ich irgendwie schon, dass durch diese Idee eine Weiche gestellt werden würde. Aber ich wusste noch nicht, wie wichtig sie war.

Nach dem Ende der Erfahrung und dem großen Schmerz war ich zugänglicher, empathischer für mich selbst und für andere. Empathie ist keine Gefühlsduselei, sondern Intelligenz. Ich war weicher und weiblicher geworden. Der Kontakt zu mir selbst war stärker und damit auch das Vertrauen ins Leben.

Das ist, was Schmerz macht. Er bricht uns auf und holt unsere Aufmerksamkeit nach innen; jenem Ort, dem wir begegnen müssen, wenn wir uns nach Heilung und Reifung sehnen.

Man kann auch sagen: Ein Herz muss brechen, um sich zu öffnen.

Vertraue und lasse es brechen.

∞

Heute bin ich sehr glücklich gebunden mit einem Mann, mit dem alles möglich ist, was ich immer wollte. Er ist mein Mann, mein Freund, mein Gefährte durch Dick und Dünn. Er hat mich an die erste Stelle gesetzt und lässt mich das mit seinem ganzen wunderbaren Wesen, mit jeder Handlung und mit jeder Entscheidung, die er trifft, spüren.

Ich fühle mich unglaublich sicher mit ihm. Darüber, wie ich nachts von A nach B komme, brauche ich mir gewiss keine Gedanken mehr zu machen. Er beschützt und achtet mich; niemals würde er meine Würde aufs Spiel setzen.

Alles, was ich mir damals wünschte und nicht bekam, empfange ich heute in unglaublicher Fülle. Wir leben eine entwicklungsfähige, total lebendige Beziehung, in der nichts unmöglich ist. Heute weiß ich, was Liebe ist und wie wichtig Wahrnehmbarkeit, Authentizität, ein starkes Wertesystem sind.

Ich hing damals an jemandem, der mir alles, was ich mir gewünscht habe, und alles, was ich brauchte, genau *nicht* gab. Und ich schnallte das nicht!

Die Schamanin hatte mich damals auch einmal persönlich beraten. Ich höre heute noch, wie sie mit ihrem holländischen Akzent zu mir sagt: „Du hast kein *Ja* zu dir selbst. "

Ein Satz, der lange Zeit in mir arbeitete. Die schmerzhafte Erfahrung damals hat genau dieses fehlende *Ja* zu mir selbst sichtbar gemacht und zur Heilung offengelegt.

Deshalb hat diese Erfahrung in einem erheblichen Maß zu meiner Beziehungsfähigkeit beigetragen und meine heutige Partnerschaft mit ermöglicht.

Wenn du gerade durch eine ähnlich schwere Erfahrung gehst, oder dabei bist, so etwas zu verarbeiten, dann kann ich nur sagen: Das Leben zeigt dir gerade, wie du dorthin kommst, wo du dich hin sehnst.

Es räumt dir den Weg frei.

Es will dir nichts nehmen, sondern nur geben. Nutze diese Erfahrung, verwerte sie bis zum letzten Quäntchen! Dann kommst du genau dort an, wo du hinwillst: in eine lebendige, liebevolle und lang andauernde Partnerschaft. Wenn nicht mit dem Mann, an den du jetzt noch denkst, dann mit Sicherheit mit einem Besseren.

Und den gibt es schon.

Er ist da draußen irgendwo und lebt auf die Begegnung mit dir zu!

Sei dir gewiss: Du hast nicht umsonst gelitten.

Teil II

Verliebtsein: was es ist und was es macht

Wer eine Affäre mit unerfülltem Beziehungswunsch hat, lebt in dem ständigen Wechsel von Verliebtheit und Schmerz. Die Verliebtheit ist das Gefühl, dass man anstrebt, nach dem man sich streckt und ausrichtet. Sie ist das, was einen süchtig nach dem anderen macht, gleich, ob der andere für uns bekömmlich ist oder nicht.

Lebt man in einem Beziehungsversuch, der nicht so recht funktionieren will, steht einem eine starke Verliebtheit eher im Weg. Gerade starke Dauerverliebtheit gehört zu den überlebensbasierten Gefühlen, wie wir später sehen werden, und verhindert integrales, klares Denken und Handeln. Manchmal ist das weniger problematisch, nämlich, wenn wir auf eine feste Beziehung zusteuern.

Ist das jedoch nicht der Fall, wie bei allen Affären mit unerfülltem Beziehungswunsch, dann kann eine starke Verliebtheit dazu führen, dass wir genau das Gegenteil dessen tun, was die Affäre entweder in eine verbindliche Beziehung verwandeln könnte oder aber was uns helfen würde, eine aussichtslose Affäre als solche zu erkennen und zu beenden.

Das Gefühl der Verliebtheit spielt in Affären eine erhebliche Rolle und motiviert fast unser gesamtes Denken, Fühlen und Verhalten. Weil es entweder gerade da ist oder weil es gerade fehlt.

Deshalb schauen wir uns zu Beginn an, was Verliebtheit eigentlich ist.

Was genau ist das Gefühl der Verliebtheit?

Wenn man sagt, man sei verliebt, spricht man von einem Gefühl, das meist als intensives Wohlbefinden empfunden wird. Verliebtheit erzeugt einen Impuls der Freude, der Verbundenheit, des Friedens, der Schöpferkraft und der Lebendigkeit.

Man fühlt sich vitaler als zuvor und man sieht auch so aus. Meistens ist man sehr hübsch, wenn man sich verliebt hat. Man verliert Gewicht, die Gesichtsfarbe ist gesünder, die Haut straffer. Man ist fröhlich, verspürt weniger Angst, hat infolge mehr Vertrauen.

Das Denken erscheint zu Beginn freier und visionärer, Dinge gehen einem leichter von der Hand, man ist stärker motiviert, man fühlt sich attraktiv und antriebsstark. In dieser Verfassung erlebt man sich als eine Art optimiertes Ich.

Im Zustand des Verliebtseins ist man so, wie man eigentlich sein will

Vor allem aber ist man so, wie man sich *fühlen* will.

Man mag sich dann selbst nämlich mehr als sonst. Die meisten Menschen jedenfalls. In gewisser Weise ist man in sich selbst verliebt.

Verliebtsein ist emotional das, was viele Menschen als den schönsten Zustand bezeichnen. Es suggeriert eine Art Sättigung auf allen Ebenen und ein Sich-zu-Hause-fühlen, egal, wo man gerade ist. Man fühlt sich im Leben mehr willkommen und vor allem sicherer. In diesem Zustand ist nichts mehr ein Problem. Man ist sich selbst und der Welt gut.

So ähnlich fühlt sich wirkliche Authentizität an, jenes Bei-sich-Ankommen, nach dem wir oft so sehr suchen. Ich will es nicht Selbstliebe nennen, denn wer zu Hause ankommt, kennt nur noch Liebe. Aber eben dieses Ankommen fühlt sich ein bisschen an wie verliebt zu sein, nur ohne den verhängnisvollen Rausch, dafür aber mit Empathie.

Verliebtsein hingegen macht unempathisch.

Nun ist das Verliebtsein in Verbindung mit einem anderen Menschen entstanden. Dessen Zuwendung und das, was wir in ihm sehen, lösen diese Empfindungen in uns aus. Wir fühlen uns folglich zu diesem Menschen hingezogen. Wir sind glücklich, und weil sich Verliebtsein richtig anfühlt, haben wir den Eindruck, dem richtigen Menschen begegnet und somit angekommen zu sein.

Es ist jedoch das Gefühl selbst, das jeden Zweifel, jede verlässliche Wahrnehmung und unser Urteilsvermögen betäubt. Deshalb ist das Verliebtsein ein Gefühl, auf das man sich als Indikator für „den Richtigen“ nicht verlassen kann.

Mal abgesehen davon, dass in gewisser Weise jeder der Richtige ist, für den Moment und die Dauer seines Daseins, haben wir aber alle eine Vorstellung von einem Menschen, mit dem wir eine lange, glückliche und tragfähige Partnerschaft eingehen wollen. Wir glauben in der Stärke des Verliebtseins erkennen zu können, ob wir diesem Menschen gerade begegnet sind. Genau das lässt sich aber anhand dieses Gefühls nicht bestimmen. Manchmal ist das dieser Mensch, oft aber gar nicht. Also taugt Verliebtheit nicht zur Orientierung.

Wozu ist sie dann da?

Wenn man einmal genauer schaut, was sie macht, dann wird das deutlich.

Verliebtheit zwingt uns gewissermaßen immer wieder zu einem bestimmten Menschen hin, zu dem, der uns in diesen Zustand des besonderen Wohlbefindens versetzt. Die Verliebtheit erzeugt einen enormen Magnetismus und meist auch eine starke sexuelle Sehnsucht nach diesem Menschen.

In der Phase der Verliebtheit wird eine erhöhte Menge der Stresshormone Adrenalin und Noradrenalin ausgeschüttet. Das sind Hormone, die normalerweise in einer Gefahrensituation vermehrt produziert werden und eher für Angst und Fluchtreaktionen sorgen. Daher der Gewichtsverlust.

In dieser Situation jedoch setzt das Gehirn auch Botenstoffe wie Endorphin, Dopamin, und Serotonin frei. Diese Stoffe erzeugen ein Gefühl von Euphorie und den Rausch, von dem wir scheinbar nicht genug bekommen können.

Das ist offenbar völlig unabhängig davon, ob dieser Mensch uns gut bekommt oder nicht, ob er als Partner passt, ob er überhaupt ein guter Partner sein könnte und, ob er frei ist für eine Partnerschaft. Wir haben uns in Trunkenbolde und in Lügenbarone, in Herumtreiber und Hochstapler verliebt: ein eindeutiger Beweis für die Nichttauglichkeit der Verliebtheit als Parameter für überhaupt irgendetwas.

Die Verliebtheit dürfte eine biologische Einrichtung sein, um uns zur Reproduktion zu animieren. Wenn man sich dieses Gefühl einmal von der Menschheit wegdenkt, wird schnell klar, dass diese längst ausgestorben wäre, wären Partnerschaften nur durch jahrelange Freundschaften und langsames Wachsen von Liebe entstanden.

Der Reproduktionsdrang wäre geringer, es hätte Nachkommen gegeben, aber zu wenige.

Dem Gefühl der Verliebtheit haben wir offensichtlich zu einem erheblichen Teil den Fortbestand der Menschheit zu verdanken.

Die Biologie funktioniert nach den Prinzipien des Überlebens

Demnach ist eine Population dann besonders stark, wenn der Genpool, also die Gesamtheit aller Genvariationen, möglichst vielfältig ist. Das heißt: Biologisch ist der Mensch nicht für die Monogamie geschaffen. Für ihn war ursprünglich vorgesehen, sich mit möglichst vielen Sexualpartnern zu vermehren.

So sagt die Biologin und Autorin Meike Stoverock: „Männer streben, evolutionär gesehen, nach Sex mit möglichst vielen Frauen. Frauen dagegen (...) streben von Natur aus danach, sich alle paar Jahre einen neuen Partner zu suchen."

Das ist aber nicht unsere einzige Steuerung. Denn wir folgen neben den biologischen auch den Vorgaben unserer menschlichen Natur. Diese strebt nach dauerhafter Bindung und einem kontinuierlichen sexuellen Begehren für *einen* Partner. Diese Art der Bindung wird jedoch von Liebe und nicht von Verliebtheit getragen. Letztere spielt hier nur zu Beginn eine Rolle und flaut dann ab. Danach zeigt sich, ob zwischen zwei Menschen echte Liebe entsteht.

Die Verliebtheit entspringt also eher dem biologischen Teil unseres Menschseins und gehört damit zu den überlebensbasierten Emotionen.

Wir neigen dazu, unsere biologische Natur mit der menschlichen zu vermischen und zu verwechseln und messen infolge der Verliebtheit eine weitaus größere Bedeutung bei, als es ihr eigentlich zusteht. Wir denken, weil es sich so schön anfühlt, dass dieses Gefühl der Vorbote einer echten Liebe sein muss. Dabei taugte die Verliebtheit in ihrem ursprünglichen, evolutionären Sinn lediglich als Antriebsfeder für Bekanntschaften mit potenziellen neuen Sexualpartnern: kurzlebig und auf Fortpflanzung ausgerichtet.

Wir brauchten, nur für die Dauer dieser Aufgabe, eine starke Anziehungskraft, und sobald diese Arbeit erledigt war, zerfiel dieser Antrieb. Diese Tendenzen sind auch heute noch in uns zu finden.

Das Gefühl der Verliebtheit ist also nicht als Indikator für eine echte partnerschaftliche Passung geschaffen. Ebenso wenig ist es als tragender Balken in einer Zweierkonstellation geeignet. Es gaukelt Bindung vor, weil das diesen enormen Magnetismus mit sich bringt.

Dabei ist die Verliebtheit nur dem ursprünglichen Zweck füglich und deshalb flüchtig und zerbrechlich. Weil dieses Gefühl dem biologischen Überleben entspringt, ist es unempathisch und macht unempathisch.

Bitte verzeih, liebe Leserin, an dieser Stelle, dass das wirklich entzaubernd und unromantisch ist. Aber an diesen Wahrheiten kommen wir nicht vorbei, wenn wir herausfinden wollen, was wirkliche Liebe ist. Dazu müssen wir erstmal feststellen, was sie nicht ist.

Also, zurück zum biologischen Imperativ: Hast du dich gefragt, was damit gemeint sei, dass Verliebtheit unempathisch mache? Lass uns dieser Frage gemeinsam auf den Zahn fühlen:

Hast du Kinder und warst schon mal heftig verliebt? Dann kennst du vielleicht die Situation, dass man vor lauter Verliebtheit nicht mehr klar denken kann und die Kinder mechanisch versorgt hat, aber mehr nicht? Vielleicht ist von der guten Laune etwas übergeschwappt und den Kindern zugutegekommen. Aber so richtig bei ihnen ist man in dem Zustand nicht.

Verliebtheit, vor allem, wenn sie sehr stark ist, macht abwesend und emotional unerreichbar. Je stärker sie ist, desto weniger zugänglich ist man für jeden und alles, was nicht der Mann ist, in den man so verliebt ist. Vor allem ist man nicht mehr zugänglich für Wahrheiten, Fakten und gute Argumente, falls man im Begriff ist, etwas zu tun, das man hinterher bereuen wird.

Auch weiß jeder Mensch, der einen Seitensprung kennt, mit welcher Kälte der Partner angelogen wird, wenn das nächste Schäferstündchen geplant ist. Das machen selbst Menschen, die sich unter normalen Umständen so niemals verhalten würden. Je nach Stärke der Verliebtheit ist man imstande, ziemlich rücksichtslos zu werden und manches in Kauf zu nehmen, das nicht typisch für einen ist.

Das kann mit Liebe nichts zu tun haben, denn wirkliche Liebe macht einfühlsam, erreichbar, rücksichtsvoll und intelligent.

Verliebtheit ist also rein biologischer Klebstoff.

Es gibt große Unterschiede in der Qualität des Verliebtseins

Ebenso gibt es Unterschiede in Dauer und Intensität.

Eine Variante des Verliebtseins ist ein leises Sich-hingezogen-fühlen und eine langsam wachsende Schönheit im Zusammensein mit jemandem.

Dann gibt es Beziehungen, die entstehen aus einer Freundschaft, in der man nach einer Reihe von Jahren plötzlich merkt, dass man liebt und dass man bleiben will.

Es gibt ein stilles Verliebtsein. Es ist nicht heißblütig, nicht glühend und alles verzehrend. Es ist freundlicher und gütiger. Diese Art des Verliebtseins zeigt eher auf den Beginn einer tragfähigen Partnerschaft, die auf echter Liebe und Vertrauen fußen wird.

Es gibt weiter eine Reihe von verschiedenen Schattierungen bis hin zu einem außerordentlich starken Gefühl des Verliebtseins. Es ist ein Zustand, der fast schon wehtut.

Diese starke Verliebtheit raubt einem die Konzentration, den Appetit, den Schlaf und die Sinne. Sie ist euphorischer, rücksichtsloser und vereinnahmender als die voran beschriebenen Varianten. Diese Variante unterscheidet sich vor allem auch durch ihre Dauer von den anderen: Sie währt lange, manchmal Jahre.

Der Preis dafür sind regelmäßige Unterbrechungen des intensiven Hochgefühls durch ebenso intensiven Schmerz.

Das ist die Verliebtheit, die man meistens in Affären antrifft, sei es mit einem emotional nicht zugänglichen Mann, einem gebundenen Mann oder mit einem Mann, der sich noch nicht entschieden hat.

Meist merkt man selbst, dass diese Variante irgendwie zu viel von allem hat. Wo genau auf der Skala das *Zu-viel* beginnt, kann man von außen weder gesichert feststellen noch kann man es gut beschreiben. Es ist jedem selbst überlassen, ehrlich genug zu sich zu sein und sich einzugestehen, ab wo das Verliebtsein dieses *Zu-viel* erreicht. Man kann das erspüren, wenn man das wissen will.

Es gibt Indikatoren für das *Zu-viel*.

Ein Indikator wäre, wenn man so verliebt ist, dass man trotz besseren Wissens nicht mehr loslassen kann, auch wenn man schon ahnt, dass man es früher oder später müssen wird.

Ein anderer Indikator ist, wenn man den Eindruck bekommt, man sei süchtig nach dem Mann. Das stimmt und es stimmt nicht: Man ist nämlich nicht süchtig nach dem Mann, sondern nach diesem Gefühl.

Daraus ergibt sich der nächste Indikator: Man ist nicht mehr Herr der Lage und kann nicht mehr tun, was richtig wäre.

Ein weiterer Indikator ist, wenn man das Nicht-loslassen-können mit Liebe verwechselt. Dann hat man es auch mit einer dysfunktionalen Zweierkonstellation zu tun. Dass man etwas verwechselt hat, merkt man aber oft erst im späteren Verlauf der Beziehung oder zum Schluss hin.

Verliebtheit und Hochspannung

Interessanterweise verlieben wir uns umso heftiger, *desto weniger* wir eigentlich auf eine tragfähige Beziehung zusteuern. Das trifft nicht zu hundert Prozent zu, aber nahezu. Die stärkste und längste Verliebtheit mit der höchsten Spannung erleben wir, wenn aus der Verbindung entweder von vorneherein keine feste Beziehung hervorgeht oder aber eine dysfunktionale Beziehung wie zum Beispiel eine toxische Beziehung, die Kummer und Schmerz im gleichen Maß schafft, wie die Verliebtheit intensiv war. Das passiert oft dann, wenn man über 35 Jahre alt ist und eine Ehe oder langjährige Beziehung hinter sich gelassen hat.

Es sind nicht selten die ersten Beziehungsversuche nach aufgelösten Ehen, die diese besondere Schmerzhaftigkeit mit sich bringen.

Wir sprechen hier nicht von „sehr verliebt", sondern von der Sorte, bei der die Kerze von beiden Seiten brennt, bei der unser Körper im Kriegszustand ist und nach und nach vom Wechsel von Verliebtheit, Schmerz und Bangen auszehrt wird und manchmal daran zerbricht. Wir sprechen von der Sorte, bei der wir über viele Monate und manchmal Jahre hinweg in einer Daueranspannung leben, bei der sich Rausch und Depression abwechseln, bei der es so scheint, als könne unser Körper eine Drogensucht in sich und durch sich selbst produzieren. Das genau tut er übrigens, denn hinter allen Gefühlen verbirgt sich eine Biochemie.

Diese Art der Verliebtheit ist deshalb so stark, weil sie den Schmerz der Reifung beinhaltet, nicht aber die Vorausahnung auf eine tragfähige Partnerschaft.

Wir begegnen früher oder später einem Partner oder Menschen, der unsere Mangelgefühle, das große Fehlen und jede Sehnsucht an die Oberfläche befördert. Manche Menschen sagen: „Ich habe das angezogen oder diesen oder jenen Partner angezogen." Das kann man fast so sagen. Was daran nicht stimmt, ist, dass man das selbst gemacht hätte.

Es ist von selbst passiert.

Anders ausgedrückt: Unsere unbewussten Inhalte zeigen sich früher oder später auf irgendeine Weise im Außen. Jedwedes Mangelgefühl reproduziert sich so lange, bis es ganz in unser Blickfeld rückt. So ist massiver, nicht betäubbarer Liebeskummer nichts anderes als eben dieses Gefühl in konzentrierter Form.

Das Gute daran ist immer, dass nichts davon vertan oder umsonst ist: Alles, was sichtbar und fühlbar wird, heilt, reift und transformiert sich. Das tut es im Moment des Gefühlt-werdens selbst.

Keine Minute Liebeskummer oder Trennungsschmerz war je umsonst.

Denn:

- *Was du fühlst, heilt.*
- *Du musst fühlen, um zu heilen.*
- *Alles, was du anschaust, heilt.*
- *What you're feeling is healing.*

Alle vier Sätze sagen dasselbe. Behalte den, der dir am nächsten ist.

Menschen mit einem starken Mangelgefühl, mit einer tiefen Sehnsucht und einer lebenslangen Ahnung, dass es irgendwo ein echtes Zuhause geben müsse, neigen dazu, sich nicht nur schnell, sondern auch sehr heftig zu verlieben.

Diese Neigung ist ein Zeichen für ein hohes Maß an spirituellem Hunger. Damit ist sie häufig auch Zeichen für Hochsensibilität und emotionale Intelligenz.

Ein emotional intelligenter und wahrheitssuchender Mensch wird eher gezwungen, sich seinen unbewussten Inhalten und Gefühlen zu stellen. Auch dem Mangel.

Daher kommt der Eindruck, dass besonders anständige und liebevolle Menschen mehr leiden müssen. Das kann seine Auslöser in aussichtslosen Liebesaffären oder in toxischen Beziehungen finden. Diesem Leidensdruck sind besonders sensible und damit besonders empathische Menschen ausgesetzt, weil sie schlechter verdrängen können als andere Menschen. Und weil sie mehr fühlen.

Es ist also nicht richtig, ein sehr frühes, heftiges Verlieben als Fehler zu deklarieren, weil die emotionalen Stürme, die es meistens verursacht, am Ende die Heilung des unterschwelligen Mangels bewirken wird. Damit verschwindet die Notwendigkeit für starke Emotionen.

Wir werden empfindsamer für feinere Qualitäten und für die subtile Frequenz Gottes.

Liebe ist nicht immer ein Gefühl

Sie ist eher eine Kraft, die uns in völlig verschiedenen Ausdrucksformen begegnet. Mal ist sie ein Gefühl, oft nicht.

Wenn du dir zum Beispiel vollen Herzens versprichst, dass du so ehrlich zu dir selbst sein willst, wie du kannst, dann ist das Liebe. Denn das bringt dich nach Hause.

Liebe ist Aufrichtigkeit zu uns selbst. Sie ist das Zeuge-sein unserer selbst. Und zwar nicht unter der Bedingung, dass es uns prima geht, sondern besonders dann, wenn wir bedürftig sind und uns wertlos und ungeliebt fühlen. Genau dann müssen wir uns selbst der beste Freund sein und uns geben, was wir uns immer von anderen wünschen: Treue, Trost, Sanftheit und Nachsicht.

Verlieben wir uns zu heftig, so dass wir nicht mehr Herr der Lage sind, geben wir unser Wohl und Weh jedoch in die Hand eines anderen Menschen, der für unsere Wunden noch nicht zuständig ist.

So wird eine sehr heftige und verfrühte Verliebtheit zu einer Kapitulationserklärung: „Ich kann den Mangel selbst nicht stillen. Tu du es für mich."

Das wird oft mit Liebe verwechselt. Dabei ist es in Wirklichkeit Sehnsucht nach Liebe. Die Annahme, dass Liebe immer wehtut, stimmt also nicht.

Es ist die Abwesenheit von Liebe, die so wehtut.

Der Schmerz ist ein Ausdruck des Mangels und damit das genaue Gegenteil von Liebe.

Er ist jedoch auch das Vehikel, das zur Reifung und Auflösung des Mangels führt, wenn man es lässt.

Liebe selbst tut nie weh.

Nicht Liebe, sondern Verliebtheit macht blind

Das größte Problem beim schnellen und heftigen Verlieben ist, dass man dieses Gefühl, wenn man es einmal hat, nur schwer wieder aufgeben will. Ist man jemandem begegnet, der es auslöst und der ein unterschwelliges Mangelgefühl zu stillen scheint, kann es einem unmöglich vorkommen, dieses wunderbare Zuhause-Gefühl wieder aufgeben zu müssen.

Zu schön war es, sich selbst zu mögen, zu wunderbar, das Lebensgefühl. Zu lange hat man es vermisst, zu schmerzlich erscheint der Verzicht darauf.

Die Aussicht auf das Aufgeben dieses Gefühls wirkt in dem Fall einer aussichtslosen Affäre oft so angsteinflößend, dass sie schließlich das gesunde Augenmaß, die Urteilskraft und den nüchternen Blick auf das aufmerksame und unvoreingenommene Kennenlernen eines neuen Menschen vernebelt.

Durch so eine starke Verliebtheit, die man nicht mehr hergeben kann, ist man voreingenommen. Man sieht nur noch, was passen könnte, und blendet alles andere aus. Dieses eingeschränkte Blickfeld ist die berühmte rosarote Brille: Sie kommt vom Verliebtsein.

Liebe hingegen macht sehend.

Wie im Erfahrungsbericht schon angesprochen, beginnt man lose Enden zu verbinden. Man bringt willkürlich, wie es einem gerade gut passt, Dinge miteinander in Verbindung, von denen man gar nicht wissen will, wie sie wirklich zusammengehören. Man legt Widersprüche auf eine eigentümliche Art aus. Die Angst vor dem Verzicht auf das Zuhause-Gefühl verändert das Wahrnehmen, Urteilen, Denken und Fühlen, wie wir später noch sehen werden.

Wir haben unsere Gefühle nicht selbst gemacht

Aber wir sind verantwortlich dafür, was mit ihnen geschieht: Ob wir sie verdrängen oder ob wir uns ihnen stellen.

Man hört nicht selten Menschen, die sich in dieser Beziehungssituation befinden, sagen, für die eigenen Gefühle könne man ja schließlich nichts. Diese Aussage und noch einige mehr, dienen dann der Entbindung von der Verantwortung, sich diese Gefühle einmal näher anzusehen, statt ihnen immer blind zu vertrauen und ihnen die volle Autorität über unser Handeln zuzusprechen.

Dem betäubten Mangelgefühl wird dann unbemerkt die Immunität eines alleinigen Steuerungsmechanismus zugesprochen. Die Verliebtheit wird kurzerhand als Liebe deklariert und bekommt damit Diplomatenstatus. Wer liebt, wird nicht infrage gestellt.

Das ist ein Tabu. Da wird dann auch kein Unterschied gemacht zwischen Liebe und Verliebtheit.

Der Satz: „Für seine Gefühle kann man ja nichts", dient in diesem Kontext als Alibi und somit als Widerstand gegen jeden aufkommenden Zweifel. Er ist auch ein Bollwerk gegen jeden wohlgemeinten Einwand von außen. Übersetzt heißt der Satz: „Lass mich in Ruhe. Ich will es nicht genauer wissen." Oder: „Willst du etwa sagen, dass ich den Mann nicht wirklich liebe?", inklusive drohendem Unterton.

Der Satz wird zu einer Abtretungserklärung aller Verantwortlichkeit für die eigenen Inhalte, Entscheidungen, für das eigene Leiden sowie für das eigene Wohlergehen. Wir legen unser Wohl in die Hand eines Menschen, den wir bei weitem nicht gut genug kennen.

Mit dieser Aussage überantworten wir uns völlig. Die innere Stimme schaltet auf stumm.

Wir sind die Gefühle nicht schuld, das stimmt. Aber wir sind verantwortlich dafür, ob man sich ihnen vollkommen ausliefert. Damit liefern wir uns nämlich einer Situation aus, die wir noch gar nicht richtig einschätzen können.

Hier in der unverbindlichen Beziehung soll es darum gehen, die starke und vor allem langandauernde Verliebtheit als Zeichen einer großen Liebe in Frage zu stellen und sich die wirklichen Gefühle dahinter näher anzusehen.

Ich will hier ausdrücklich erwähnen, dass Verliebtheit natürlich längst nicht immer auf eine dysfunktionale Beziehung hindeutet. Aber die sehr starke Verliebtheit und die Unfähigkeit sie aufzugeben, wenn man muss, sind Indikatoren, die mindestens auf eine sehr anstrengende Beziehung deuten.

Liebe beginnt dort, wo man ehrlich zu sich selbst ist

Wenn man ahnt, dass etwas nicht stimmt in einer beginnenden Beziehung oder Affäre, und man sich *nicht* imstande fühlt, dieser Ahnung nachzugehen, dann ist es klug, darum zu wissen. Denn Ahnungen beiseitezuschieben bedeutet, dass wir verdrängen.

Manchmal kann man nicht jeder Ahnung sofort nachgehen. Aber man kann sich die Wahrheit sagen: „Ich merke, dass es Dinge gibt, die ich im Moment nicht wissen will. Ich weiß, dass das heikel ist, und werde mich darum kümmern, sobald ich das irgendwie kann." Damit hebelt man das Verdrängen schon ein ganzes Stück aus und nimmt ihm die Scharfkantigkeit, wenn man es denn wirklich so meint.

Man kann auch einen Moment darauf verwenden zu schauen, was einen wegschauen lässt. Ist es Angst? Oder ist das Verliebtsein zu schön, als dass man das in Frage stellen will? Ist es einem lästig, genauer hinzusehen? Ist man auf einem Höhenflug und ahnt bereits den Absturz?

Mit Ehrlichkeit auf diesen Ebenen mindert man Schmerz in erheblichem Maß. Denn starke Dauerverliebtheit, wenn man sie wüten lässt, wie sie will, verhindert mehr und mehr, dass wir überhaupt ehrlich zu uns selbst sein *können*.

Das wiederum hat zur Folge, dass wir Irrtümer und Warnsignale nur noch unzureichend oder gar nicht wahrnehmen und keine korrektiven Richtungsänderungen mehr vornehmen können. Damit liefern wir uns noch mehr aus und sind zunehmend gezwungen, Fehleinschätzungen der Beziehungssituation zu rechtfertigen, anstatt sie aufzugeben.

Verliebtsein kann also eine ziemlich sture Veranstaltung werden. Sie entwickelt ein Eigenleben und lässt sich nicht so leicht zur Aufgabe zwingen, selbst wenn der Irrtum dahinter noch so offensichtlich ist. Sie hilft also offenbar nicht dabei, klar zu sehen. Sie macht uns ziemlich blind.

Zu dieser temporären Erblindung gehört auch, dass wir gerne übersehen, wie wir mit uns umgehen, wenn wir eine Affäre auf Biegen und Brechen aufrechterhalten.

Wenn die Beziehung zu einem Menschen von uns verlangt, dass wir schlecht mit uns selbst umgehen, um sie zu bewahren, dann hat das mit Liebe nichts zu tun.

Auch nicht in Ausnahmefällen.

Wer sich zu früh entscheidet, geht ein enormes Risiko ein

Sehr viel Schmerz kommt auf einen zu, wenn man sich, aus der Angst heraus, das schöne Gefühl wieder aufgeben zu müssen, zu früh für den anderen als Lebenspartner entschieden hat. Das geschieht oft, und zwar noch bevor sich eine Partnerschaft mit ihm überhaupt bewährt hat, noch bevor der Mann seinerseits eine Entscheidung in die gleiche Richtung getroffen hat, noch bevor man darüber miteinander offen sprechen kann, noch bevor man die Passungen miteinander auch nur halbwegs kennt, noch bevor man emotional sicher bei ihm ist.

Wenn so eine Festlegung fast nur auf einem schönen Gefühl fußt, bewegt man sich auf sehr dünnem Eis. Natürlich kann man sich das wünschen, aber problematisch wird das Ganze, wenn man sich *entschieden* hat.

Es scheint fast so, als wolle man mit der voreiligen Entscheidung für ihn als Partner verhindern, dass noch irgendetwas schief gehen kann. Zu frühe, zu rasche Entscheidungen sind der Versuch, die Kontrolle über die Beziehung zu erlangen. Sie dienen als Gegenbewegung zu den Warnungen aus dem eigenen Inneren.

So etwas geht immer nach hinten los und jeder weiß das.

Eine echte Liebe, die langsam wächst, ist etwas Wunderbares und ein großes Geschenk, das uns das Leben macht.

Mit dem Verliebtsein hingegen müssen wir aufpassen. Es kommt nicht aus unserer menschlich-spirituellen Natur, sondern aus unserer biologischen. Wie wir gesehen haben, taugt sie nicht, um zu erkennen, ob aus einer Verbindung eine langjährige Partnerschaft entstehen kann.

Diese Erkenntnis kann nur aus einer Nähe zu uns selbst heraus erwachsen und nicht daraus, dass wir uns selbst verlassen und alles in die Hand eines anderen Menschen legen.

Unterschwelliger Mangel: Was fehlt uns eigentlich?

„Erkenne, was du bist und verstehe, dass du genau das bist, wonach du immer gesucht hast."

Maharishi Mahesh Yogi

Um es gleich vorwegzunehmen: Es ist nichts dagegen einzuwenden, sich zu verlieben oder glücklich sein zu wollen. Im Gegenteil.

Hier geht es jedoch um die Frage, welche Steuerungsmechanismen auf dem Weg zu Liebe und Glück manches Mal das Gegenteil von dem hervorbringen, was wir ursprünglich wollten.

Warum geht das alles oft nur so schwer oder gar nicht?

Eigentlich ist in allem, was wir tun, der unbewusste Wunsch vorhanden, volle Vitalität und ein wohliges, frohes Lebensgefühl zu finden. Wir wollen stark und glücklich sein. Das ist es *eigentlich*, was wir suchen.

Wir sehnen uns nach den Qualitäten, die wir vom Verliebtsein kennen: Kraft, Lebendigkeit, Frische, Freiheit und Schöpferkraft. Die Suche danach zieht sich wie ein feines Gewebe durch unsere Gedanken, Gefühle, Motivationen, Wertesysteme, Wahlen, Entscheidungen und Reaktionen. Alles, was wir tun, lassen, anstreben oder in Erwägung ziehen, zielt darauf ab, uns durch diese angenehmen Empfindungen in uns selbst wohl und im Leben willkommen zu fühlen.

Viele Menschen kennen einen ähnlichen Daseinszustand fast nur aus den Phasen in ihrem Leben, in denen sie verliebt waren.

Wenn wir uns aber genau erinnern, kennen wir es nicht nur von da.

Es gibt zum einen diese Momente im Leben, in denen wir einfach vollkommen glücklich sind und uns verbunden fühlen, ohne dass es dafür einen besonderen Grund gibt. Diese Momente erleben wir oft, wenn wir in der Natur sind.

Manchmal durchlaufen wir ganze Lebensphasen, in denen wir erfüllt sind von Tatendrang und Freude auf den Tag. Wir erleben Zustände des Sattseins, des Erfülltseins und eine Riesenlust aufs Leben.

Und stets geht es nicht um die Situation, in der wir uns dann befinden, sondern offenbar um ein Gefühl.

Wir wollen den Weg nach Hause finden

Wer voller Freude, Zuversicht und Kraft ist, fühlt sich zu Hause angekommen.

Wenn wir nach dem Befinden ähnlich der Verliebtheit suchen, dann scheint es also genau an dieser gefühlten Heimat zu mangeln. Sonst wären wir nicht auf der Suche danach, oder zumindest nicht so enorm anfällig dafür.

Das erste, was wir tun, ist – so haben wir es in der Familie und in unserer Kultur gelernt – *im Außen zu suchen, was wir im Inneren vermissen.*

Der eine vermutet die Sättigung seines Mangels in beruflichem Erfolg und in finanzieller Freiheit, der andere vermutet sie in der Möglichkeit, sich in der Welt frei bewegen zu können. Oder darin, endlich allen, die nicht an einen geglaubt haben, mit einer überragenden Leistung eine Lektion zu erteilen. Oder darin, berühmt zu werden, oder in einer Partnerschaft. Oder darin, Boss zu sein, oder ein besonders schönes Haus zu haben. Oder darin, besonders spirituell zu sein.

Hiermit soll nicht gesagt sein, dass diese Bestrebungen alle ausschließlich auf der Suche nach Behebung des Mangels fußen, aber diese Motivation ist in unterschiedlicher Gewichtung fast immer mit beteiligt.

Die meisten von uns haben nicht gelernt, das wirkliche Glück zuerst im Innen als geistigen Zustand zu finden, sondern nur im Außen durch Situationen, Menschen und Dinge, die uns glücklich *machen*. Wie man früher oder später feststellt, ist nichts zerbrechlicher als das: fatalerweise *gerade, weil* der entsprechende innere geistige Zustand fehlt.

Haben wir jedoch in uns selbst Heimat gefunden, spiegelt sich diese auch im Außen. Nie ist es andersherum. Darin verbirgt sich eine unumkehrbare Logik.

Ist ein stilles Glück im Innen nämlich dauerhaft spürbar, wird auch das äußere Leben leichter, schöner und erfüllter. Dinge fallen von allein auf ihren Platz.

∞

Eine weitere Verfassung, die dem Wohlgefühl, das wir suchen, ähnlichsieht, und die temporär eine ähnliche Erfüllung und Sättigung suggerieren kann, ist das Gefühl der Erleichterung.

Die Erleichterung kennen wir vom Erreichen von Zielen nach großer Kraftanstrengung. Wir erleben sie zum Beispiel, wenn wir Prüfungen bestanden haben, wenn wir endlich den langersehnten Job bekommen haben, wenn das Haus nach langer Mühe und Entbehrung gebaut ist. Aus solchen und ähnlichen Situationen kennen wir Erleichterung.

Sie stellt sich ein, wenn der Druck nachlässt, weil etwas erreicht oder vollendet ist. Oder weil eine Last von den Schultern genommen wird, oder wenn wir von einer Angst erlöst werden. Vielleicht auch, weil wir in diesen Momenten nichts wollen. Dann fühlen wir uns befreit, entlastet – und euphorisch. Das sind die Zutaten für das Gefühl der Erleichterung. Sie scheint Freude zu potenzieren und Unmengen von Kraft zu generieren. Leider nur vorübergehend.

Unbemerkt speichern wir solche Empfindungen als eine Art von Glück ab.

Das Problem ist, dass diese äußeren Situationen sich verändern. Auch unsere Stimmungen ändern sich. Situationen und Stimmungen sind bewegliche Teile. Verliebtheit geht vorbei und auch die Erleichterung ist nur eine sehr flüchtige Empfindung. Man kann sie nicht festhalten oder sich daran festhalten. Diese Dinge kommen und gehen.

Wir geraten in den Rausch-Schmerz-Zyklus

Sind Verliebtheit oder Erleichterung verflogen, ist das Gefühl, glücklich zu sein, oft nicht mehr auffindbar und die Anstrengung, es wiederzufinden, beginnt aufs Neue.

Es gibt eine weitere Empfindung, die einen temporären Rausch erzeugen kann, der sich ein bisschen wie Glück anfühlt. Das ist das Gefühl der Hoffnung.

Hoffnung ist vorweggenommene Erfüllung. Es ist das Inaussichtstellen dessen, was man sich gewünscht hat. Das kann sich anfühlen wie Erleichterung oder Vorfreude. In jedem Fall hat aber auch die Hoffnung nur eine kurzzeitige, belebende Wirkung. Ebbt sie wieder ab, kommt danach eine kleine Enttäuschung, ein kleines Tief. Erhebt man Hoffnung jedoch zum Suchtmittel, um sich einer Tatsache nicht stellen zu müssen, werden die Tiefs immer schmerzhafter. Die Anstrengung, die es braucht, um wieder „hoffen zu können", wird größer.

Menschen, die unterschwelligen Mangel spüren und versuchen, ihn zu beheben, neigen dazu, sich in genau diesen Zyklen zu bewegen: Verliebtheit, Schmerz, Hoffnung, Erleichterung und Rausch … und wieder Schmerz.

Einen solchen Zyklus in Dauerschleife findet man in allen schmerzhaften Paarkonstellationen: in toxischen Beziehungen, in Beziehungen ohne Verbindlichkeit, als Geliebte eines gebundenen Mannes und in allen anderen dysfunktionalen Beziehungstypen. Einmal in eine solche Konstellation hineingeraten, fällt es vor allem denen, die am meisten darunter leiden, besonders schwer, wieder herauszufinden.

Diese wechselnden, starken Gefühle in dysfunktionalen Beziehungen vermitteln den Eindruck von Lebendigkeit und Dynamik. Auch wenn die Beteiligten wissen, dass sie immer wieder mit Phasen von starkem emotionalem Schmerz dafür „bezahlen", können sie sich von den intensiven Hochgefühlen nicht trennen: die Erleichterung, wenn der andere die Rückzugsphase beendet und endlich alles wieder gut ist und das Glück, wenn man einander wieder nah sein kann.

Die Gefühle scheinen in diesen Rausch-Schmerz-Zyklen besonders heißblütig zu sein und suggerieren, dass man so etwas nie wieder fühlen wird, sollte man die ungesunde Beziehung aufgeben wollen. Nicht wenige Menschen halten sich ein ganzes Leben lang an solcherlei Beziehungen und anderen beweglichen Teilen fest und hoffen auf diese Weise, dauerhaft Halt, Stabilität und Erfüllung zu finden.

Hier sieht man beispielsweise, was Hoffnung anrichten kann: Sie hält uns in einer Erwartung, ohne dass diese sich erfüllt. Erfüllung kann erst kommen, wenn wir nicht mehr hoffen, sondern nüchtern betrachten und uns die Wahrheit sagen.

Menschen, die in der Warteschleife von Hoffen und Bangen festhängen, suchen die Hochgefühle, jene Rauschgefühle, die sie für Liebe halten.

Es ist die Verwechselung von Liebe und Verliebtheit, die einen Menschen auf diesen Irrweg führt. Es ist nicht wirklich ein Irrweg, denn wir erfahren nur dann, was wirkliche Liebe ist, nachdem wir zunächst die Scheinversion davon erlitten haben. Diesen Pfad gehen viele Menschen entlang, die das Ganze wollen, die keine halben Sachen machen; die Gründlichen, die das Richtige, das Wahrhaftige suchen. Diese Menschen erfahren alles, und zunächst erfahren sie eben, was Liebe nicht ist.

Dankbarkeit, tiefe Verbundenheit und echte Liebe können sich ähnlich anfühlen.

Diese echten Gefühle haben jedoch eine andere Frequenz als das Hochgefühl, als der Rausch in dysfunktionalen Beziehungen. Aber es ist niemandem zu verübeln, wenn er zunächst nicht wahrnehmen kann, dass es keine wirkliche Liebe ist.

Daraus erklärt sich auch die Unfähigkeit, loslassen zu können: Wenn man denkt, das sei Liebe, und man kennt die gesunde Variante nicht, ist es nahezu unmöglich, eine solche Beziehung aufzugeben. Selbst dann, wenn man weiß, dass die Verbindung droht, einen zu zerstören.

Wir haben Angst vor dem Verlust der Lebendigkeit

In meinen Beratungen stelle ich in dieser Situation manchmal die Frage: „Was wäre, wenn du auf diesen Dauerzyklus von Schmerz und Hochgefühl verzichten würdest? Wenn die emotionale Dauerschleife weg wäre?"

Die häufigste Antwort ist: „Dann fühle ich ja nichts mehr; davor habe ich Angst. Ich habe Angst vor Leere."

Menschen mit starker Sehnsucht fürchten sich davor, nichts mehr zu fühlen. Sie setzen Emotional-sein mit Lebendigkeit gleich. Der Zyklus von Rausch und Schmerz ist das, was sie mit echtem Leben gleichsetzen. Sie wundern sich allerdings zu Recht darüber, warum Lebendigkeit so weh tut und warum sie solche zerstörerischen Züge mit sich bringt.

So vermuten diese Menschen, durch den Verzicht auf die starken Emotionen einen großen Vitalitätsverlust zu erleiden.

Den Verlust von Lebendigkeit assoziieren wir mit Sterben. Obwohl wir ohne die ungesunde Verbindung vorher oft froh und lebendig waren und keineswegs tot, taucht diese Sorge auf, wenn wir eine Affäre oder toxische Beziehung verlassen müssen. Es ist eine Angst von: „Danach kommt nichts mehr; das Leben ist zu Ende".

Viele Menschen können sich an ein Gefühl von Glück und Lebendigkeit nur erinnern, wenn sie Situationen mit emotionalen Extremzuständen durchleben. Es sind aber gerade jene Extremzustände, die uns den Blick versperren auf die vielen anderen Lebenssituationen, in denen wir ohne besondere Vorkommnisse lebendig, friedvoll und heiter waren.

Mehr als einmal habe ich gehört, dass Menschen mit bipolaren Anteilen trotz tiefer emotionaler Schmerzepisoden nicht auf ihre bipolare Veranlagung verzichten wollen würden. Zu sehr lieben sie die Hochs und zu sehr bedeuten für sie auch die extremen Stimmungsschwankungen Vitalität und Dynamik. Die bipolare Grundstruktur ist nicht selten ihr Schwungrad, das die Taktung ihres Lebens bestimmt.

Die starken Gefühle, die imstande sind, Mangel oder Angst vor Leere zu betäuben, bergen einen erheblichen Suchtfaktor. Die Stimmungszyklen, die wir in ungesunden Beziehungen durchlaufen, erinnern an die der stofflichen Süchte: Hochgefühl und Schmerz. Rausch und Kater.

In der Angst vor dem Verlust unserer Lebendigkeit, jene Angst, die zunächst verhindert, dass wir die Beziehung beenden können, verwechseln wir dann starke Emotionen mit echtem Empfinden.

Aber welcher Teil von uns wirft uns in diese verhängnisvollen Zyklen von Konfusion, Irrtum und Schmerz? Was in uns weigert sich, Echtes von Unechtem zu unterscheiden? Welcher Teil von uns verhindert hartnäckig, dass wir das Richtige tun? In welchem Areal unserer selbst befindet sich das Süchtige, jener Teil, der sich wider besseres Wissen immer wieder ausliefert?

Die Antwort liegt im Vorhandensein eines Überlebenssystems in uns

Unser Gehirn ist zur Anpassung an die Umwelt ausgelegt. Es ist zum Überleben verdrahtet und nicht, um glücklich zu sein oder, um eine erfüllende Partnerschaft zu erleben. Wer diese Werte anstrebt, muss dafür etwas tun. Wir müssen dafür aus der biologischen Natur heraus und in die menschliche Natur hineinfinden. Das passiert nicht von selbst.

Die Anpassungen, die aus einer existentiellen Notwendigkeit heraus erlernt und übertragen wurden, geben sich selbst nicht so leicht auf. Sie haben in frühen Jahren den Auftrag gehabt, uns am Leben zu halten und dafür zu sorgen, dass wir geliebt werden oder das zumindest denken. Das Anpassungssystem läuft in unbewussten Automatismen weiter. Wird es nicht durch Bewusstmachung angehalten, bleibt es eingeschaltet, ein Leben lang. Das ist bei vielen Menschen der Fall. Sie machen die immer gleichen Erfahrungen, bewegen sich in den gleichen Wiederholungen und kommen nicht aus ihren Limitierungen heraus. Sie leben somit immer in der Begrenzung ihres Überlebenssystems.

Die Anpassung folgt in erster Linie kollektiven Richtlinien. Sie geht weit über unsere persönliche Lebensgeschichte und die unserer Familie hinaus. Das familiäre Umfeld spielt jedoch eine große Rolle bei der Anpassung, denn es sind die Familie, das soziale Bezugssystem und auch die Schule, welche die kollektiven Vorgaben vermitteln, übertragen und deren Einhaltung einfordern.

Natürlich sind auch unsere persönlichen Erfahrungen, Traumata, Verwirrungen und Erschütterungen Inhalte, um die sich das Überlebenssystems kümmert. Vor allem auch die übernommenen Denkschablonen, Konventionen und Spielregeln der Masse, die auf subtilste Weise an unseren inneren Wirkmechanismen beteiligt sind, gehören dazu.

Das Arbeitsprinzip des Überlebenssystems ist schnell erklärt: Es vermeidet alles, was früher im Leben wehgetan hat oder gefährlich war.

Wir haben keine Saboteure in uns, sondern nur ein gut funktionierendes Überlebenssystem. Stehen wir also vor der hundertsten Wiederholung eines Musters, lohnt es sich, anders zu fragen, um Antworten zu finden. Die richtige Frage ist nicht: Welches seltsame Wesen in mir will mir schaden? Wenn man die eigenen Muster und Limitierungen unter dem folgenden Aspekt betrachtet, wird man fündig: Inwieweit hält mich dieses oder jenes sicher? Was hält mir das vom Hals?

Was also früher Schmerz verursachte, wird später vermieden. Auch, wenn dadurch am Ende noch mehr Schmerz entsteht: Hauptsache der kurzfristige, unmittelbare Schmerz ist weg. Natürlich ist die Herrschaft eines in Kindertagen entstandenen Überlebenssystems im Leben eines Erwachsenen voller Widersprüche, Paradoxien und Unverstehbarkeiten.

Wenn man im Überlebensmodus lebt, wird man nichts Neues generieren

Das Überlebenssystem funktioniert wie eine Schweizer Uhr und verhindert zuverlässig, dass wir aus unserem Sicherheitskreis hinaustreten. Es ist an Veränderung überhaupt nicht interessiert und tut viel, um genau diese zu verhindern. Es ist nur an Dingen interessiert, die wir vorher schon gedacht, getan und gefühlt haben. Es will nur altbewährte Ergebnisse sehen und sorgt dafür, dass unsere Lösungen das geringste gefühlte Risiko enthalten.

Das hat zum Durchkommen gereicht, war sicher und soll auch weiterhin so angewendet werden.

Da das Überlebenssystem im Unbewussten operiert, haben wir ohne eine bewusstere Wahrnehmung unserer selbst keine Chance auf Reifung, Veränderung und Hinwendung zum Besseren.

Diese mentale und emotionale Verdrahtung ist entstanden, als wir klein waren. Die Mehrzahl unserer Glaubenssätze basiert auf Annahmen und Generalisierungen, die wir als Kinder machten. Wenn seitdem das Überlebenssystem immer das Gleiche veranlasst hat, um dieselben Resultate zu erzielen, dann können wir davon ausgehen, dass unsere Identität nichts anderes ist als eine endlose Wiederholung.

Das Wort Identität kommt aus dem Lateinischen von *idem*. Es bedeutet *derselbe*.

Unsere sogenannte Identität ist nichts anderes als die ständige Wiederauflage unseres früheren Ichs.

So sind wir dann als Erwachsene im Überlebensmodus „Derselbe" und fühlen, denken und handeln wie kleine Mädchen, die Angst davor haben, dass Papa wieder nicht spricht. Oder davor, dass man Mama zu arg belastet.

Wer in den Mechanismen des Überlebenssystems gefangen ist, lebt in der Vergangenheit.

Das Überlebenssystem, auch Anpassungssystem genannt, ist ein Teil des Egos und ist demnach das frühere Selbst, das sich immer weiter aufrechterhält und versucht, im Heute zurechtzukommen. Den Begriff Ego kann man mit Selbstbild übersetzen. Es ist die Vorstellung dessen, was wir glauben zu sein. Es ist ein Hologramm.

Emotionen kommen aus unserem Überlebenssystem

Wir haben ein ganzes Arsenal an überlebensbasierten Emotionen: Angst, Schuldgefühle, toxische Scham, Liebeskummer, jede Form von emotionalem Schmerz, Aggression, Verlustangst, Hass, Eifersucht, Stress, Ekel, Trauer, Sorge, Konfusion und Überwältigung, um einige zu nennen. Einen Teil dieser Emotionen brauchen wir tatsächlich in niedriger Dosierung zum Überleben. Dominiert jedoch das Überlebenssystem, haben wir zu viel davon: verdrängt oder sichtbar.

Zu den überlebensbasierten Emotionen gehören aber auch Empfindungen wie Euphorie, Verliebtheit, Erleichterung, Erwartung und Hoffnung. Ebenso gehört der Rausch dazu, der uns vorgaukelt, er sei aus Liebe gemacht und sei deshalb erhaltenswert.

Die überlebensbasierten Gefühle fungieren damit als Scheinerfüllung und Schmerzlinderung. Paradoxerweise haben auch die unangenehmen Emotionen diese Wirkung.

Hier wird sogar manchmal Schmerz von noch mehr Schmerz überlagert. In toxischen Beziehungen und in Affären kann man das finden: „Lieber tut es jetzt in der Beziehung immer wieder weh und das richtig, als dass ich mich einem Trennungsschmerz aussetze."

Dauerhaft echte Empfindungen hingegen haben wir erst, wenn der Mangel beginnt zu heilen. Sie sitzen sozusagen unter dem ganzen Gefühlskino aus ständig wechselnden Emotionen, die sich wie ein Fähnchen im Winde an den äußeren Gegebenheiten orientieren. Die echten Empfindungen werden gedeckelt, solange wir für die starken Emotionen so anfällig sind.

Empfindungen haben mehr mit Spüren zu tun. Spüren ist viel leiser als das laute Gefühlskino. Wenn wir spüren, erfahren wir meistens genau, ob wir das Richtige tun, oder eben nicht. Diese Empfindungen kommen aus unserem Selbst, aus unserer eigentlichen Natur. Sie sind verbunden mit unserer natürlich angelegten Ethik und fest verwoben mit unserem Wertesystem. Sie entstammen der Schöpfung.

Starke Emotionen machen süchtig

Emotionen sind chemische Substanzen, die im Körper produziert und freigesetzt werden. Die Substanzen, die am meisten produziert wurden, lösen zunehmend eine körperliche Sucht aus. Ist man unterschwellig süchtig nach Stress, wird der Körper unser Denken, Fühlen und Handeln zur Erfüllung seiner Sucht einspannen.

So kann es dann zum Beispiel passieren, dass man morgens versehentlich ausgeglichen und ausgeruht erwacht. Es wird nicht lange auf sich warten lassen, und die ersten sorgenvollen Gedanken tauchen auf. Die Stressreaktion im Körper beginnt und hat sofort eine emotionale Antwort: Angst, Ärger oder Überwältigung zum Beispiel. Ab jetzt sorgt das Überlebenssystem für die permanente Bestätigung der alten bekannten Geschichte: die Gereiztheit über den Stau im Verkehr, der Frust über eine despektierliche Bemerkung des Chefs, toxische Kunden, immer dasselbe.

Die Dynamik schaukelt sich weiter hoch und sorgt dafür, dass wir innen wie außen stets dasselbe erleben.

Diese Sucht kann dafür sorgen, dass wir uns in einem Leben wiederfinden, das wir überhaupt nicht mögen. Ist der Mangel möglicherweise eine Folge dieser unbemerkten Sucht?

Zu diesem Szenario gehören auch unglückliche Liebesbeziehungen und schmerzhafte Affären. Wer beispielsweise eine körperliche Sucht nach der Chemie von Verlustangst hat, wird sich in Beziehungen wiederfinden, die immer wieder infrage gestellt werden. Oder in denen der andere regelmäßig wieder auf Distanz geht oder sich mit anderen Frauen trifft oder nie weiß, ob er wirklich eine Beziehung eingehen möchte. Oder man ist bei jemandem, der jede Nähe mit dem nächsten Besäufnis unterbricht und so aus dem Kontakt geht.

Auch in einer Affäre wird man immer und immer wieder verlassen, nämlich jedes Mal, wenn er sich anzieht und nach Hause geht. Die Sucht und ihre emotionalen und mentalen Effekte erlauben uns nicht so einfach den Ausstieg.

Auch das verwechseln wir mit Liebe.

∞

Leider gibt es keine saubere sprachliche Trennung zwischen einem gesunden Empfinden, dem richtungsweisenden und echten Fühlen einerseits und dem überlebensbasierten Gefühlskino andererseits. Die Begriffe Emotion, Empfinden und Gefühl lassen keine prinzipielle Unterscheidung zu. Auch, wenn es überall Versuche gibt, diese Begriffe inhaltlich voneinander zu trennen, gelingt es nicht so recht.

In mancher Definition findet man dann den Faktor „physisch". Da heißt es, Emotionen seien körperliche Empfindungen, die sogar messbar sind. Das stimmt, wie wir jetzt wissen, natürlich. Aber jedes Gefühl ist körperlich. Man kann jede Empfindung und auch jeden Impuls als *körperliche* Sensation wahrnehmen. Die Messbarkeit kann wohl kaum als Unterscheidungsmerkmal dienen, denn theoretisch wäre alles messbar, hätte man feinere Instrumente und Parameter dafür.

Deshalb habe ich mich im Folgenden darum bemüht, gesundes Empfinden und überlebensbasierte Emotionen durch den Kontext offenbar zu machen.

Starke Emotionen lassen unsere innere Stimme verstummen

Gefühle, Gedanken und Impulse: Sie kommen entweder aus dem Überlebenssystem oder aus einer stillen Nähe zu uns selbst. Sie kommen aus der Angst oder aus der Liebe. Nur die innere Stimme kommt immer aus der Liebe.

Oft drücken sich die echten Empfindungen auch als Impulse über unsere innere Stimme aus. Wer in einer Affäre mit einem unverbindlichen Mann steckt, kennt das. Die innere Stimme mahnt freundlich: „Geh nach Hause. Das bekommt dir nicht. Zieh dich von dem Mann zurück." Und was passiert dann?

Dann kommen starke Emotionen: Angst davor, zu gehen. Ein fast zorniger Widerstand gegen die Aufgabe der Hochgefühle und ein heftiges „Liebesgefühl". Dieses Konglomerat an Emotionen bringt die freundliche innere Stimme zuverlässig zum Schweigen. Sie wird überlagert von der Vehemenz und Lautstärke. Eigentlich wird sie von einer niedrigeren Frequenz über den Haufen gerannt.

Alles, was dann kommt, hält uns davon ab, das Richtige zu tun, nämlich runterzufahren oder aufzuhören.

∞

Als ich noch in meiner Affäre feststeckte, reflektierte ich in einer späteren Phase, an welcher Stelle ich hätte merken können, dass ich auf eine Beziehung zusteuerte, die mir nicht gut bekam.

Der verhängnisvolle Verlauf der Beziehung warf schon früh seine Schatten voraus. Meine innere Stimme hatte mich zahllose Male gewarnt, nicht nur, als wir bei der Kostümbildnerin gewesen waren. Es gab viele Situationen, in denen ich etwas gemerkt hatte. Ich fragte mich, was mich eigentlich davon abgehalten habe, auf die innere Stimme zu hören.

Um das herauszubekommen, musste ich mir sehr genau ins Gedächtnis rufen, was ich in den Momenten der Mahnung gedacht und gefühlt hatte. Ich musste in der Erinnerung ganz nah rangehen und meinen internen Dialog aufrufen, um das Gegengewicht zu der inneren Stimme zu finden. Das war zu der Zeit noch ungewohnt, aber eigentlich nicht schwer.

Ich erinnerte mich dann nämlich daran, dass die freundlichen Impulse von innen, vorsichtiger zu sein oder die Sache aufzugeben, mit einer Wand von Widerstand und fast pubertärem Gepöbel beantwortet wurden: „Ich will ja nur einen schönen Abend haben. Darf man das etwa nicht? Was ist denn schon dabei? Ich will auch mal wieder mit jemandem ins Bett. Das ist doch wohl kein Problem! Ich will ja nur dies und will ja nur das ..."

Später waren die inneren Dialoge weniger gereizt, sondern eher ängstlicher Natur. Die Angst davor, nie wieder so zu fühlen, dominierte. Genauso quälend war das Gefühl, nicht mehr loslassen zu können, weil ich ja emotional schon so viel investiert hatte.

Diese Emotionen waren so stark, dass ich damals keine Chance hatte, auf die innere Stimme hören zu *können*. Sie wurde schlichtweg übermannt. Ich wusste genau, dass sie Recht hatte. Aber die Emotionen mit ihrem wortgewaltigen, mentalen Pendant waren stärker.

Je mehr ich darüber nachdachte, desto trauriger wurde ich darüber, dass ich so etwas Gutartiges, Liebevolles und Fürsorgliches in mir hatte, und diesem nicht folgen konnte. Damals erkannte ich zum ersten Mal glasklar, dass ich etwas in mir trug, das mir übelst schaden konnte.

Wenn man auf die innere Stimme nicht hören kann, ist man in Gefahr – auf die ein oder andere Weise.

Diese Beobachtungen brachten jedoch eine sehr wichtige Weichenstellung hervor: nämlich den Wunsch, eines Tages voll und ganz auf die immer gütige und stets korrekte innere Stimme hören zu können. Es entstand eine ganz tiefe Sehnsucht danach.

Was passiert, wenn wir die starken Emotionen nicht mehr brauchen?

Wenn wir reifen, steigt unsere Drehzahl. Wir kommen tatsächlich in höhere Frequenzen, in denen man diese superstarken Reize nicht mehr braucht, sie aber auch nicht mehr ertragen kann.

Man kann das vielleicht in dieser Art vergleichen: das eine ist Bratwurst mit Fritten und Ketchup. Das andere ist frischer Salat mit Walnüssen und Rote-Beete-Kartoffel-Reibekuchen. Aus dem Garten.

Die grellen Emotionen sind starke, leckere und ungesunde Gefühle. Sie erodieren uns und machen uns unempfindlich für konstruktive Impulse und feine Empfindungen. Sie betäuben Sensibilität, so wie Fett, Geschmacksverstärker und Salz die feinen Geschmacksknospen auf der Zunge abtöten.

Das echte Empfinden hingegen ist aufrichtig, liebevoll und verlässlich. Es hat eine ganz andere Beständigkeit und gibt genaue Orientierung darüber, was für uns richtig ist und was nicht. Es ist sanft, gütig und tief. Es hilft maßgeblich dabei, unseren wirklichen Pfad im Leben zu finden – das, was wir am meisten suchen.

Nichts mehr zu fühlen, ist absolut überhaupt nicht das, was nach einer Ausreifung des Mangels und dem „Verzicht“ auf Hochgefühle am Ende herauskommt.

Zunächst einmal hört Vieles auf. Was aufhört, sind die Not, das Suchen und die unterschwellige Trauer – jene Wellen, in denen der Schmerz immer wiederkehrt.

Was aufhört, ist der Eindruck, für alles bezahlen zu müssen. Was aufhört, ist der Eindruck, dass Liebe ein Gegenteil zu haben scheint, oder gar, dass Liebe immer wehtut. Was aufhört, ist das Gefühl vom Leben und von Gott übersehen zu werden. Was aufhört, ist das Gefühl von Ungerechtigkeit oder der Eindruck, man würde bestraft. Die Sucht endet und damit hört der Schmerz auf. Was wir suchen, liegt unter all diesem Theater.

Es ist noch so viel mehr, aber kurz zusammengefasst kann man sagen: Man kommt nach Hause.

Was damit auch endet, sind das Dauergefühlskino, die Endlosschleife im Ausgeliefertsein, die starken Emotionen und die Erschöpfung davon. Denn die kommt sicher. In den Jahren ab Mitte 40 beginnt das, anstrengend zu werden, und ab Mitte 50 ist es körperlich zunehmend nicht mehr zu schaffen.

Starke Emotionen sind reiner Stress und damit Schwerstarbeit. Verliebtheit übrigens auch. Denn das alles passiert im Körper.

Aber zunächst haben wir es noch mit dem Ego zu tun

Das Ego ist eine Ansammlung von unbewussten Ausweichhandlungen mit all ihren mentalen, emotionalen und spirituellen Grundlagen. Es konserviert Funktions- und Denkkonventionen, verdrängte Inhalte, Ängste, Schuld- und toxische Schamgefühle sowie deren Projektionsflächen. Auch die Glaubenssätze gehören dazu. Sie gehören zu den Denkkonventionen.

Ego ist das Bild, das wir von uns und von der Welt haben. Es ist der konstante Gedankenstrom, dem wir zunächst viele Jahre ungeprüft die volle Autorität überlassen, weil wir alles, was der Verstand unter der Aufsicht des Egos erzählt, für bare Münze nehmen.

Das Überlebenssystem als Teil des Egos ist ein Roboter ohne Herz, Rückgrat und eigenes Bewusstsein. Es bedient das Selbstbild und agiert autonom und automatisch entlang der Vorgaben und Anpassungsleistungen, die wir einst haben erbringen müssen. Das Roboterhafte dieses Systems lässt uns manches Mal unempathisch und rücksichtslos handeln. *Ich zuerst*.

Wir instrumentalisieren, kolonialisieren und missbrauchen einander. Der eine mehr, der andere weniger.

Das unbewusst Autonome darin beschert uns die Wiederholung traumatischer Situationen, nur damit wir in früh antrainierter Weise reagieren und uns darin wieder sicher fühlen können. Darin liegen Logik und Pragmatismus, vor allem in den frühen Jahren unseres Lebens.

Jenseits der Kinderjahre hingegen wird eben dieser Pragmatismus in seinem autonomen Wiederholungszwang zu einer echten Lebenshemmung.

Die Lösungen des Überlebenssystems sind süchtiger Natur. Es schickt uns eher in die Kneipe zum Trinken, vor den Fernseher, in die Hyperaktivität oder in die Lethargie oder in eine emotionsgeladene Beziehung, bevor es zulässt, dass wir uns unseren Gefühlen stellen und damit den Weg des Wachstums einschlagen.

Da es weiß, dass es unsere Reifung nicht überleben wird, versucht es viele Jahre jeden Trick, um uns von echter Wahrhaftigkeit fernzuhalten.

Diesen Konflikt kennt jeder: Wir wollen das Richtige tun, können es aber nicht, weil uns der Verstand weismacht, dass wir uns damit aufs Glatteis begeben und vermutlich alles verlieren würden, was uns heilig ist. Jede Sympathie und jede Zugehörigkeit.

Wenn ich ganz ich selbst bin, verliere ich alles. Das ist eine Denkfigur, ein Glaubenssatz, der ständig verhindert, dass wir uns weiterbewegen und aus der trägen, vermeintlichen Sicherheit des Bekannten heraustreten.

Anstatt beispielsweise unsere Kinder an unseren Grenzen wachsen zu lassen, haben wir Angst, sie könnten mit uns überfordert sein oder sogar aufhören, uns zu lieben, falls wir durch zu viel Erziehung zu unbequem werden.

Anstatt eine ungesunde Beziehung zu verlassen, folgen wir der Angst, wir würden danach nie wieder so eine Intensität erleben. Oder wir haben Angst, dem Menschen, der uns fortwährend in unfassbarer Rücksichtslosigkeit verletzte, durch Trennung weh zu tun. Und das, obwohl wir sogar wissen, dass die Trennung unweigerlich kommen wird: durch das Leben oder durch den Tod.

Anstatt sich gegen die seelische Misshandlung eines Kollegen durch andere Mitarbeiter – verharmlosend auch Mobbing genannt – zu positionieren, schweigen wir, um nicht selbst ins Fadenkreuz zu geraten. Auch die Möglichkeit, den Job zu wechseln, weil wir in Strukturen, die so etwas ermöglichen, nicht weiterarbeiten möchten, kommt in dem Szenario nicht vor. Wir denken nicht zu Ende, aber schweigen stattdessen weiter.

Permanent fordert das Ego das Agieren gegen die innere Stimme ein und bedroht uns mit Horrorszenarien, falls wir gegen seine Vorgaben verstoßen.

∞

Es sind also die selbsterhaltenden Vorgehensweisen und Automatismen des Egos, die verhindern, dass wir auf unsere innere Stimme hören und unser wirkliches Selbst finden können. Deshalb fehlt immer etwas.

Was fehlt, ist unser wirkliches Wesen, unser wirkliches Selbst. Daher kommt der ständige latente Mangel.

Mangel kommt aus der Dominanz des Überlebensmodus und Mangel bringt uns in den Überlebensmodus.

Es ist ein Kreislauf.

Der Überlebensmodus schränkt unsere Aufmerksamkeit ein, unsere Wahrnehmung und unser Urteilsvermögen. Er bringt unser Denken, unsere Kreativität und unsere Beantwortung der jeweiligen Situation auf eine derart schmale Spur, dass uns nichts anderes bleibt, als wieder auf das vertraute Resultat zuzusteuern, welches nur eine kurzfristige, kleine Erleichterung bringt. Alles, was darauffolgt, wird zunehmend schmerzhafter.

Das heißt, alles, was wir tun, um dem Mangelgefühl auszuweichen, enthält nichts, was ihn heilt. Im Gegenteil: Die Strategien des Egos tun alles, um den Mangel zu *erhalten*.

Das Überlebenssystem erschafft eine Vorstellung von uns

Viele von uns hatten mindestens ein narzisstisches Elternteil. Niemals hätte man sich ganz auf sich selbst und das Entdecken der Welt besinnen können! In solchen Kontexten musste man dafür sorgen, dass dieses Elternteil ruhiggehalten wurde, so dass man nicht auffiel oder störte. Ständig war die Aufmerksamkeit im Außen auf der Suche nach Merkmalen, die Sicherheit, oder aber Gefahr signalisierten. In einem solchen Kontext erlebt man keine gesunden Grenzen, zu denen auch ein gesundes Schamgefühl gehört. Stattdessen müssen sich viele Menschen in einem Durcheinander von Grenzenlosigkeit, Maßlosigkeit und toxischer Scham zurechtfinden.

Die ständige Anspannung, unter der viele von uns haben aufwachsen müssen, lässt nicht zu, dass wir ganz wir selbst sein können, dass wir in einem starken, dauerhaften Kontakt zu uns und der Schöpfung stehen und auf unser Herz hören können.

Auch klüger als die Eltern zu sein, wäre in vielen Familien ein echtes Problem. Also stutzt das Ego einem kurzerhand die Flügel, entwirft ein paar Denkfiguren oder auch Glaubenssätze, die kleinhalten, und sorgt so dafür, dass wir unser Licht unter den Scheffel stellen und die Eltern nicht überfordern. Das passiert von selbst und sorgt für unsere Sicherheit. Leider laufen die limitierenden Denkfiguren autonom weiter. Manch einer hat sein Leben lang gedacht, er sei nicht intelligent oder begabt genug oder nicht stark genug, um das zu tun, was er eigentlich hätte tun wollen. Wir kennen unsere Fähigkeiten nur unzureichend und wissen nicht, was wir tatsächlich bewegen könnten, würden wir uns von der Dominanz des Überlebenssystems befreien. Wir bleiben Kinder im Leib eines Erwachsenen. Genauso kindlich bleiben unsere späteren Beziehungen.

Das sind zwei etwas vereinfachte Beispiele für eine Anpassungsnotwenigkeit. Es gibt viele mehr. Der gemeinsame Nenner ist immer der existentielle Druck, mit dem diese Notwendigkeit daherkommt.

∞

Wir mussten uns also den äußeren Gegebenheiten unterordnen.

Wenn wir uns anpassen müssen, um sicher zu sein und um geliebt zu werden, entsteht ein Umkehrschluss, der zu einem unbewussten Glaubenssatz wird.

„Wenn ich mich anpassen und verbiegen muss, um geliebt zu werden, dann kann ich so, wie ich wirklich bin, nicht genug sein.

Dann bin ich so, wie ich wirklich bin, wohl nicht in Ordnung und auch nicht liebenswert. Es ist nicht sicher, *Ich-Selbst* zu sein.

Wenn ich *Ich-Selbst* bin, verliere ich alles."

Auf dem *Ich-Selbst* lastet also Existenzangst. Sie liegt wie ein riesiger Felsbrocken am Eingang nach innen, zu uns selbst. Deswegen ist es den meisten von uns nicht möglich, einfach *Ich-Selbst* zu sein. Es ist im Ego unter „zu gefährlich" abgelegt und das Überlebenssystem selbst sorgt dafür, dass wir unserem wahren Wesen nicht zu nah kommen.

Das ist aber jener Ort, der uns alles gibt, was wir brauchen und suchen.

Das Ego selbst kann niemals satt oder zufrieden machen. Es ist nicht da, um uns glücklich zu machen, sondern nur, um uns sicher zu halten. Es ist und schafft jene stark limitierte und unechte Version, ein Hologramm unserer selbst. Es enthält nur Überlebensmechanismen, aber nicht den wahren Reichtum, den wir so sehr suchen.

Der Mangel kommt von der limitierten Version unserer selbst.

Wird das Ego durch Sichtbarwerdung seiner Aspekte und Facetten geschwächt und zerfällt zunehmend, tritt unser wahres Wesen zu Tage.

Alles, was wir gesucht haben, finden wir dort. Dann als Folge auch im Außen, und zwar ohne jede Anstrengung.

Genauso, wie sich der Mangel im Außen ausdrückt, in dem er auf der Suche nach Erfüllung nichts anderes als neuen Mangel produziert, drückt sich auch das innere Glück im Außen aus. Wenn das Suchen aufhört, weil kein Mangel mehr da ist, erfüllt sich alles im Außen von selbst.

∞

Schmerzhafte, unerfüllte oder unverbindliche Beziehungen bauen auf der Überlebensstrategie, das latente Mangelgefühl ständig durch etwas im Außen loswerden zu wollen. Das trifft auf die Affären zu, aus denen keine Beziehung werden wird – jedenfalls die, die schmerzhaft sind. Die Beziehungsversuche, die stocken, können das mit beinhalten, müssen es aber nicht. Der Boomerang, der immer wieder zurückkommt, liegt in der Nichtstillbarkeit des Mangelgefühls auf diese Weise.

Alles, was wir tun, um einem Gefühl auszuweichen, führt uns geradewegs direkt hinein.

Passen wir uns an, aus Angst, dass unser *Ich-Selbst* nicht geliebt wird, passen wir uns an, aus Angst, nicht geliebt zu werden, laufen wir in dieses Gefühl des Nicht-geliebt-werdens direkt hinein. Das hat mein persönlicher Erfahrungsbericht gezeigt. Diese unglücklichen, unerfüllten Beziehungen geben den Mangel und die Mechanismen des Überlebenssystems in Reinform wieder.

Man kann es noch kürzer fassen:

Beziehungen und Affären, die so funktionieren, basieren vollständig auf Überlebensstrategien und überlebensbasierten Gefühlen. Sie reproduzieren hauptsächlich die biologisch begründete Verliebtheit, aber keine echte Liebe. Folglich reproduzieren sie auch den Mangel und seinen Schmerz.

Glückliche Beziehungen liegen jenseits des Überlebenssystems

Schwächt sich die Alleinherrschaft des Egos ab, heilen und reifen auch unsere menschlichen Beziehungen. Sie werden aufrichtiger, liebevoller, tiefer und verlässlicher. Mancher Mensch verschwindet aus unserem Leben, andere Weggefährten wachsen mit, wieder andere tauchen auf und sind parallel zu uns gereift.

Wir können lieben und uns in vollen Zügen lieben lassen. Alles, was wir brauchen, ist da.

Erfordernisse schaffen ihre eigene Erfüllung: Wenn wir etwas benötigen, kommt es einem schon entgegen. Wenn wir etwas wollen, öffnet das Leben die Türen.

Hier ist der Raum der unbegrenzten Möglichkeiten. Er befindet sich jenseits des Egos.

Der Mangel rührt daher, dass wir nicht wir selbst sein können und dürfen. Wir sind festgelegt auf die Automatismen des Egos, welches unsere wahre Natur aus Sicherheitsgründen in die Unsichtbarkeit verbannt hat.

Wohlgemerkt: *Sie ist unsichtbar, aber sie ist da.*

Überhaupt ist noch alles da: Nichts von uns ist verloren gegangen, gleich wie sehr wir verletzt, traumatisiert und von uns selbst entfremdet wurden. Aber das Ego verhindert mit voller Kraft zunächst, dass wir den Weg zu uns und zu Gott zurückfinden.

So fehlt immer etwas, solange unser Scheinselbst dominiert: unsere Vollständigkeit und die konstante Verbundenheit zum Leben selbst.

Das Verliebtsein ähnelt diesem Vollständigkeitsempfinden. Deshalb kommen wir aus diesen Endlosschleifen einer Affäre so schlecht heraus.

Was wir bis zu diesen schmerzhaften Erfahrungen nicht kennen, ist ein Erleben von echter Vollständigkeit, Tiefe, Frieden und Liebe als Kontinuum.

Wir sind im reinen Ego-Bewusstsein furchtbar allein

Tief in uns gibt es eine Art entfernter Erinnerung, dass es dieses Kontinuum irgendwo geben muss. Wir wissen lange Zeit nicht wo und wie wir dorthin finden.

Dabei ist es immer hier und immer da. Das Ego verdeckt den Blick darauf, und es trennt uns auch vom anderen. Einsamkeit, Isolation und Ausgeschlossensein sind Folgen der Ego-Dominanz.

Die Berührung mit unserer wirklichen Natur, mit unserem wirklichen Selbst verbrennt das Ego. Man kann auch sagen: Liebe zerstört unser Ego. Je näher wir uns selbst kommen, desto größer sind die Schollen, die abbrechen, und desto schneller geht es. Nur der Anfang ist zäh, denn dann ist das Ego noch sehr stark.

Da das Ego sich selbst erhalten muss, um unsere Vorstellung von uns am Leben erhalten zu können, sorgt es nachhaltig dafür, dass wir nichts tun, was ihm gefährlich wird. Das Ego sorgt höchstpersönlich dafür, dass es nicht zerstört wird.

So kommt es auch zu dem Eindruck, dass alles, was wir tun, um weiterzukommen, ein bisschen hilft, aber nichts richtig. Wir machen Therapien, gehen zum Schamanen, zum Kartenleger und zum Hypnotiseur. Wir lesen tausend Bücher, machen Familienaufstellungen und Reiki. Das ist alles wunderbar. Wenn uns aber das Ego hinschickt, wird nichts davon den Weg frei räumen. Alles nur ein bisschen.

∞

Diese schmerzhaften Beziehungen tun nichts anderes, als uns auf den richtigen Pfad zu bringen in die Richtung, in die wir uns hingewünscht haben. Sie sind kein Versehen des Lebens, keine Bestrafung oder eine Vernachlässigung durch den Schöpfer. Sie sind dazu da, uns genau dorthin zu bringen, wo wir hinwollen.

Menschen mit starker Sehnsucht haben einen starken Willen. Den beantwortet das Leben mit Erfüllung. Wenn man dranbleibt, immer. Wenn also unsere Wünsche uns gerne einige Jahre unseres Lebens in die Irre zu führen scheinen, sind sie wichtig: Sie lassen uns suchen und forschen. Sie lassen uns nicht in Ruhe. Sie geben nicht auf, bevor wir nicht sicher zu Hause angekommen sind. Was dann übrig bleibt, sind wirkliche Gefühle: Liebe Frieden und Freude.

Bis dahin erzeugt der unterschwellige Mangel Sehnsucht, eine Sehnsucht nach etwas, das man manchmal gar nicht so genau benennen kann.

Es ist Heimweh.

Verstand im Überlebensmodus: Was die starken Gefühle mit dem Denken machen

„Wer nach außen schaut, träumt; wer nach innen schaut, erwacht.“
Carl Gustav Jung

Wie im vorangegangenen Kapitel angesprochen, hat das Umschalten auf den Überlebensmodus erhebliche Auswirkungen auf unser Denken, unser Fühlen, auf unsere Wahrnehmung und Urteilskraft und damit auf unsere Handlungsimpulse. In diesem Kapitel werden wir uns anschauen, wie diese Verfassung sich insbesondere auf das Denken auswirkt, welche Folgen das hat und wie uns das eingeschränkte Denken in einer Bredouille festhält, die uns nicht bekommt.

Das Richtige zu tun, fühlt sich wie ein Wagnis an

Je tiefer wir im Überlebensmodus stecken, desto weniger sind wir bereit, Risiken einzugehen. Dieser Modus will uns beschützen und weicht nun nicht mehr von Altbekanntem ab. Weil unser tiefsitzendes Mangelgefühl durch die starken Emotionen kurz gestillt zu sein schien, will uns dieser Teil davor bewahren, jemals wieder Mangel zu empfinden. Der Rausch ist das, was der Überlebensmodus zur Lösung des Problems vorschlägt. Und er akzeptiert nichts anderes. Im Überlebensmodus hockt ein kleiner Junkie.

Jetzt fühlt es sich wie ein unkalkulierbares Wagnis an, die ungesunde Situation zu verlassen: Der Verstand erzählt uns ernsthaft, dass wir so etwas Schönes nie wieder erleben würden. Auch, dass wir nie wieder so lieben können und dass wir eine Trennung für den Rest unseres Lebens bereuen würden, macht uns der Verstand klar. Weiter erzählt er uns, dass wir so einen tollen Mann nie wieder kennenlernen würden und dass es uns *ohne* Dauerliebeskummer noch schlechter gehen würde als jetzt. Im Stressmodus glauben wir das dann auch. Die Angst, die mit diesen Überlegungen einhergeht, potenziert das Ganze. Loslassen rückt in weite Ferne.

Je höher der Stresspegel steigt, desto unerreichbarer werden die Fähigkeiten, die wir brauchen, um vernünftige Entscheidungen treffen zu können. Dass der Stresspegel steigt, bekommen wir oft nicht mit, übrigens auch dann nicht, wenn wir im Höhenrausch sind. Das ist ebenso Stress für den Körper wie emotionaler Schmerz und Angst.

Die schmale Spur im Denken unter Stress kennen wir auch aus anderen Situationen. Das sind beispielsweise die Momente, in denen wir im Zorn Dinge sagen, für die wir uns am nächsten Tag entschuldigen müssen.

Auch das nächtliche Großwerden von Problemen gehört dazu. Am nächsten Morgen sind sie meistens weg oder nur noch ein Bruchteil dessen, was sie beim nächtlichen Gedankenrausch zu sein schienen.

Wer unter Eifersucht leidet, weiß, dass man in diesem Zustand Dinge tut, die man normalerweise nicht tun würde und eigentlich ablehnt, weil sie gar nicht ins Wertesystem passen.

Aus einer anderen Perspektive betrachtet: Wer schon einmal einen Partner hatte, der sehr vereinnahmend war, weiß, dass man diese Menschen mit nichts erreichen kann, wenn sie gerade im Kontrollwahn sind. Kein Argument, keine noch so schlüssige Beweisführung kann den Partner von seiner fixen Idee abbringen, die er jetzt im Kopf hat. Aber selbst, wenn er einsehen muss, dass nichts an seinen Anschuldigungen dran ist: Er bleibt emotional oder unerreichbar-eiskalt und verliert sich dann in weiteren Verdächtigungen. In solchen Situationen kann man das Wahnhafte, das Limitierende und lebens- und beziehungsfeindliche im Überlebenssystem am deutlichsten sehen. Das ist dann aber nur die sichtbare Spitze des Eisbergs.

Starke Emotionen, ebenso wie verdrängte, engen also unser Gesichtsfeld so ein, so dass wir ein Drittel bis die Hälfte unserer Intelligenz verlieren. Mit Vehemenz, Stärke und Hartnäckigkeit der Emotionen sinkt der temporäre IQ weiter. Komplexes Denken, differenziertes Wahrnehmen und integrale Beurteilungen, also das Einschätzen einer Situation, werden unmöglich.

Wir sehen und verstehen nichts mehr.

Das ist der Grund, warum wir aus manch einer misslichen Lage kaum herausfinden, wenn wir emotional sind. Ich habe mich lange gewundert, warum ich nie gehen konnte, wenn mich jemand verletzt hatte. Ich blieb wie angewurzelt stehen, konnte Telefonate nicht beenden oder einfach meine Schuhe anziehen und nach Hause gehen. Heute weiß ich, warum: Sobald ich verwundet war, kam ich an meine Fähigkeiten nicht mehr dran. Es ging sogar so weit, dass nicht nur die Klarheit darüber verschwand, wer wen verletzt hatte; der Überlebensmodus nahm mir in manch einer Situation sogar das Sprechvermögen.

Wenn er seine volle Kapazität entfaltet, haben wir noch ungefähr diese drei Optionen: fight, flight oder freeze. Kämpfen, abhauen oder einfrieren.

Wir können uns also nur helfen, wenn wir Zugriff auf die volle Bandbreite unserer Kompetenzen haben. Im Überlebensmodus ist genau das nicht gegeben und so macht uns der Verstand weis, dass wir geradewegs ins Unglück rennen, wenn wir eine ungesunde und unglückliche Konstellation verlassen wollen. Deshalb hängen wir so drin.

Es sieht manchmal so aus, aber es ist keine psychische Störung

Wer sich an dieser Stelle im Leben befindet und nicht versteht, was los ist, vermutet nicht selten eine psychische Störung hinter seiner Unfähigkeit, sich aus der misslichen Lage zu befreien. Ich schlage vor, sich also erstmal die Verfassung genauer anzuschauen, in der man sich befindet. Denn die allein ist meist für das ganze Durcheinander verantwortlich. Je stärker der Mensch ist, desto stärker ist auch das Überlebenssystem. Deshalb scheinen hochsensible Menschen mit ihren wunderbaren Eigenschaften und Eigenheiten besonders oft in diese Bredouille zu laufen und besonders schlecht herauszufinden. Das liegt paradoxerweise daran, dass sie stark sind. Aber nicht daran, dass sie psychisch gestört sind.

Als Nebenbemerkung sei hier noch gesagt: Je *mehr* ein Mensch verdrängt, desto *dominanter* ist das Überlebenssystem. Dominant ist nicht gleich stark.

Deswegen erreicht man Dauerverdränger nicht; mit keinem Argument kommt man an sie heran. Sie scheinen sich mit einem Hologramm, das sie von uns entworfen haben, zu unterhalten, aber nicht mit uns. Nur in wenigen Situationen sind sie so entspannt, dass man mit ihnen reden und sie erreichen kann. Menschen mit einem dominanten Überlebenssystem sind fast immer darin gefangen.

Hochsensible und hochempathische Menschen hingegen verfügen eher über ein starkes Überlebenssystem. Es ist nicht dauernd eingeschaltet und diese Menschen sind auch oft noch in einem Zustand der emotionalen Anspannung erreichbar. Das Überlebenssystem ist also nicht so dominant, aber stark im Sinne von wehrhaft im Erhalt seiner selbst.

Starke Menschen haben ein starkes Überlebenssystem, schwache Menschen haben ein dominantes.

Die Schmalspurigkeit, mit der unsere Funktionsbereiche auf überlebensbasierten Emotionen laufen, kann sich aber so darstellen, als wäre mit uns etwas ernsthaft nicht in Ordnung. Eben hatten man im Beruf noch alles im Oberstübchen beisammen, konnte Personal führen, alle Aufgaben erledigen, kniffelige Probleme lösen oder etwas Neues lernen und auf die volle Bandbreite der Kompetenzen zugreifen.

Und dann kommt man auf die Idee, die Tage zu zählen, an denen man von dem Mann nichts mehr gehört hat. Es lässt nicht lange auf sich warten, bis man von diesen Gedanken unter Druck gerät, traurig und frustriert ist, verärgert oder beängstigt. Ab hier verändert sich das Denken zusehends und wird enger und enger.

Jetzt degradiert man sich oder den anderen, oder man bläst sich innerlich auf wie ein Pfau, rätselt obsessiv zum hundertsten Mal über dieselben Fragen: Warum ist er so und nicht so? Warum hat er dies gesagt und nicht jenes? Man kommt zu keinem Ergebnis und verliert wieder den Kontakt zu sich selbst.

Das ist tatsächlich eine Art Mini-Psychose. Aber die hört sofort wieder auf, wenn sich der Modus ändert. Darum wird es im letzten Teil des Buches gehen.

Schauen wir uns mal an, was diese Verfassung mit unserem Denken sonst noch so anstellt.

Das ist der Grund, warum dieses Buch kein Kapitel über die Männer enthält

Ich habe eine ganze Weile darüber nachgedacht, ob in dieses Buch ein Kapitel gehört, was erklärt, was mit Männern psychisch los ist, wenn sie nicht verbindlich werden. Ich weiß, dass es viele Leserinnen interessiert. Später im Buch bespreche ich noch, warum Männer sich manchmal, scheinbar ohne Grund, zurückziehen. Da gibt es ein paar Dinge, über die man sprechen kann und die man klären muss.

Was die Männer in ihrer Kindheit erlebt haben könnten und was nicht, ob es Diagnosen für sie gäbe, wenn sie zum Psychiater gehen würden, ob sie irgendwas nicht gelernt haben oder nicht wollen, ob sie es absichtlich tun oder nicht, oder, ob der Mann einfach nur ein Stinkstiefel ist … Ist das so wichtig?

Wenn er Beziehung tatsächlich irgendwie nicht kann, warum solltest du so viel Zeit darauf verwenden, die genauen Gründe dafür zu analysieren?

Reicht es nicht, zu wissen, *was* er tut?

Das wird nämlich gerne übersehen.

Schaut man nämlich darauf, *was genau* der Mann eigentlich tut, führt das viele Affären ins sofortige Ende.

Stattdessen lenken wir uns aber gerne mit Warum-Fragen ab, die allesamt aus dem Überlebensmodus stammen und sich entweder nicht beantworten lassen oder die Antworten, die wir finden, stellen uns nicht zufrieden, und wir fragen und fragen und fragen. Oder lesen hundert Bücher, und nichts bringt uns faktisch, also sichtbar im persönlichen Alltag weiter. Folglich übersehen wir dann das Wesentliche. Würde ich ein Kapitel mit spekulativem Inhalt über die Kindheit von verletzenden oder auch verletzten Männern schreiben, würde ich den Überlebensmodus mit seinen Warum-Fragen nähren. Das wäre für einen Augenblick bequemer für manche Leserin.

Ich schlage stattdessen die Was-Fragen vor: *Was* passiert? Was fühle ich *wirklich*? Und vor allem: Was *tut* er?

Was er tut, kann zum Beispiel sein: Er nimmt mich nicht wahr und ich fühle mich von ihm ausgenutzt. Er beschützt und achtet mich nicht. Er steht nicht zu mir. Er macht mich in sich verliebt und lässt mich dabei ins offene Messer rennen. Wie es mir dabei geht, scheint ihm egal zu sein. Ob er mich verletzt, scheint ihn nicht oder nur wenig zu interessieren. Indem er immer weiter mit mir schläft, ohne verbindlich werden zu wollen, setzt er mein Wohl und meine Würde aufs Spiel. Das kann keine Liebe sein. Um wieviel schlimmer muss das in einer Beziehung mit ihm sein? Er scheint gar nicht zu spüren, dass er mir wehtut.

Reicht das nicht?

Warum wollen wir dann noch herauskriegen, warum das so ist? Und ihn möglicherweise noch bemitleiden? „Er verletzt mich am laufenden Meter, aber er musste ja auch immer um die Gunst seines Vaters kämpfen." Hilft das bei irgendwas? Oder denkst du, dass du ihn retten kannst, wenn du weißt, was ihm in seiner Kindheit widerfahren ist?

Wenn du ihm einen Gefallen tun willst, dann ziehe die Konsequenzen, wenn er sich schlecht benommen und dich verletzt hat. Nur dann könnte er vielleicht etwas merken.

Du wirst im Folgenden eine Menge über Männer erfahren, die nicht oder noch nicht verbindlich geworden sind. Wir werden uns unter anderem ihr Verhalten und ihre Art zu funktionieren anschauen, aber wir versuchen uns nicht an spekulativen Psychoanalysen. Mal ganz davon abgesehen, wie beliebig das alles wäre:

Die ganzen Warum-Fragen führen nur dazu, dass wir uns tiefer in den Schlamassel hineinmanövrieren. Die Beschäftigung mit dem Gebetsmühlen-Warum macht das Problem größer und nicht kleiner.

Wie viel Zeit hast du schon darauf verwendet …

… über ihn und seine Probleme nachzudenken? Wie oft schon hat dein Verstand immer wieder dasselbe gedacht? Bist du zu belastbaren Ergebnissen gekommen, die dir geholfen haben? Oder hat das Gedankenkreisen um ihn eher dazu geführt, dass sich der Überlebensmodus aufrechterhalten hat, nur, um die ganzen starken Gefühle nicht aufgeben zu müssen? Bringt es dich in irgendeiner Weise weiter, mehr und noch mehr über ihn zu wissen? Wie viele Warum-Fragen stellt dein Verstand, ohne auch nur die Absicht zu haben, nachhaltige Antworten zu finden, die dir helfen?

Wie viele Stunden Lebenszeit hast du mit obsessivem Denken über ihn verbracht? Sechs Stunden am Tag, oder acht, oder mehr? Bei sechs Stunden am Tag sind das 180 im Monat und 1 800 in zehn Monaten. Damit kann man ein Business aufbauen, ein Buch schreiben oder schon richtig gut Gitarre spielen lernen. Oder Norwegisch.

Gibt es vielleicht eine Angst vor der eigenen Größe, oder vor einer gesunden Beziehung etwa? Oder vor der Begegnung mit einem reifen Mann, der dir *wirklich* nah sein will? Oder sucht das Überlebenssystem vielleicht nach Ausweichstrategien, die dich so beschäftigt halten, dass du nichts von dem tun kannst, was du *wirklich* tun willst?

Das sind Fragen, denen man sich aussetzen muss, wenn man dem Verstand über längere Zeit so ein Affenhaus erlaubt hat.

Jetzt ist es Zeit, das Echte vom Unechten zu unterscheiden. Wenn du beginnst, Fragen wie die genannten zu ergründen, kommst du auf eine Metaebene im Wahrnehmen deiner Gedanken und Gefühle. Du schaust deinem Verstand und dem Fühlen zu. Damit findest du wieder zu dir selbst.

Wenn du diese Metaebene des Wahrnehmens öfter ansteuerst, wirst du beginnen, alles viel klarer zu sehen. Du wirst sehen, was du sehen musst, um eine Entscheidung treffen zu können, und um dich damit sicher und wohlzufühlen.

Deine Handlungsfähigkeit kommt nicht davon zurück, dass du ihn analysierst, sondern davon, dass du dich selbst wahrnimmst.

Du hast vielleicht schon bemerkt, dass es in diesem Buch einen roten Faden gibt: Es geht um uns. Es geht darum, uns selbst zu verstehen. Denn das muss der Ausgangspunkt für unsere Wahrnehmung, unsere Beurteilung der Situation und unser Handeln sein. Deshalb wird hier nicht weiter darüber spekuliert, ob er eine gute Mutter oder eine böse Mutter hatte. Er ist erwachsen und für sein Tun verantwortlich. Wenn du versuchst, das für ihn zu übernehmen, indem du über deine eigenen Grenzen gehst und ihn wider besseres Wissen gewähren lässt, bindest du nicht ihn, sondern nur dich selbst.

Du musst und kannst sein Päckchen nicht für ihn tragen. Das ist keine Liebe, denn du tust weder ihm noch dir selbst einen Gefallen damit. Jemand, der deine Hilfe braucht und sie annimmt, würde dich dafür wertschätzen und achten, anstatt dich immer und immer wieder zu verlassen und deine Würde zu riskieren.

Wenn du es mit einem grundsätzlich beziehungswilligen Mann zu tun hast und zwischen dir und ihm nur etwas schiefgelaufen ist, kannst du ein paar Korrekturen vornehmen und der Beziehung eine gute Wendung geben. Darum wird es im folgenden Kapitel gehen. Aber so viel sei hier schon gesagt: vom Festhängen und Gedankenkreisen wird diese Wendung nicht kommen.

Das obsessive Gedankenkreisen hält uns auch davon ab, zu trauern, wenn wir loslassen müssen. Auch das ist ein Grund, warum wir nicht loslassen können. Das Trauern ist meistens nicht so schlimm, jedenfalls nicht der Teil, der dem Mann gilt. Es ist lange, lange nicht so schlimm, wie unser Verstand uns das glauben machen will.

Aber weißt du, was das Schlimmste an dem Dauerdenken an ihn ist? Wir denken, das sei ein Beweis dafür, dass wir lieben. Das ist ein Irrtum. Obsessives Gedankenkreisen um ihn und seine Angelegenheiten ist eine Ausweichhandlung, damit wir uns unseren wirklichen Gefühlen nicht stellen müssen. Das hat mit Liebe nichts zu tun. Aber es bindet uns.

Liebe fängt dort an, wo wir uns unseren Gefühlen stellen. Denn das ist eine Art, die Wahrheit zu sagen.

Um zu verstehen, müssen wir unsere Steuerungszentrale genauer beobachten

Unsere Steuerungszentrale liegt nicht in unserer Vergangenheit, sondern sie ist im Denken und Fühlen zu finden. Genauer: in dem inneren Dialog zwischen Denken und Fühlen, der den ganzen Tag im Hintergrund mitläuft. Wer sich schon einmal gefragt hat, wo man das mysteriöse Unbewusste findet, dem sei gesagt: im Denken und Fühlen. Darin müssen wir bewusster werden, wenn wir Veränderung wollen. Dort verbirgt sich das Unbewusste nicht nur, dort offenbart es sich auch, wenn wir den Blick darauf richten. Und dort reift es auch aus. Anders ausgedrückt: Wer aus seinen limitierenden Mustern herauswill, muss sich im Denken und Fühlen besser wahrnehmen.

Wenn man genauer schaut, wird man feststellen, dass die Gedanken flüchtige, nichtstoffliche Gebilde sind, die wir meistens im Kopf hinter den Augen lokalisieren. Schauen wir aber auf das Fühlen, werden wir etwas anderes finden: Alles, was wir fühlen, finden wir irgendwo als Empfindung in unserem Körper. Bei näherer Betrachtung ist dann die Traurigkeit vielleicht ein Druck im Hals oder Ziehen in der Brust, die Beklemmung ein flaues Gefühl in der Magengegend und Liebeskummer ein Drücken in der Herzgegend, nur um ein paar Beispiele zu nennen. Gefühle sind biochemische Vorgänge im Körper. Wenn sie stark sind, kann man sie messen.

Bleibt man im Schauen, wird man feststellen, dass jedes Gefühl seine eigenen Gedankenwelten produziert und dass jeder Gedanke das nächste Gefühl färbt. Zunächst gehen wir damit sehr unbewusst um und überlassen diese Dialoge sich selbst. Das sollte man auf Dauer nicht tun, denn es sind genau diese Dialoge, die unser gesamtes Leben steuern.

Wir müssen sie betrachten, denn es ist die Betrachtung; das *Schauen selbst*, das die Ordnung wiederherstellt, das Schmerzen heilt, das Unreife in Weisheit umwandelt und das ein Überlebenssystem auf eine Größe bringt, die uns dienlich ist. Wer sich nach seiner wahren Natur sehnt, muss aus dem Nachdenken und Analysieren heraus und in die Selbstbeobachtung hineinfinden. Man kann das auch Eigenwahrnehmung nennen. Die Aufmerksamkeit muss zu diesem Zweck auf das Denken und Fühlen gerichtet werden – dorthin, wo alles geschieht.

Erinnern wir uns an die inneren Dialoge im Denken und Fühlen, die mit dem Mann verknüpft sind, dann werden wir ein paar wichtige Entdeckungen machen.

Wie oft ist es passiert, dass wir an ihn dachten, und dass diese ersten Gedanken schöne Gefühle auslösten? Besonders in der Anfangszeit können wir davon nicht genug bekommen und denken ständig an ihn. Die zunächst schönen Gedanken lösen weitere schöne Gefühle aus. Treten wir gerade in eine feste Beziehung ein, die auch funktioniert, lässt das Gedankenkreisen um ihn nach der Verliebtheit wieder nach.

Befinden wir uns aber in einer unverbindlichen Affäre, in der wir diesen Menschen immer wieder hergeben müssen, hört das nicht auf. Das Schwungrad dieser Beziehungen ist die Verzahnung von Rausch und Schmerz. Durch die Ups and Downs, das Hin und Her bewegen wir uns in dem schon erwähnten Wechsel von Schmerz und Verliebtheit, von Horror und Erleichterung, dass wir kaum eine Chance haben, wieder auf ein normales, ruhiges Niveau im Fühlen zu kommen.

Stattdessen bildet das Kopfkino um ihn und seine Angelegenheiten relativ stabile Gedankenverknüpfungen, die schon früh beginnen, sich selbständig zu machen.

Schauen wir uns mal an, was die so anstellen.

Das Denken an ihn automatisiert und emotionalisiert sich

Durch die wechselseitige Wirkung im Denken und Fühlen schafft das Gedankenkreisen jetzt eine Daueremotionalisierung. Wie wir schon gesehen haben, führt das zu nichts, was uns weiterhilft, sondern immer geradewegs in den Überlebensmodus.

Emotionales Denken ist nie sonderlich komplex und differenziert, stattdessen wird es eng und wartet mit allerlei Gemeinheiten auf: „Bitte schön, wenn ich *den* Mann nicht haben kann, dann will ich eben keinen."

„Ja toll, wie lange soll ich denn noch auf eine Beziehung warten? Mit 65 will ich dann auch keinen mehr." *Glaube mir, auch dann willst du das noch.*

„Aber solange will ich nicht warten!!" *Wer sagt, dass du das musst?*

„Egal. Außerdem ist das *der* Mann für mich und ich bin das Beste, was ihm passieren kann! Das weiß ich ganz genau!?"

Solche Gedankengebilde entspringen keiner Verfassung, in der man visionär, kreativ und konstruktiv denkt. Die innere Stimme kommt in dem Szenario erst gar nicht vor. Dazu kommt erschwerend, dass das Ego Recht haben will und eigentlich auch sonst alles. In solchen Momenten stampft es mit dem Fuß auf wie ein fünfjähriges Mädchen, was heute kein Eis haben darf.

„Ich will will will will will und das jetzt und sofort!!!"

Damit sind wir aller Instanzen beraubt, die wir brauchen, um Klarheit, Halt und die richtigen Entscheidungen zu generieren.

Diese stark emotionalisierenden und emotionalisierten Gedanken berauben uns jeder echten Vorstellungskraft. Der Verstand versperrt uns in dieser Verfassung die Sicht auf das Meer an Möglichkeiten und zwingt uns, unsere ganze Energie in den Erhalt der alten, im Überlebenssystem gespeicherten Muster zu stecken.

Solange es unmittelbaren Schmerz vermeidet und uns das Gefühl gibt, sicher zu sein, ist das Überlebenssystem zufrieden. Der unmittelbare Schmerz wäre hier ein vermuteter Trennungsschmerz, würden wir das Richtige tun und die Beziehung zu dem Mann aufgeben. Das ist genau das, was das Überlebenssystem jetzt unterbindet. Ob es dadurch langfristig Schmerz anlegt, ist ihm einerlei.

Wenn der dann kommt, weil man zum Beispiel gegen alle inneren Warnungen bei einem notorischen Fremdgänger geblieben ist und dann Jahre des Betrugs aushält, um schließlich völlig ausgepowert nach langer Zeit zurückgelassen zu werden, kümmert sich das Überlebenssystem eben erst *dann* darum.

Das tut es standardmäßig erstmal mit Selbstvorwürfen. Und dann, indem es versucht uns in die nächste Beziehung zu labern oder indem es uns zum Männerhasser macht oder verbittern lässt. Oder indem es uns zu viel trinken oder rauchen lässt, oder oder … Es gibt viele Möglichkeiten, mit denen dieses System versucht, immer weiter dem eigentlichen, heilsamen Schmerz auszuweichen.

Der ist übrigens lange nicht so schlimm, wie all das, was wir aushalten, wenn wir ausweichen.

Das System betäubt uns mit Hoffen (hoffentlich ist der nächste Mann besser) oder mit Hassen (Männer sind Schweine) oder mit Selbstgefälligkeit (ich war das Beste, was ihm passieren konnte! Sowas findet der nie wieder) oder mit weiterem Schmerz (bestimmt wird er jetzt mit einer anderen viel glücklicher! Jede Frau ist besser als ich!) oder mit Selbstbezichtigung (siehst du, mit dir stimmt etwas nicht, sonst hättest du ihn).

Das Einzige, was es nicht tut, ist, die Wahrheit zu sagen – ich habe mich vertan; es hat nicht gepasst – und damit eine Reifung einzuleiten.

Der Modus Operandi des Egos heißt nun mal: Ich leide, also bin ich.

Von diesem Teil unserer selbst haben wir nichts an wirklicher Hilfe zu erwarten. Außer, wenn jemand hinter uns her ist oder wir aus einem brennenden Fahrzeug entkommen müssen.

Für alles andere brauchen wir eine stabile Verbindung zu uns selbst.

Anstatt also einen Irrtum festzustellen, fehlinterpretiert das Ego weiter die Realität beispielsweise mit Hilfe unserer Glaubenssätze, um sich selbst zu erhalten. Es blendet Erlebnisse aus, die den Glaubenssätzen zuwiderlaufen und sorgt dafür, dass sich die ursprünglichen Denkgewohnheiten aus der alten Identität tiefer einschleifen und bewahrt bleiben. Das Ego pickt aus unserem Erleben nur heraus, was die Glaubenssätze bestätigt. Deshalb kann es uns auch nicht dabei helfen, Muster aufzugeben.

Das Mangelgefühl steuert unser Denken und Fühlen, weil es uns nicht bewusst ist

Alles, was im Unbewussten arbeitet, zeigt sich im Außen. Deshalb kann man auch das, was uns im Außen geschieht, nutzen, um zu erkennen, was in unserm Inneren *wirklich* vorgeht. Das gilt vor allem für Dinge, die sich wiederholen. Sie bilden unser unbewusstes Selbstbild ab. Anders: wenn wir auf unsere äußeren Ergebnisse schauen, finden wir unsere Glaubenssätze.

Sie färben unbemerkt Denken und Fühlen. Sie kapern unseren Verstand und nutzen ihn für ihre Zwecke. Sind wir noch stark vom Überlebenssystem bestimmt, sprich, uns seiner Existenz und Arbeitsweise nicht bewusst, wird es unsere Fähigkeiten und Talente benutzen und missbrauchen, um sich selbst zu erhalten. Es ist wie ein Parasit.

Die Folge sind vernichtende mentale Dialoge. Sie ziehen uns runter und machen uns klein. Sie pöbeln und verspotten und verhöhnen uns. Es wird gelogen, dass sich die Balken biegen, denn die relativ schlichten Thesen, die der Verstand dann über uns auskübelt, entbehren jeder Wahrheit. Das letzte, was diese Denktiraden tun, ist eben, uns wesentlich zu informieren, uns zu helfen und zu stärken.

∞

Im vorangegangenen Kapitel haben wir festgestellt, dass wir offenbar von zwei inneren Orten aus funktionieren können: entweder vom Ego oder mehr von unserem wirklichen Selbst aus.

Die Leben vieler Menschen werden nahezu vollständig vom Ego und seinem Überlebenssystem bestimmt, ohne dass es jemals als solches entdeckt wird. Diese Menschen befinden sich im Dauerausnahmezustand: immer latent, gefühlt in Gefahr, immer unter Druck, mit einem unterschwellig schlechten Gewissen, dem

Gefühl nicht zu genügen und weder sich selbst noch der Welt gerecht zu werden. Unterbrochen werden diese Befindlichkeiten von Anflügen von Größenwahn; dann wissen die Menschen alles, können alles, machen keine Fehler und haben immer Recht. Ganz selten gibt es entspannte Momente, wo es tatsächlich ruhig wird und weder Minderwertigkeitsgefühl noch Größenwahn den Takt vorgeben.

Im Leben Vieler herrscht nur dann mal ein Augenblick Ruhe, wenn sie alles erledigt haben, aber das bitte schön perfekt. Oder wenn sie vor Erschöpfung nicht mehr denken können. Dann atmen sie durch oder schlafen tief und fest ein und kurz darauf fängt der Kampf wieder von vorne an. Wer das Gefühl hat, immer kämpfen zu müssen und sich immer nur kurz oder gar nicht entspannen zu können, ist im Dauerüberlebensmodus.

Aber wir alle kennen auch den anderen Ort, der Ort, der näher an unserem wirklichen Selbst liegt. Es ist ein geistiger Zustand. Das ist die Verfassung, in der wir in uns selbst ruhen und uns mit dem Leben verbunden fühlen. Wie schon erwähnt, geschieht das leicht, wenn wir in der Natur sind, im Wald oder am Wasser. Auch die Beziehung zu Tieren kann dieses Gefühl der Verbundenheit mit dem Leben auslösen. Wir fühlen uns friedvoll und froh. Keine großen Emotionen, kein Gefühlskino und keine besondere äußere Situation. Aber ganz sicher auch nichts, was auch nur entfernt mit Langeweile zu tun hat, jene Befindlichkeit, die unser Überlebenssystem vorgibt, mehr zu fürchten als den Tod.

Die Verfassung, in der wir unserem wirklichen Selbst und damit der Schöpfung, näher sind, lässt uns visionär und kreativ denken. Wir können uns alles vorstellen. Wir *wissen*, dass wir Schwierigkeiten lösen werden und dass wir alles, was wir uns vornehmen, auch schaffen werden. Nichts ist ein wirkliches Problem. Der Verstand ist auf Empfang gestellt und an die große Nabelschnur, an die universelle Intelligenz angeschlossen. Er kann jetzt Erkenntnisse, Lösungen, kreative Impulse und neue Ideen empfangen. Dinge funktionieren, mentale Limitierungen sind wie weggezaubert.

Ist das nicht dem Zustand der Verliebtheit zum Verwechseln ähnlich?

Wer diese Verfassung nicht oder wenig kennt, kannte sie wahrscheinlich als Kind oder erlebt sie teilweise in seinem beruflichen Tun.

Unser Denken und Fühlen, unsere Handlungen und Resultate kommen also entweder von dem einen Ort oder von dem anderen: aus unserem wirklichen Wesen oder aus dem Roboter.

Von welchem Ort kommt dein Denken an und über den Mann, den du siehst? Welchen Teil von dir repräsentiert diese Beziehung, Affäre oder der Beziehungsversuch?

Nimm dir einen Augenblick und spüre tief in dein Inneres hinein.

Die Gedankenwelten schmerzhafter Affären sind wahre mentale Folterkammern

Das Mangelgefühl kommt, wie wir gesehen haben, nicht aus unserem wirklichen Wesen, sondern es ist eine Begleiterscheinung des Egos, welches unser wirkliches Wesen verdeckt. Selbstverständlich erzeugt das Mangelgefühl, wenn es sich aktiviert, auch ganze Mangelgedankenwelten. Ein paar Beispiele dafür haben wir schon kennengelernt.

Die Überschrift zu diesem Abschnitt ist nicht übertrieben: Wir müssen uns das anschauen, damit das aufhören kann.

Wenn wir beispielsweise traurig und voller Sehnsucht sind, neigen wir dazu, uns an Situationen zu erinnern, in denen wir ausgefüllt und glücklich waren. Kurze Frage am Rande: Hilft das, oder macht es unsere Verfassung schlimmer?

Das Denken liebt es, immer wieder die schönen, vergangenen Situationen hervorzuholen. Vor allem dann, wenn es uns wehtut. Wie Heckenschützen erwischen sie einen, wenn man sich gerade ein wenig erholt hat, und ziehen einen wieder auf den Grund des Sees hinab. Wieder und wieder kreist das Denken um die Momente, in denen sich alles richtig anfühlte.

So können uns die schönsten Momente im Leben später zum Verhängnis werden. Anstatt, dass wir uns an ihnen erfreuen oder sie vergessen, werden sie jetzt zu unserem ärgsten Feind. Der Graben zwischen einer vom Mangelgefühl gefärbten Erinnerung und der Situation selbst, an die wir uns erinnern und in der wir glücklich waren, könnte tiefer nicht sein.

Von den schwermütigen Gedanken wird die Traurigkeit stärker. Hier können wir den Dialog im Denken und Fühlen gut sehen: Die Gedanken verstärken das Gefühl, das Gefühl schafft die nächsten Gedankentiraden.

Die Nachhaltigkeit, mit der jetzt weitergemacht wird, kann fast den Eindruck erwecken, als würde man sich dafür rächen, dass die Traurigkeit da ist. Das ist aber das Letzte, was wir in dieser Verfassung brauchen können und das ist das Letzte, was uns hilft. Keinem anderen Menschen würden wir das antun.

Niemals würden wir jemandem, der gerade versucht, sich von einer Affäre zu erholen oder der gerade etwas Kraft schöpft oder trauert, eine Situation vor die Nase halten, in der er glücklich und erfüllt war mit dem Hinweis, dass das vorbei sei und vermutlich auch nie wiederkommen werde. Aber unserem eigenen Verstand gestatten wir solche Gemeinheiten und halten sie auch noch für die Wahrheit.

Das kann übrigens eine besonders intrigante Form der Selbstbestrafung darstellen: wenn wir uns um unser früheres Ich beneiden. Das ist das Ego in voller Fahrt. Der innere Dialog könnte giftiger nicht sein:

„Das wird nie wieder so werden, wie es damals war. Das ist gar nicht möglich, weil ..."

... und dann kommen alle möglichen mentalen Boshaftigkeiten:

„Weil mir so ein Glück auf Dauer nicht beschieden ist."

„Weil das wahrscheinlich in meinem Geburtsversprechen nicht enthalten ist." (Habe ich alles schon gehört von betroffenen Frauen)

„Weil das nur mit diesem oder jenem Mann möglich gewesen wäre. Aber ich habe es versaut."

„Weil mir sowieso nichts zusteht."

„Weil ich zu alt bin. Wie ich nur aussehe! Vor zehn Jahren sah ich echt hübscher aus. Aber mit dem Bauch jetzt und den neuen Falten an den Augen ... kann ich das vergessen."

Wir können uns tatsächlich nicht mehr vorstellen, ohne diese schmerzhafte Beziehung jemals wieder glücklich sein zu können. Oder mit einem richtig tollen Mann zusammen zu sein, der passt. Unsere Gedankenwelten nölen in unserem Kopf herum: „Ja toll. Dann kommt einer, der passt. Aber das will ich ja gar nicht. Ich will ja keinen, der alles macht, was ich sage. Das ist ja langweilig. Einer, der alles für mich tut. Wie öde. Und dann will er womöglich noch mit mir zusammenleben. Das will ich ja gar nicht." So oder so ähnlich tobt es in unserem Kopf herum.

Dass es ganz wunderbare, liebevolle Männer gibt, die keineswegs langweilig sind, dass es reife Männer mit starkem Charakter gibt, die uns die Sterne vom Himmel holen, denen wir aber nicht auf der Nase herumtanzen können, kommt in den wahnsinnigen Gedankenwelten des Schmerz-Rausch-Zyklus nicht mehr vor. Anstatt visionär und kreativ zu denken und zu fühlen, besteht die einzige Kreativität darin, entweder neue Rechtfertigungen für unsere Irrtümer zu finden, um uns selbst in der Paarkonstellation festzunageln, die uns zunehmend jeder Lebendigkeit beraubt oder die mentale Kreativität besteht darin, immer neue Gemeinheiten und Unwahrheiten zu ersinnen.

So hämmert der Verstand weiter, dass man nur durch den Mann lebendig sei und dass ein Nein zu der schmerzhaften Situation in einem einsamen Leben und in Reue enden werde.

Dann wird noch genölt, weil der Exmann schon seit fünf Jahren eine neue Partnerin habe und glücklich sei, und man selbst immer noch alleine oder mit diesem unverbindlichen Mann sei.

Schließlich fallen uns noch alle möglichen Leute ein, die es gut miteinander haben und ewig schon zusammen sind, und wie blöd man als Frau ohne Partner gesellschaftlich so dasteht …

Davon blutet uns das Herz. Manchmal sehr.

Und weil der Verstand einmal dabei ist, fügt er auch gerne noch hinzu: „Das wird nie wieder so werden, wie es einmal war."

Und dann kommt der Gipfel aller mentalen Gemeinheiten

Dann kommt ein Gedanke, der nicht nur extrem böse und heimtückisch ist, sondern auch ziemlich dumm. Er ist das Sahnehäubchen jeder Sabotage:

„Mit einem anderen Mann, das kann nichts werden. Ich kann nicht wieder glücklich sein; ich lerne keinen guten mehr kennen. Das wird alles nichts mehr, weil …"

Das muss man sich mal reintun, weil …

„… weil ich mir das nicht vorstellen kann."

Als könne man sich in dieser Verfassung überhaupt etwas vorstellen und als könne man in dieser Verfassung irgendetwas wirklich beurteilen!

„Wo soll denn ein guter Mann für mich noch herkommen; ich gehe ja nirgendwohin und Männer im Internet kennenlernen ist nicht so meins. Was? Ich soll mich überraschen lassen? Was soll das heißen, das Leben kann alles? Nein, nein, das kann ich mir nicht vorstellen."

Das ist an mentaler Brutalität nicht zu überbieten. Das ist, als hätten wir eine kleine Tochter, die weinend aus dem Kindergarten gekommen ist, und wir schicken sie auf ihr Zimmer mit Worten wie: „Dass mit dir jemals jemand spielen will, kann ich mir nicht vorstellen!"

Genau so ist das. Vielleicht wird jetzt deutlich, wie destruktiv unser innerer Dialog oft ist.

Dabei hat es absolut gar nichts damit zu tun, was das Leben alles kann. Unser überheblicher Verstand maßt sich in diesem Zustand an, Gott zu limitieren. Solche Denkfiguren sind ein ernstzunehmendes spirituelles Problem: Der Verstand auf Emotion bildet sich ein, er könne das überblicken, und wenn er sich etwas nicht vorstellen kann, kann es auch nicht sein. Mit so etwas schlagen wir Türen zu. Dabei kann sich der Verstand auf Emotion sowieso nichts vorstellen.

Warum nehmen wir dieses Gelaber überhaupt ernst?

Ich will an dieser Stelle nochmals daran erinnern: Wir haben weder das Überlebenssystem noch die Gedanken und Gefühle selbst gemacht. Ich bitte dich, liebe Leserin, das zu überprüfen, denn das ist eine der wichtigsten Klärungen überhaupt.

Wir sind es nicht schuld, aber es liegt in unserer Hand, ob wir diese Lotterwirtschaft weiter frei toben lassen oder ob wir sie beobachten und ihrer Selbstvernichtung zuführen.

Die anderen gehen mit uns so um, wie wir mit uns selbst umgehen

Viele Menschen sprechen mit ungeheurer Selbstverständlichkeit so lieblos mit sich selbst und schnüren sich vollständig die Luft ab, wenn sie am meisten etwas Entlastung und Zuspruch bräuchten.

Der Mangel wird davon nicht weniger, sondern mehr. Das treibt uns wieder tiefer in den Überlebensmodus hinein.

Wir müssen das anschauen. Dort sitzt ein erheblicher Teil des Problems, denn unsere Partner gehen mit uns so um, wie wir mit uns selbst umgehen. Wenn wir so mit uns selbst reden und so für uns fühlen, werden wir das in unseren Beziehungen wiederfinden.

Wir können diese mentalen Vernichtungsfeldzüge, die uns tage- und wochenlang unser Wohlbefinden kosten können, nicht einfach durchlaufen lassen und dann hoffen, dass wir einen Mann finden, der das in Ordnung bringt, indem er respekt- und liebevoll mit unseren Gefühlen umgeht. Das funktioniert nicht. Denn selbst wenn es zu einer solchen Konstellation käme, würden wir einen solchen Mann entweder nicht ernst nehmen oder er merkt, dass er uns nicht glücklich machen kann und verlässt uns. So oder so, unser Überlebenssystem würde die Beziehung zu einem guten Mann gnadenlos sabotieren und in der Luft zerreißen.

So gehen Muster.

∞

Das Schwelgen in glücklichen Zeiten und der folgende innere Dialog müssen jedoch nicht immer diesen hohen toxischen Grad im Selbstgespräch erreichen. Das kann auch milder verlaufen. Schmerzhaft ist es mehr oder weniger aber immer und nach solchen gedanklichen Übergriffen sind wir manchmal Tage damit beschäftigt, unser inneres Gleichgewicht wiederzufinden. Und weil wir uns dann daran erinnern, dass es uns manchmal mit dem Mann gut ging, heften wir jetzt wieder alle Hoffnungen an ihn und können nicht loslassen.

Jeder giftige innere Dialog hält uns bei ihm fest. Jede Hoffnung auf seine Zuwendung vergiftet unsere inneren Dialoge.

Diese giftigen Selbstgespräche führen zu nichts. Sie geben die Wahrheit nicht wieder und kosten viel Energie. Sie halten den Mangel nicht nur am Leben, sondern sie vergrößern ihn und folglich die Sehnsucht nach dem Mann.

Sobald wir uns dieser Art des Umgangs mit uns selbst bewusster werden und endlich Mitgefühl mit uns bekommen ob dieser mentalen Gewalt, wird die Sehnsucht nach dem Mann weniger. Da besteht ein unmittelbarer Zusammenhang. Wir können uns nicht den ganzen Tag innerlich verprügeln und uns dann wundern, warum es uns so schlecht geht.

Die Entscheidung liegt also bei uns, ob wir so ein Wildwest in unserem Inneren tolerieren und es weiterhin sich selbst überlassen, oder ob wir aus solchen Limitierungen herauswachsen wollen. Niemand anderes tut das für uns; dafür sind wir allein verantwortlich. Das Leben folgt unserer Weichenstellung und hilft uns allerdings nur, wenn wir das wirklich wollen.

Wer das ändern möchte, muss also erst einmal eine *sehr bewusste Entscheidung* dafür treffen. Wir brauchen an dieser Stelle keine Psychotherapie, sondern wir müssen unseren Willen benutzen. Bleibt es nämlich nur bei einem kleinen Impuls oder einer freundlichen, stimmungsabhängigen Absicht, wird das Überlebenssystem dafür sorgen, dass wir das sofort wieder vergessen.

Wenn du dein Denken ganz oder in Teilen wiedererkannt hast, spüre doch jetzt einen Moment in dich hinein mit der Frage: Will ich weiter so mit mir umgehen? Will ich weiter solche Brutalitäten in meinem Verstand tolerieren?

Oder habe ich genug davon?

Lege deine Hand auf dein Herz und spüre in dich hinein.

∞

Um bewusster zu denken, also um mehr davon mitzubekommen, was *wirklich* den ganzen Tag in unserem Verstand los ist, müssen wir ihn, so oft es geht, beobachten. Das geht auch in der Rückschau. Man kann abends im Bett den Tag durchgehen unter dem Aspekt: Was habe ich in dieser oder jener Situation eigentlich gedacht? Wie kam es zu dieser oder jener Reaktion oder Antwort oder Entscheidung? Was habe ich da gedacht und gefühlt? Wie geht es mir wirklich? Wie lange schon?

Oder: Seit wann geht es mir so schlecht? Was ist in den letzten Tagen in mir vorgegangen? Was habe ich gedacht und gefühlt? Wo hat das angefangen, was war da?

Betrachte es genau und lass dich nicht von Standardantworten aus deinem Verstand abspeisen.

Wer damit beginnt, so zu schauen, genauer zu schauen, mehr nach innen zu schauen, sich genauer zu erinnern und dem Verstand auf die Finger zu schauen, dessen Leben wird sich verändern.

Das ist der Anfang vom Ende der limitierenden Muster.

9 Gründe, warum er sich zurückzieht

Einleitung

Zunächst eine formale Anmerkung: Im folgenden Teil wird es eine Reihe von Beschreibungen der Eigenschaften und Verhaltensweisen von Männern und Frauen geben. Mit „Männern und Frauen“ begebe ich mich ein wenig aufs Glatteis, denn ich bemühe Kategorien, die immer auch ihre eigenen Ausnahmen oder Mischformen mitbringen.

Wir brauchen Kategorien jedoch, um Dinge zu ordnen und auch, um uns darüber verständigen zu können.

In unseren Alltagskategorien müssen nicht immer alle Merkmale zutreffen, die eine Kategorie definieren, sondern nur eine ausreichend große Zahl. Deshalb sind sie für diesen Kontext praktikabel und sie haben sich bei meiner Arbeit mit betroffenen Frauen bewährt.

Für unseren pragmatischen Ansatz braucht es die Verständigung per Klassifizierung, nicht aber eine differenzierte Betrachtung der Ausnahmen. Deshalb sage ich an dieser Stelle ausdrücklich: die Ausnahmen gibt es natürlich und selbstverständlich widerlegen sie die Regel.

Dennoch sind die Kategorien anwendbar und haben ihre Daseinsberechtigung und Gültigkeit. Sie bringen sichtbare Ergebnisse hervor, denn manches Paar hat die Existenz seiner Partnerschaft dem Umstand zu verdanken, dass beide, intuitiv oder faktisch, um diese Kategorien und deren Regeln wissen.

Das Leben schafft Zwangslagen, damit wir wachsen

Nachdem wir mancherlei Hintergründiges zu Tage gefördert haben, werden wir nun die Ebene wechseln und auf einige handfeste Aspekte schauen, von denen Gelingen oder Nicht-Gelingen einer beginnenden Beziehung abhängen kann.

Wenn ein Mann nicht verbindlich wird, kann das daran liegen, dass er das nie tut oder dass er das gerade temporär nicht kann oder dass es ihm an Charakter fehlt oder aber, dass es schlichtweg für ihn nicht passt.

Es gibt aber noch eine weitere Möglichkeit, warum der Mann nicht ja zu einer Beziehung sagen kann. Das kann darin begründet liegen, dass ein paar Dinge schiefgelaufen sind, die sich wieder in Ordnung bringen lassen.

Weil das meiner Erfahrung nach sehr oft passiert, will ich diesen Dingen ein umfangreiches Kapitel widmen.

Dieses Kapitel soll nicht als Kritik verstanden werden, sondern als Hilfe dabei, die toten Winkel auszuleuchten, deren unbemerktes Wirken an mancher Bredouille beteiligt ist. Oft ist die Sichtbarwerdung der Wirkmechanismen der Durchbruch entweder für eine gute Wendung oder aber für die Beendigung einer festgefahrenen Situation, ohne dabei weiteren emotionalen Schmerz zu erzeugen.

Natürlich ist uns schon Unrecht widerfahren. Wir sind unfair und manchmal brutal behandelt worden. Das ist niemand „selbst schuld". Mein Fokus lag immer auf Fragen wie: Was hat mich aber dann in die Situation gebracht? Was ist in mir vorgegangen und welche unbewussten Mechanismen und Motivationen stecken dahinter? Warum ist es oft so enorm schwierig, eine festgefahrene Situation zu lösen? Inwieweit dient mir die Bredouille?

Wenn wir den Blick auf uns selbst richten und genauer schauen, werden wir fündig werden. Es geht nicht um Zuweisung und Anklage, sondern um Verstehen und folglich um Veränderung.

Natürlich können wir auch mal über die Männer motzen; so etwas muss manchmal raus. Aber das wird, genauso wenig wie Anklage oder Selbstanklage, das Problem lösen. Schuld ist daran niemand, aber wir können die Verantwortung übernehmen.

Mich hat es immer weitergebracht, wenn mir jemand half, mich selbst und in Folge auch einen Mann besser zu verstehen. Ich habe das als erlösend und konstruktiv erlebt, wenn ich wieder ein Stück klarer sehen konnte und aus quälenden Wiederholungen herausfand.

Wie gesagt: Wir sind es nicht schuld, wenn wir in Bedrängnis geraten. Wir befinden uns in dieser Lage, weil wir wachsen. Das Leben lädt uns geduldig jedes Mal aufs Neue ein, uns selbst und damit der Schöpfung näher zu kommen.

Dazu hat es Dilemmas und Zwangslagen geschaffen.

Sie lassen uns innehalten und unsere Wahrnehmung auf jene Bereiche richten, die unserer Zuwendung bedürfen. Geben wir endlich nach und tun, was das Leben vorschlägt, erlöst es uns von allen Grundlagen, die uns überhaupt in Bredouillen bringen können.

Das Ergebnis sind gesunde und glückliche Beziehungen und ein ganz anderes Leben.

Männer und Frauen sind wirklich verschieden

Männer und Frauen funktionieren völlig unterschiedlich, und zwar in ihrer Wahrnehmung, ihrem Denken und Fühlen und auch in ihren Instinkten. Vieles davon lässt sich evolutionsbiologisch erklären. So schlafen Frauen zum Beispiel ganz anders, wenn sie Babys oder kleine Kinder haben. Sie haben den sogenannten Ammenschlaf: immer mit einem Auge offen, um kein Signal des Kindes zu verschlafen. Sie können durchaus tief schlafen und manches überhören. Kommt aus dem Kinderzimmer jedoch das leiseste Geräusch außer der Reihe, sitzen sie im Bett. Oft fahren Frauen schon hoch, noch bevor das Kind weinend mit Fieber wach wird.

Auch Väter werden für ihre Kinder wach, aber sie haben nicht diesen Ammenschlaf. Da muss ein Baby schon mal ein bisschen krähen, bis Papa wach wird, wenn er mit dem Kind allein ist.

Dafür haben Männer einen siebten Sinn für die Sicherheit ihrer Familie. Sie hören mitten im Tiefschlaf, wenn jemand nachts im Garten auf ein kleines Ästchen tritt. Sie haben das Drumherum auf dem Radar.

In früheren Jahrtausenden gingen Männer zur Jagd, um ihre Familie, aber auch das Dorf mit Nahrung zu versorgen. Sie jagten in Gruppen. Waren sie auf der Pirsch, mussten sie sich ganz auf diese Situation konzentrieren. Sie mussten ihren Instinkten vertrauen und waren gezwungen, ihre Gefühle hintenan zu stellen. Das kann man bis heute beobachten: Männer können ihre Gefühle leichter abkoppeln als Frauen. Manch ein Mann tut das während der Arbeit und ist danach wieder ganz bei sich, andere Männer verbleiben in dem Zustand der inneren Abkoppelung.

Die Instinkte, die auf Sicherheit und Versorgung ausgelegt sind, funktionieren bei sehr vielen Männern bis heute enorm gut. Das hat sich durchgesetzt. Während sie sich also oft von ihrem Fühlen haben trennen müssen, waren die Frauen verpflichtet, im Spüren zu bleiben, denn es ist ihre Aufgabe, die Bedürfnisse ihrer Babys und kleiner Kinder zu erahnen und deren Signale richtig zu deuten. Davon hängt – je jünger, desto stärker – das Leben der Kinder ab. Und damit das Überleben der Menschheit.

Das erklärt zu einem erheblichen Teil, warum Frauen leichter und durchgehender mit dem Fühlen im Kontakt sind.

Genauso hing für lange Zeit das Überleben der Menschheit von der Fähigkeit der Männer ab, Familie und Dorf ernähren zu können, aber auch von der Fähigkeit, die Familie und damit die Nachkommen zu beschützen und gegebenenfalls zu verteidigen. Dafür mussten Männer sich auf ihre Instinkte verlassen können. Das ist heute noch da.

∞

Männer wie Frauen befinden sich jeweils in einem anderen Modus, wenn sie arbeiten. Sie sind dann wenig bis gar nicht mit den privaten Gefühlen im Kontakt. Nach der Arbeit oder nach einer Aufgabe, die ihre volle Konzentration erfordert, wieder ins persönliche Spüren und Fühlen zu kommen, kostet viele Männer jedoch einen extra Arbeitsgang. Sie müssen den Kontakt zum Innen wieder herstellen. Dabei hilft ihnen oft eine Beziehung.

Manchem Mann ist es wichtig, dass eine Frau da ist, wenn er nach Hause kommt. Nicht, weil er ein Macho ist oder weil er nicht allein sein kann, sondern weil ihn das ins Fühlen bringt.

Er freut sich auf die Frau, er bewundert sie vielleicht immer noch, er macht sich Gedanken um ihr Wohlergehen und er liebt sie. Das bringt ihn mit seinem Inneren in Kontakt, jedenfalls in einer gesunden Beziehung. Frauen bringen Männer ins Fühlen.

Die Nähe zu uns selbst, das Spüren bestimmt darüber, wie wir die Welt sehen

Diese Nähe definiert, wie viel wir von uns und der Umwelt wahrnehmen, aber auch, wie wir die wahrgenommenen Impulse deuten. Da das bei Männern und Frauen also teilweise sehr unterschiedlich funktioniert, kommt es oft zu Missverständnissen und zu gegenseitigen Unverstehbarkeiten bis hin zu völliger Orientierungslosigkeit im Umgang miteinander.

Mit den häufigsten Missverständnissen möchte ich im Folgenden daher gründlich aufräumen und dazu beitragen, dass aus mancher Affäre doch noch eine richtige Partnerschaft werden kann.

Oder, dass bestimmte Probleme bei der nächsten Beziehung gar nicht erst entstehen und die wunderbare Alchimie des Männlichen und des Weiblichen ihre volle Schönheit entfalten kann.

Grund 1: Sie offenbart ihm ihre Gefühle, um von ihm das Gleiche zu hören

Wenn es einen sicheren Weg gibt, sich bei einem potenziellen Partner ins Abseits zu schießen, dann geht das so: Wir verlieben uns schnell und heftig, verlieren uns in stundenlangen Tagträumen, verstärken damit die schönen Gefühle, weil wir nicht genug davon bekommen können und bekommen plötzlich Angst, dass der andere nicht mitziehen könnte. Mehr und mehr sind wir nun darauf angewiesen, dass der andere das Gleiche empfindet. Noch bevor er Beziehungsbereitschaft und Sicherheit signalisiert hat, sagen wir ihm dann, was wir für ihn empfinden, und hoffen, das Gleiche von ihm zu hören und nicht zurückgewiesen zu werden.

Die Frage lautet: Warum machen wir das?

Warum träumen wir uns den ganzen Tag weg und sind nachher so verliebt, dass es anstrengend wird? Dass wir durcheinander sind und es nicht mehr vitalisierend wirkt, sondern kippt und uns eigentlich von allem ablenkt, was wir tun müssen oder möchten? Warum bringen wir uns in eine Lage, in der wir nachher so sehr unter Druck stehen, dass wir einem Mann dann die Gefühle offenbaren müssen und ängstlich warten, was er sagt? Wie sind wir in die Situation geraten, die einen Fragen stellen lässt, von denen wir wissen, dass sie als aufdringlich aufgenommen werden könnten und damit kontraproduktiv sind?

Natürlich kann man mit einem Mann über Zukünftiges sprechen. Man kann ihn auch fragen, wie er etwas empfindet. Aber es kommt auf das *Wann* und auf das *Wie* an. Wenn er schon längst signalisiert hat, dass er wirklich verliebt ist, dass er der Frau vertraut und dass seine Gefühle sie etwas angehen, dann ist eine aufrichtige Frage aus Interesse an ihm oder zur eigenen Orientierung durchaus angebracht.

Hier ist jedoch die Rede von zu frühem Offenbaren, zu frühem Gefrage und von ungeduldigem Erwarten.

In diese Falle tappt man, wenn man um das eigene unterschwellige Mangelgefühl nicht weiß oder nicht weiß, was man damit tun soll. Das ausgedehnte Tagträumen macht schöne Gefühle und eigentlich ist man in diese Gefühle verliebt. Wie in einem vorangegangenen Kapitel erläutert, scheinen diese schönen Gefühle die Antwort auf das Ungeliebtsein, die Verletzungen und Zurückweisungen zu sein, die man im Lauf des Lebens erlitten hat. Als wäre endlich gefunden, was den Hunger stillt ...

Und weil der so groß ist, sättigt man *sich in Gedanken* an dem Mann, in den man sich verliebt hat. Zu dieser Art, sich zu verlieben, kommt neben der Erwartung und der Hoffnung noch eine Empfindung, von der wir schon erfahren haben: die Erleichterung. Es ist die Erleichterung darüber, dass jetzt *endlich* alles gut wird, dass *endlich* das Zuhause in Sicht ist und wir uns in emotionaler Sicherheit wähnen. Erleichterung hat, wie wir wissen, eine euphorisierende Wirkung. Sie verstärkt schöne Gefühle und macht high. Somit haben wir es hier schon mit vier überlebensbasierten Gefühlen zu tun: Verliebtheit, Hoffnung, Erwartung und Erleichterung.

Es ist viel emotionale Not dabei, sich auf diese Weise zu verlieben, und die wird sich im Außen zeigen, wenn wir versuchen, sie im Innen loszuwerden. Wir liefern uns damit völlig aus. Wir geben dieses Gefühl in die Hand eines Menschen, der noch keine Verantwortung für eine Beziehung übernommen hat oder der das gar nicht kann.

Wenn es der Wunsch ist, die unbewusste oder halbbewusste Not durch ein Liebesgeständnis von ihm loszuwerden, dann wird das Gespräch über seine Gefühle nicht den gewünschten Erfolg bringen. Oder nur kurz.

∞

Immer wenn unbewusste, verdrängte Inhalte unter unseren Gefühlen, Entscheidungen, Meinungen und Handlungen liegen, haben wir so etwas wie unbemerkte Kriechströme in die umgekehrte Richtung. Sie bewirken, wie schon beschrieben, schlichtweg das Gegenteil von dem, was wir wollen. Wenn das Gefühl des Liebens von dieser unterschwelligen Sehnsucht motiviert ist, werden wir wenig Liebe, dafür aber viel neue Sehnsucht bekommen.

Oder: Wenn wir uns eine Beziehung wünschen, unser Überlebenssystem es aber für sicherer hält, wenn wir keine haben, wird immer die *unbewusste* Motivation gewinnen und nachhaltig verhindern, dass wir uns lange in einer gesunden Partnerschaft aufhalten.

In dieser Situation wäre also ein gegenläufiger Kriechstrom unter unserem Wunsch. Deswegen ist das Bewusstwerden der *wirklichen* Gefühle so wichtig; damit endet nämlich das unbemerkte Wirken des Unterstroms.

Auch Sehnsucht ist ein Produkt des Mangelgefühls und kommt somit aus dem Überlebenssystem. Es findet auch in Trennungsangst, Trennungsschmerz und Liebeskummer Ausdruck. Wir selbst müssen uns diesen Gefühlen liebevoll zuwenden, anstatt jemanden zu suchen, der das für uns macht. Das funktioniert nicht, denn das ist mit Verdrängen gleichzusetzen und muss nach hinten losgehen.

So dominiert uns die Angst vor einer Enttäuschung

Hat man nun also das Mangelgefühl mit schönen Gedanken, Tagträumen und starken Gefühlen überlagert, ist man zunehmend auf die Zuneigung eines Menschen angewiesen, der noch keine Verantwortung für eine Kontinuität übernommen hat. Es folgt unweigerlich die Angst vor der Realitätsprüfung: Empfindet er denn genauso wie ich? Will er *Uns* genauso wie ich? Kann ich diese schönen Gefühle aufrechterhalten?

Ab hier muss er mitspielen und damit kommt die Verlustangst.

Diese schönen Gefühle müssen erhalten bleiben, um den Schmerz des Mangels und den eines möglichen Irrtums nicht erleiden zu müssen. Auch wenn der unterschwellige Druck, den der Hunger erzeugt, lange nicht mehr spürbar war und vor der Begegnung mit dem neuen Mann kaum eine Rolle gespielt zu haben schien, so taucht er paradoxerweise durch das kurzfristige Gestillt-werden wieder auf. Und zwar in Form von Verlustangst.

Wenn man in der Dunkelheit ein Streichholz anzündet, ist die Dunkelheit danach umso schwärzer.

So ist das hier auch: Vorher hat man es nicht so gemerkt. Reißt eine Enttäuschung die alte Wunde wieder auf, beginnt sie zu schmerzen. Manchmal sehr. Auch die Gefahr einer Enttäuschung kann diese Dynamik entzünden.

Der Unterstrom bestimmt das Gespräch über Uns

Geht man nun mit unterschwelliger Verlustangst in ein Gespräch über Uns, und das in einer Phase der Beziehung, in der es noch keine Übereinkünfte und Spielregeln zum Maß an Offenheit zueinander gibt, wird sich ein Mann schnell etwas bedrängt fühlen, wenn er sich mit den Gefühlen der neuen potentiellen Freundin konfrontiert sieht.

Intuitiv spürt er den Druck, der die Frau dazu veranlasst sich zu offenbaren und ihm Fragen zu stellen. Und er weiß, dass sie sich ihm zu früh emotional und körperlich anvertraut hat.

Auch unterschätzen Frauen, dass die gespielt heitere Art, in der solche Offenbarungsgespräche oft gehalten werden, vom Mann auch als gespielt oder nicht recht authentisch wahrgenommen werden. Häufig versuchen Frauen, den unterschwelligen Druck durch Heiterkeit, Leichtigkeit und das *Alles-easy-Ding* zu überspielen.

Das Problem am Ende ist immer, dass das, was wir *vor uns selbst* überspielen, uns früher oder später um die Ohren fliegt.

Dass die Ängste da sind, ist nicht so problematisch. Problematisch ist der Versuch, sie loswerden zu wollen, indem wir den anderen zu etwas bewegen wollen. Wenn unser Druck auf seiner Reaktion lastet, hat er nicht mehr die Freiheit, fühlen und sagen zu können, was er möchte. Und das merkt er. Bewusst oder unbewusst: Es kommt an.

Sind wir aber im Kontakt mit unserem Fühlen, ist das gleichzusetzen damit, dass wir Verantwortung dafür übernehmen. Damit entschärfen wir die Bombe, die wir zünden würden, wenn wir versuchen, einen anderen Menschen auf diese Weise für unsere Belange geradestehen zu lassen.

∞

Offenbart nun eine Frau die Gefühle, die sie glaubt, für den Mann zu haben, und missachtet dabei die leisen, inneren Impulse, die sie warnen, wird das Gespräch eher nicht ihren Erwartungen gemäß verlaufen.

Das werden die Unterhaltungen, die gezwungen und verkrampft enden, weil der andere die unterschwellige Erwartungshaltung spürt. Unter diesen Voraussetzungen mag niemand sagen *müssen*, was er empfindet. Niemand will zu einer Positionierung gedrängt werden. Diese Unterhaltungen verlaufen oftmals so, dass sie redet und fragt oder wartet, und er ausweicht und schließlich mehr und mehr verstummt. Je direkter sie fragt oder ihm mit eigenen Positionierungen das Gefühl gibt, auch er müsse jetzt Stellung beziehen, desto mehr wird er das Gespräch einfrieren lassen wollen. Es kann auch sein, dass er sich gezwungen fühlt zu sagen, dass er nicht oder noch nicht so empfindet wie sie.

Am Ende solcher Unterhaltungen beherrscht uns ein ungutes Gefühl von Unsicherheit, Unzufriedenheit und Verlustangst. Oder ein Bereuen … Scham, weil wir spüren, dass wir ihn in die Ecke gedrängt und das Gegenteil von dem geschaffen haben, was wir wollten.

Aber selbst das wird oft zunächst überspielt mit einer Art Pseudo-Souveränität: „Er hat noch Angst vor seinen Gefühlen zu mir. Ich mache ja keinen Druck, ich gebe ihm Zeit. Ich weiß ja auch noch gar nicht, ob ich wirklich eine feste Beziehung mit ihm will. Ich will ja auch alles nicht so schnell und so eng. Der braucht noch ein bisschen und das macht mir gar nichts aus. Wenn er jetzt noch nichts zu Uns gesagt hat, heißt das nichts. Das kommt alles noch. Ich bleibe so lange gelassen. Ich bin im Vertrauen. Ich melde mich nicht bei ihm und laufe ihm nicht hinterher. Ich ziehe mich zurück und signalisiere *hard to get* – nicht leicht zu haben."

∞

Der Wunsch eines Mannes besteht hauptsächlich darin, in einer Beziehung denken, fühlen und sagen zu können, was er möchte und wann er es möchte.

Er wird erst dann einer Frau vertrauen, wenn er weiß, dass er das wirklich kann, und dass seine Inhalte bei ihr gut aufgehoben sind. Diese Verlässlichkeit signalisiert man als Frau nur, wenn man Halt in sich selbst hat und nicht in einem sehr frühen Stadium schon den Mann fest an sich binden will.

Damit signalisiert man nämlich nicht gerade: „Ich habe keine Verlustängste."

Damit signalisiert man eher: „Ich weiß um meine Verlustängste und kann mit ihnen umgehen. Ich übernehme Verantwortung für meine Gefühle."

„Ich fühle mich in mir selbst sicher. Meine Gefühle, gleich welche, sind bei mir gut aufgehoben. Deine somit auch."

Kurz angemerkt an dieser Stelle sei nochmals, dass Verantwortung für die eigenen Gefühle zu übernehmen nicht bedeutet schuld zu sein. Wir übernehmen Verantwortung für unsere Gefühle, indem wir uns um sie kümmern. Dafür müssen sie uns erstmal *bewusst* werden.

Wir übernehmen Verantwortung für sie, indem wir sie wahrnehmen und gut behandeln. Das ist ja auch das, was wir uns von anderen wünschen. Wenn wir selbst damit beginnen, dann werden auch andere sehr viel rücksichtsvoller und sanfter mit uns umgehen.

Die schweren Gefühle werden nicht nur nach und nach aufhören, sie werden uns auch nicht mehr sabotieren.

Männer wollen lieben, Frauen wollen geliebt werden

Was wie eine echte Plattitüde klingt, hat mit tiefsitzenden Rollenverteilungen und evolutionsbiologischen Gegebenheiten zu tun.

Wenn eine Frau sich offenbart, bevor der Mann es getan hat, fühlt sich mancher Mann zwar einerseits geschmeichelt, aber andererseits auch etwas verfolgt. Er will einfach nicht zuerst geliebt werden. Männer werden lieber auf die *Hoffentlich-liebt-sie-mich-auch-Folter* gespannt.

Sie sind glücklich, wenn sie ein bisschen leiden müssen, die Frau vermissen und nicht ganz sicher sind, ob sie ihm schon zugetan ist. Das hat unter anderem damit zu tun, dass Männer Frauen glücklich machen und ihnen gefallen wollen. Das, was sie dafür bereit sind zu tun, bringt sie erst richtig in ihre Kraft als Mann.

Bei Männern entsteht ein Bindungsgefühl, wenn sie sich für eine Frau angestrengt und ein bisschen gelitten haben, wenn sie Einsatz gefahren und Verantwortung übernommen haben. Das bringt Männer ins Fühlen.

Beim Mann schafft körperlicher und emotionaler Einsatz emotionale Bindung.

Den Einsatz wollen sie für eine Frau erbringen, der sie gefallen wollen und von der sie nicht am Anfang schon jede einzelne Gefühlsregung kennen.

Männer sind zwar mindestens genauso neugierig wie Frauen und würden, der eine wie der andere, schwören, dass sie alles wissen wollen und auch alles vertragen können. Tatsächlich ist es aber so, dass eine Frau, die sich sehr früh völlig transparent macht, für einen Mann schlichtweg an Spannung und Zauber verliert.

Wir wissen also jetzt, dass eine Frau mit *zu früher* Fragerei und hohen Erwartungen ihre Bedürftigkeit offenbart und dem Mann unterschwellig für deren Beseitigung aktivieren will. Ob es einem gefällt oder nicht: Mit der zu frühen Offenbarung versucht man nichts anderes, als die Situation und den anderen unter Kontrolle zu bringen.

Jedenfalls hofft man es insgeheim.

Haben wir aber selbst die Verantwortung für die eigenen Verletzbarkeiten übernommen, indem wir sie fühlen, ohne sie loswerden zu wollen, ist es sehr wahrscheinlich, dass der Mann mit zunehmender Beziehungszeit freiwillig und gerne gibt, was wir von ihm brauchen.

Die Lösung liegt in einem anderen Umgang mit der Angst vor Zurückweisung: *Sind wir sehr bei uns*, merken wir sehr früh, wann sich die Angst meldet. Sich der Angst oder Beklemmung *bewusst* zu sein, ist der Schlüssel. Wir werden dann ganz von selbst darauf verzichten, den neuen Partner zu vorschnellen Positionierungen bewegen zu wollen.

Das bewusste Wahrnehmen und Merken, was *wirklich* in uns los ist, löst viele Probleme von selbst. Ich werde oft gefragt, was denn zu tun oder zu ändern sei.

Das Andersmachen besteht im Genauer-Wahrnehmen.

Denn das genauere Wahrnehmen katapultiert uns aus dem Überlebensmodus heraus und bringt uns zuverlässig wieder zu uns selbst zurück.

Wenn unser Denken, Fühlen, Sprechen und Handeln von dem Ort kommt, an dem wir uns selbst näher und somit auch ehrlicher zu uns sind, strahlen wir etwas völlig anderes aus, als wenn wir aus den überlebensbasierten Emotionen heraus agieren.

Wir wirken aufrichtiger, konsistenter, besser im Kontakt zu uns und besser im Umgang mit uns. Das schafft Vertrauen in alle Richtungen.

Und wir selbst fühlen uns viel sicherer und wohler!

Man wird immer so behandelt, wie man mit sich selbst umgeht

Wenn wir uns selbst besser wahrnehmen, werden wir besser wahrgenommen. Dann können sogar dieselben Worte eine völlig andere Wirkung entfalten. Oder aber, es sind andere Worte, die aus uns sprechen. Es hat immer mit dem Ort zu tun, von dem es kommt.

Man merkt deutlicher, wann es angebracht ist, den anderen besonders gut wahrzunehmen, wie zum Beispiel in seinem Wunsch, noch nicht über seine Gefühle sprechen zu wollen.

Dann sagt die innere Stimme vielleicht so etwas wie: „Heute nicht." Und man hört darauf.

Wenn wir während eines Gesprächs der Ungeduld, die aufkommen mag, *innerlich bewusst Raum geben*, werden wir mit Sicherheit im Außen nicht ungeduldig oder aufdringlich wirken.

Es kann sein, dass wir plötzlich ganz andere Dinge sagen, beispielsweise: „Ich merke gerade, dass sich zwischen uns ein Druck aufbaut. Eigentlich ist das genau das, was ich fürchte." Darauf wird ein Mann viel eher antworten und versuchen, seinem Gegenüber entgegenzukommen.

Oder anstatt zu überlegen, was man Interessantes fragen oder sagen könnte, entsteht ein angenehmes, einvernehmliches Schweigen, in welchem man einander ohne große Worte versteht.

Das entspricht oft wesentlich mehr der Wahrheit eines Paares, als Geplänkel und der Versuch, unangenehme Empfindungen vor sich selbst unter den Teppich zu kehren.

Es geht eben nicht immer darum, alles zu sagen, was man fühlt, sondern nur darum, das Sprechen von dem Ort der inneren Bewusstheit kommen zu lassen.

Gespräche verlangsamen sich dadurch auf sehr entlastende und angenehme Art. Die gesamte Kommunikation wird authentischer.

Durch eine bewusstere Kommunikation gelangen wir auf eine andere Ebene der Unterhaltung – eine sehr wichtige. Wir verlassen die Primärebene, auf der wir vor uns hin erzählen, und kommen auf die Metaebene.

Ist Druck entstanden, den wir nicht gut vertragen können, Druck, der das Gespräch stört und Befangenheit produziert, versuchen wir nun nicht mehr, diesen Druck durch eine erfragte Positionierung des anderen loszuwerden, sondern wir fühlen ihn, bis er nachlässt. Oder wir sprechen vielleicht darüber, dass Druck und Befangenheit entstanden sind. Und dass wir uns damit nicht wohlfühlen.

„Ich würde gerne offener mit dir sprechen. Ich weiß aber nicht, ob dir das recht ist. Können wir da mal drüber reden?" Oder ganz einfach: „Ich genieße die Gespräche mit dir sehr. Ich freue mich darauf, wenn wir noch offener miteinander sprechen können." Damit würde sich manch eine Spannung schnell lösen. Und es trifft wesentlich öfter die Wahrheit als eine Liebesbekundung, in der Hoffnung, dass er auch etwas Nettes sagt.

Vieles löst sich im Moment des Benennens

Sagen wir einem Mann, wie es uns *wirklich* geht, haben wir gute Chancen darauf, dass er in seine fürsorgliche Seite kommt, zuhört, versteht und Lösungen finden will. Das fällt dann wieder unter Einsatzfahren und stärkt sein Bindungsgefühl. Das ist etwas ganz anderes, als ihn zu einer Positionierung zu drängen. Dafür müssen wir aber wissen, wie es uns wirklich geht. Das wiederum setzt voraus, dass wir mit der Aufmerksamkeit bei uns selbst sind. Wunderbarerweise nehmen wir von hier aus nicht nur uns selbst besser wahr, sondern auch den anderen.

Damit fühlen sich beide sehr viel wohler.

Sehr hilfreich und auch absolut wichtig in jeder menschlichen Beziehung ist die Metakommunikation. Sie liegt jenseits des eigentlichen Themas, über das man gerade spricht. Sie findet auf der Ebene statt, auf der man über die Kommunikation selbst spricht. Auf dieser Ebene verständigen wir uns eher über unsere *wirklichen* Gefühle. Diese Ebene ist immer entlastend, wenn auf der Primärebene Druck entstanden ist, den man dort nicht aufgelöst bekommt.

„Ich merke gerade, dass unser Gespräch etwas ins Stocken kommt. Ist dir etwas übergetreten? Möchtest du das Thema wechseln?"

„Mir ist das gerade sehr wichtig, aber fühlst du dich auch noch wohl im Gespräch?"

Zum Beispiel. Damit können wir manche Verhakung lösen und wieder in eine gemeinsame Unbefangenheit miteinander finden. Wir hören auf, die Kontrolle haben zu wollen, indem wir sie bewusst aufgeben.

In dieser Wachheit und Aufrichtigkeit entsteht eine zugewandte Atmosphäre, in der beide vorkommen. Jeder kann für sich entscheiden, wie viel und was er oder sie von sich preisgeben möchte, ohne sich bedrängt zu fühlen.

Man ist wieder auf Augenhöhe miteinander.

∞

Sprechen wir so mit einem Mann, haben wir ihn auf unserer Seite.

Er wird wahrscheinlich an der Stelle kein Liebesgeständnis machen, aber er wird sich kümmern, wird helfen wollen. Meistens ist das viel besser als eine erfragte Zuwendung oder ein unangenehmes Schweigen. Man ist wieder gemeinsam in einem Boot und der Mann tut etwas, was bei ihm Bindungsgefühle erzeugt.

Eine aufrichtige Frau, die die Verantwortung für ihre Gefühle übernimmt, die zugleich stark, aber auch verletzlich sein kann und die die fürsorgliche Seite eines Mannes weckt, ist das, was das Herz eines Mannes öffnet.

Sind wir mit der Aufmerksamkeit mehr bei uns selbst, sind wir aus dem reaktiven Überlebensmodus raus. Wir sind authentisch und damit aufrichtig. Diese Verfassung wird von Liebe und nicht von Angst gesteuert.

Wir spüren die leisen Impulse besser, die signalisieren, wann es Zeit für etwas ist und wann man schweigen sollte. Von diesem Ort kommt nie manipulatives Zeug.

Die leisen Impulse, die uns warnen, raten oder abraten, sind, wenn wir zurückblicken, immer richtig gewesen. Jenseits des Überlebensmodus können wir ihnen folgen und sind damit sicher.

Mit der Aufmerksamkeit mehr bei sich selbst zu sein, ist kein Egotrip, sondern wir werden der Situation, den anderen Menschen und uns selbst erheblich gerechter.

Ist man allerdings nicht ganz so rasend verliebt und kommt die Angst vor Zurückweisung gar nicht erst auf, kann man auch zu einem früheren Zeitpunkt durchaus schon sagen, dass man ihn echt gernhabe und wie schön es sei, mit ihm Zeit zu verbringen. Ein Mann spürt sofort, ob das ein Kompliment oder ein Deal ist. Letzteres ist immer problematisch, ersteres nie. Ohne Erwartungsdruck ist alles einfach.

Erwartungen können wir haben, aber nicht immer und nicht überall. In einem noch unverbindlichen Stadium einer Bekanntschaft gehören sie noch nicht in voller Breite hin.

Grund 2: Sie versucht ihn davon zu überzeugen, dass sie die Richtige für ihn ist

Was gibt es Schöneres, als das Wesen eines Menschen zu entdecken?

Es ist wie ein Abenteuer, auf das man sich begibt, wenn man einen neuen Menschen mehr und mehr kennenlernt und langsam herausfindet, dass es passt. Diese Entdeckungen will man selbst machen. Das gilt für Männer und Frauen gleichermaßen.

Kommt eine Frau nun in die Bredouille, dass sie einem Mann zu schnell zu nah gekommen ist, geschieht eine der häufigsten Pannen: Sie will ihn mit Argumenten überzeugen, dass sie für ihn passt.

Auch dieses Anliegen entspringt der Angst, etwas zu verlieren, was einem eigentlich noch nicht gehörte, oder der Angst, nicht zu bekommen, was man haben will. Auch hierfür ist der potenzielle Partner in einer frühen Beziehungsphase oder aber in einer reinen Affäre nicht verantwortlich.

Und: Er will die Entscheidung, ob eine Frau für ihn als Partnerin infrage kommt, selbstverständlich selbst und auch allein treffen, und nicht dazu gedrängt oder beraten werden.

Als Frau braucht man diese Situation nur umzudrehen: Wollen wir als Frau von einem Mann belabert und belatschert werden, dass er der Richtige sei? Damit wir uns endlich in ihn verlieben? Wollen wir von ihm alle Argumente, die für *ihn* vielleicht gelten, implantiert bekommen, mit der latenten Unterstellung versehen, wir könnten das erstens nicht alleine herausfinden und wir würden zweitens nach den gleichen Kriterien entscheiden wie er? Wollen wir uns zur Übernahme seiner Sicht auf die Dinge genötigt fühlen?

Wohl kaum. Damit signalisiert man dem anderen, dass man ihn weder in seiner Entscheidungsfreiheit noch in der Andersartigkeit seiner Maßstäbe, Werte und Prioritäten oder in seiner persönlichen Dynamik anerkennt und respektiert.

Ein Versuch, den anderen davon zu überzeugen, dass man die Richtige für ihn ist, wird leicht als vorschnell, übergriffig und respektlos empfunden und die Frau als bedürftig, drängelnd und kontrollierend, auch wenn sie das eigentlich gar nicht ist.

Ein Mann möchte die Frau und ihre partnerschaftlichen Vorzüge selbst entdecken. Er will sich verzaubern lassen. Eine Rede, in der eine Frau ihre Vorzüge anpreist und die Passungen, die sie sieht, vorwegnimmt, löscht schnell alles ab, was vielleicht sogar schon an Zuneigung vorhanden war.

Es spielt hierbei kaum eine Rolle, was sie tatsächlich sagt. Die Haltung dahinter ist entscheidend. Wenn sie zweifellos der festen Überzeugung ist, die einzig Richtige und Beste für ihn zu sein, reicht schon diese Attitüde allein aus, um ihn von sich wegzutreiben. Es ist die unterschwellige Besserwisserei, die einen Mann auf Abstand hält.

Es gibt auch Frauen, die finden, dass sie die Richtige für ihn sind, das aber nicht sagen. Das ist nur wenig besser, denn man strahlt das aus. Diese Haltung durchdringt das ganze Verhalten, Denken und Sprechen. Sie liegt in der Luft.

Die Überzeugung, dass man die einzig Richtige für den betreffenden Mann sei und er das hoffentlich auch bald einsehe, kommt einfach rüber.

Denn auch eine ängstlich-ungeduldige Grundhaltung wird kommuniziert und ihm das Gefühl geben, dass die Frau etwas verbirgt oder dass mit ihr etwas nicht stimmt. Es kann sie auch das Flair einer leichten Arroganz und Überheblichkeit oder aber einer Ungeduld umgeben: „Wie lange dauert das denn noch, bis er endlich merkt, dass …"

Er spürt etwas, das ihn eher auf Distanz bleiben lässt. Nur eines entsteht nicht: Vertrauen.

In einer unverbindlichen Beziehung, die eine bleiben wird, wird Überzeugungsarbeit noch mehr Frust und Verlustangst erzeugen, als man ohnehin schon hat.

Dass das auch hier nicht hilft, ahnen wir und sollten auf diese Verzweiflungstat verzichten.

∞

Zwischen zwei werdenden Partnern hingegen gibt es natürlich auch gute, fruchtbare und schöne Gespräche darüber, was einem an der beginnenden Beziehung gefällt und guttut. In diesen Gesprächen freuen sich meist beide über die Passungen, die sie miteinander teilen. Hier ist Platz für einen offenen Dialog darüber.

Solange man nicht versucht, den anderen gezielt zu beeinflussen, können diese Gespräche ein wunderbarer Austausch sein und eine intensive Nähe und geistige Intimität aufbauen. Man hat ein Leben lang Zeit, einander alles zu erzählen. Damit hat es keine Eile.

Herauszufinden, wer der oder die Richtige ist, braucht Zeit. Beide brauchen sie und beide haben ein Recht darauf, das selbst zu ergründen.

Wenn es für beide passt, werden sie es herausfinden. Wenn nicht, kann man bis zum Sankt-Nimmerleins-Tag Überzeugungsarbeit leisten: Da wird dennoch keine tragfähige Beziehung draus.

Grund 3: Sie denkt, er sei noch nicht so weit

Ich habe das oft gehört: Eine Frau hat sich verliebt und der Mann verhält sich zögerlich. Er signalisiert, dass er an einem Kontakt zwar interessiert ist, aber nicht an einer festen Beziehung.

Natürlich gibt es Männer, die unreif, beziehungsunfähig oder sonst wie beeinträchtigt sind. Solche Männer sind auch in nächster Zeit noch nicht so weit.

Ein erheblicher Teil der Männer aber, die sich zögerlich oder indifferent verhalten, haben sich schlichtweg nicht, oder eben noch nicht, für diese betreffende Frau als Partnerin entschieden.

Die Gründe sind unterschiedlich. Mal braucht er mehr Zeit für eine Entscheidung, als die Frau vertragen kann. Oder er verliebt sich einfach nicht so richtig in sie. Oder er ist gebunden. Oder er kann nach einer großen Trennung noch nicht wieder die Verantwortung für die nächste Beziehung übernehmen. Oder es passt nicht und er hat es einfach zuerst gemerkt. Oder sein Herz ist nicht frei und er liebt eine andere Frau.

Oder er spürt zu viel Bedürftigkeit von Seiten der Frau, für die er sich in einem sehr frühen Stadium des Kennenlernens noch nicht zuständig fühlt.

Es gibt auch Männer, die mit den Gefühlen der Frauen spielen. Die haben sich allerdings schon entschieden, nämlich dazu, mit den Gefühlen der Frau zu spielen und sie sexuell zu instrumentalisieren. In der Welt der Affären ist dieser Typ Mann häufig vertreten, mal allein, mal gebunden.

Die Interpretation des Verhaltens dieser Männer fällt nahezu einheitlich aus.

Frauen, die sich zu schnell entschieden haben, haben oftmals eine interessante und ziemlich einheitliche Interpretation seiner Zurückhaltung. Diese findet Anwendung in allen gerade genannten Fällen. Sie lautet:

Er ist noch nicht so weit.

Er ist noch nicht so weit, er muss noch an sich arbeiten, denn er hat Angst vor seinen Gefühlen.

Dass er diese Arbeit erledigen wird, vermuten viele Frauen, denn sie denken, dass er sie ja in Wirklichkeit liebt. Demnach muss er auch einen Reifungsimpuls verspüren, denn er will ja *eigentlich* eine Beziehung mit ihr, und er will sie folglich auch nicht verlieren.

Die Frauen gehen davon aus, dass er jetzt alles tun werde, um eine Beziehung möglich zu machen.

Der Umkehrschluss jedoch: „Er arbeitet nicht an sich, dann liebt er mich nicht oder nicht genug“, kommt in einem frühen Stadium der Affäre nicht vor.

Genauso wenig findet eine nüchterne Betrachtung seiner Reifungsmöglichkeiten statt.

Deutet etwas darauf hin, dass er große Veränderungen in seinem Inneren will und: Kann er das überhaupt? Kann sie das in dieser Situation beurteilen?

Seine Zurückhaltung und Unverbindlichkeit werden kurzerhand als eine Folge von Angst deklariert, die er vor seinen eigenen Gefühlen hat. Klar scheint aber immer, dass er diese Gefühle haben muss.

Der Hintergrund dieser Schlussfolgerung ist leicht nachvollziehbar. Wie im Erfahrungsbericht ist es nämlich sehr oft so, dass auch unverbindliche Männer oft sehr zugewandt daherkommen. Die Gespräche sind angeregt und interessant, der Sex schön. Hier gibt es ungewöhnliche Intensitäten, die *beide* offenbar sehr genießen.

Ich glaube, dass es Männer gibt, die in diesen Momenten auf irgendeine für uns unbrauchbare Weise lieben. Andere lieben, was sie bekommen: die schönen Abende, die ungeteilte Aufmerksamkeit der Frauen, die Nähe und den Sex und das alles ohne Beziehungsalltag mit seinen Herausforderungen.

Vieles deutet darauf hin, dass ein erheblicher Teil dieser Männer ziemlich rücksichts- und verantwortungslos ist, und dass ihnen das völlig egal ist, wen sie verletzen.

Dass eine Frau nicht immer unterscheiden kann, wann ein Mann ernsthaft beginnt zu lieben und wann er höchstens ein bisschen liebt und sich stattdessen nur mit ihr amüsiert, ist ihr nicht zu verübeln. Das fußt auch nicht auf Dummheit oder Unfähigkeit. Manchmal ist das einfach nicht klar sichtbar.

Problematisch wird es aber erst, wenn man merkt, dass etwas nicht stimmt, man aber nicht mehr loslassen kann, weil man die Liebesgeschichte überschätzt und dann aufgebauscht hat. Oder, wenn man darüber hinweggeht. Man hat sich einfach zu früh für ihn entschieden. Die Gründe für diese Überbewertung haben wir in vorangegangenen Kapiteln besprochen.

Kann man also die Beziehung zu dem Mann nicht mehr nüchtern betrachten, weil die Gefahr besteht, dass man sie dann aufgeben muss, beginnt die Negierung des Irrtums.

Jetzt übernimmt das Überlebenssystem, welches das eingeschränkte Denken hervorbringt. Das suggeriert uns, wir könnten nicht mehr loslassen. Dieser Mechanismus verhindert ab jetzt jede objektive Sicht auf die Situation, auf den Mann und auf uns selbst.

Die Möglichkeit, dass er nicht will, aus welchen Gründen auch immer, wird hermetisch ausgeschlossen, ebenso, dass er vielleicht mehr Zeit braucht, um eine Entscheidung zu treffen. Die Zeit der Fehlinterpretationen hat begonnen:

„Er will, aber er ist noch nicht so weit."

„So weit sein" heißt in diesem Kontext selten, dass er seine Entscheidung noch nicht getroffen hätte, sondern stets, er hätte noch nicht den nötigen Reifegrad.

Das passiert Frauen, sowohl in Affären als auch in frühen Beziehungsphasen, wenn sie sich zu heftig verliebt haben und sich der Mann zögerlich verhält.

Wir vermuten dann eine Art Reifeverzögerung in seiner Psyche

„Er ist noch nicht so weit" bedeutet, dass er das Potential hat und zu seinen Gefühlen stehen könnte, wenn er sich nur auf die spirituellen Socken machen oder eine Therapie beginnen würde.

Im Kosmos dieser Interpretation werden bestimmte Voraussetzungen angenommen, nämlich: dass wir das Beste sind, was ihm passieren kann, dass er in Wirklichkeit liebt, dass wir gut für ihn sind, dass er gut für uns selbst ist und dass wir ihm in der Reife voraus sind und er schlicht noch ein gutes Stück des Weges zu gehen hat, um zu uns aufzuholen.

Ihm werden Erfahrung, Weisheit, Kenntnis und Weitblick sowie sein Recht auf seine eigene Reifungsdynamik oder Reifungsweigerung abgesprochen.

Wenn man einem Menschen nachsagt, er hätte Angst vor seinen Gefühlen, unterstellt man ihm eine Weigerung, sich zu entwickeln, und das, ohne zu wissen, ob er wachsen will oder das überhaupt kann.

Aus solchen Ideen entstehen Haltungen. Die Haltung, die sich hier bildet, ist eine Art Überlegenheit in Verbindung mit einer nervigen inneren Ungeduld. Wie wir wissen, wird das kommuniziert, ob wir wollen oder nicht. Wer meint, das käme nicht rüber, irrt sich: das gemeinsame Unbewusste ist die Datenautobahn, auf der auch unsere unentdeckten Verletzbarkeiten und Unaufrichtigkeiten auf subtile Weise kommuniziert werden. Auch dann, wenn man nicht miteinander spricht oder einander sieht.

Die beschriebene vermeintliche Überlegenheit wird durch einen Unterstrom einiger sehr schmerzhafter Empfindungen begleitet:

- unterschwellige Verlustangst
- eine emotional gesteuerte und damit eingeschränkte Sicht auf uns selbst
- die gleiche eingeschränkte Sicht auf den anderen
- Angst vor Zurückweisung
- der Wunsch, diese Angst loszuwerden
- die Hoffnung, mit allen Vermutungen Recht zu behalten
- die Idee, dass er den Wert der Beziehung noch zu erkennen hat
- die Idee, dass, wenn er das alles genauso sieht wie wir selbst, eine glückliche Beziehung daraus entstehen wird

- die Idee, dass er von meinen Gedanken über ihn und von meinen Ängsten nichts merkt

Nicht alles dringt in sein Bewusstsein, aber er merkt etwas.

Was wir vor uns selbst verstecken, wird für den anderen unterschwellig spürbar

Es hat keinen Zweck, Dinge *vor uns selbst* zu verstecken. Denn dadurch werden sie für den Mann nur wahrnehmbar. Subtil und vielleicht gar nicht greifbar, aber wir projizieren.

„Er ist noch nicht so weit" soll uns vor der Erkenntnis schützen, dass es für eine Beziehung vielleicht nicht reicht, oder dass wir zu schnell waren mit unseren Vorstößen.

Die Angst davor, aufgeben zu müssen und den Mangel wieder zu spüren, versuchen wir loszuwerden, indem wir, oft entgegen jeder Vernunft, auf eine Beziehung warten und alle Hoffnungen auf ihn projizieren. Das drückt sich in einem schiefen Bild aus, das wir von ihm haben, sowie in dem Umstand, dass wir uns verbiegen, anstatt uns treu zu sein.

Eine Haltung, die aus einer Mischung von Überlegenheit, Druck und den aufgelisteten unterschwelligen Ängsten entsteht, steht jetzt wie ein Gespenst im Raum.

„Irgendwie mag ich sie, aber es reicht einfach nicht für eine Beziehung. Irgendwie hat sie viel, was ich brauche, aber irgendetwas stimmt an ihr nicht. Irgendwie ist sie eine gute Frau, aber sie ist einfach nicht die Frau, die mich fesselt und bezaubert. Ich fühle mich manchmal von ihr dominiert. Sie hat ja oft Recht, aber sie drückt mir das rein. Doch, doch, ich mag sie sehr, aber eine Beziehung kann ich mir mit ihr nicht vorstellen. Ich kann sie nicht richtig wahrnehmen."

So oder so ähnlich können die Gedanken eines Mannes sein, der sich mit einer Frau beschäftigt, die unterschwellig diese ihm überlegene Haltung in sich trägt.

Erst, wenn wir an diesen Stellen beginnen, ehrlich zu uns selbst zu sein, indem wir die wirklichen Gefühle ergründen, geht es weiter und wir kommen aus diesen verhängnisvollen Abwärtsspiralen heraus.

Liegt nämlich Verlustangst unter der Überlegenheit, ist es fatal, wenn wir versuchen, sie loszuwerden. Das wäre Verdrängen. Verdrängtes läuft uns hinterher. Das werden wir nicht los durch Negieren, Wegschauen, Wegatmen, Wegaffimieren oder Ins-Vertrauen-gehen. Das Gefühl muss bei uns gut aufgehoben sein. Wir müssen es fühlen, dort, wo es sitzt: im Körper. Mit der Zeit wird es ausheilen und keine emotionalen Doppelbödigkeiten mehr erzeugen.

Schau genau, was das Gefühl ist. Was lässt dich sagen: Ich habe Angst, ihn zu verlieren? Wo in deinem Körper kannst du das wahrnehmen? Du kannst dich hinlegen und mit der Aufmerksamkeit in den inneren Körper gehen. Wo fühlst du das? Betrachte den kleinen Druck in der Kehle oder das Ziehen in der Herzgegend. Gib für diesen Moment des Betrachtens völlig den Kampf dagegen auf.

Du wirst den wohltuenden Kontakt zu dir selbst schnell spüren.

Natürlich wirst du von dort aus auch im Außen klarer sehen.

Vielleicht ist der Mann noch nicht so weit. Dann ist er nicht der Richtige.

Vielleicht stellst du aber auch fest, dass sein Zögern ganz andere Ursachen hat, und dass er deine liebevolle Zuwendung braucht, um sich mehr öffnen zu können.

Wenn du es mit einem Mann zu tun hast, der an dir ernsthaft interessiert ist, wird das Aufgeben einer überlegenen Haltung Wunder bewirken und die Tür zu mehr Verbindlichkeit und zum nächsten Schritt öffnen. Vielleicht merkst du aber auch, dass du etwas loslassen und dich zurückziehen musst, um der Sache eine gute Wendung zu geben.

Oder du merkst, dass du die Affäre aufgeben willst. In dieser Verfassung, nah bei dir selbst, kannst du es dann auch.

Vielleicht ist dein Wachstum an der Reihe

Natürlich gibt es unreife Männer. Aber eine überverliebte Frau wird nicht richtig erkennen können, ob es auf ihren Mann wirklich zutrifft. In dieser Situation zeigen sich nämlich erst einmal die Reifungsnotwendigkeiten der Frau.

Unsere Affären mit dieser Rollenverteilung sind nicht für die Reifung des Mannes gedacht, sondern für die der Frau.

Der Reifungsdruck liegt bei dem, der mehr leidet.

Das ist übrigens nicht selten der emotional Reifere von beiden. Manchmal ist der Unterschied in der Reifungshöhe tatsächlich sehr groß, manchmal nicht.

Je mehr ein Mensch sich selbst wahrnehmen kann, je besser seine Eigenwahrnehmung funktioniert, desto klarer sieht der Mensch sich selbst und die Welt. Das ist mit Reife gemeint.

Umgekehrt: Je weniger ein Mensch sich selbst wahrnimmt, desto mehr verdrängt er und desto dominanter ist sein Überlebenssystem und desto weiter ist er von seinem wirklichen Wesen entfernt. Das kennen viele Menschen aus toxischen Beziehungen. Der toxische Partner nimmt weder sich selbst noch den anderen in der Beziehung wirklich wahr.

Ist man in einer Zweierkonstellation nun der Fühlendere von beiden, ist auch das Schmerzempfinden das stärkere. Dieser Schmerz zeigt sich als emotionaler Druck, der wiederum bei vielen Menschen einen Reifungsimpuls erzeugt:

„Wo kommt nur dieser Schmerz her? Was ist mit mir passiert? Warum verliere ich so die Kontrolle? Was tut so furchtbar weh und warum komme ich aus der Schleife nicht hinaus? Was, wenn mir das wieder passiert? Warum tut Liebe scheinbar so weh? Was, wenn das so bleibt? *Was habe ich damit zu tun?*"

Emotionaler Schmerz zwingt uns, genauer zu schauen und bewusster zu werden. Und es ist genau diese Bewusstwerdung, die uns aus Mustern und Limitierungen heraus reifen lässt. Wir sind nicht in der Situation, weil wir etwas falsch gemacht oder etwas versäumt haben. Wir haben auch nichts angezogen oder irgendetwas noch immer nicht kapiert.

Wir sind in der Situation, weil Reifung an der Reihe ist.

Nicht aber bei demjenigen von beiden, bei dem wir es vermuten …

∞

Fragen, an denen wir in dieser Situation früher oder später vorbeikommen müssten, lauten: Wie können wir einen Mann, den ich für so unreif halte, als geeigneten Partner einstufen? Warum will ich einen Mann so sehr, der sich erstmal massiv ändern muss, damit ich mit ihm zusammen sein kann? Wie viel Schmerz kann ich noch ertragen?

Erfahrungsgemäß werden diese Fragen aber nicht beantwortet. Der Versuch, sie ehrlich und umfassend zu ergründen, würde zum Ende einer Affäre führen. Wenn wir nämlich diese Fragen ernst nehmen und bis zum Ende denken, kommen wir unweigerlich wieder in einen so guten und starken Kontakt mit uns selbst, dass wir die Affäre nicht mehr brauchen und nicht mehr wollen.

Ist es aber keine Affäre, sondern eine stockende, beginnende Beziehung, dann würde die Klärung dieser Fragen die Lage entlasten. Kommen wir nämlich aus dem Überlebenssystem heraus und sind wieder bei uns, übernehmen wir automatisch die Verantwortung für uns und unsere Gefühle. Damit verschwindet der Druck, der in die Beziehung hineingetragen wird, und sie kann wieder gedeihen und sich weiterentwickeln.

Ein weiterer Aspekt, der eine erhebliche Rolle in Entstehung und Erhalt von schmerzhaften Beziehungen spielt, ist eine häufig angewendete Funktion unseres Verstandes: Wir schließen von uns auf andere und merken das nicht.

Wie wir wissen, entwickelt eine Frau sehr schnell Bindungswünsche, wenn die Gespräche intensiv sind und der Sex schön ist. Wenn der Mann die Gespräche und den Sex nun genauso genießt wie sie selbst, geht sie schnell davon aus, dass er auch die gleichen Schlüsse zieht wie sie.

Erleben wir Gleichklang in Gesprächen und beim Sex, vermuten wir, wir hätten es mit jemandem zu tun, der genauso fühlt und sich selbst im gleichen Maße wahrnimmt wie wir. Leider können wir das aber in solchen Situationen gar nicht sicher erkennen. Wir müssen den Menschen viel besser kennen, um das wirklich einschätzen zu können.

Wir alle sind konditioniert worden, uns anzupassen, um geliebt zu werden. Wir können das alle aus dem Effeff. Anpassen, um Schnittmengen zu produzieren, ist eine unserer leichtesten Übungen. Wir erzeugen Gleichklang und schaffen damit Nestwärme.

Das machen Männer in Affären: Sie passen sich ein bisschen an, genießen die Schnittmenge und das Gefühl der Nähe und freuen sich, wenn die Rechnung aufgeht und die Frau Lust auf Sex hat. Die Nähe ist natürlich keine echte, weil sie auf einer Anpassung beruht. Aber es fühlt sich schön an.

Im Laufe der Jahre habe ich eine Reihe von Männern zu diesem Thema befragt – Männer, die offen für Affären waren. Einige von ihnen sagten mir unumwunden, dass sie die langen Gespräche hauptsächlich führen, damit die Frauen mit ihnen ins Bett gehen. Ich erfuhr, dass manch ein Mann nur deswegen überhaupt zuhört. Diesen Männern war es auch relativ egal, worüber gesprochen wurde. Es wurde also bewusst genau das Maß an Nähe geschaffen, das es braucht, damit sich eine Frau emotional sicher fühlt und deswegen auch eine sexuelle Beziehung mit dem Mann für sicher hält. Das ist eine Form von sexuellem Missbrauch.

Das kommt in Affären oft vor, sicher aber nicht bei Männern, die ernsthaft über eine Beziehung mit einer bestimmten Frau nachdenken.

Man muss so etwas also mit in Betracht ziehen, wenn man es mit einem Mann zu tun hat, der es nicht ernst meint. Man muss zunächst ausschließen können, dass einem so etwas geschieht. Eigentlich kann man das fühlen.

Wir schließen leicht von uns auf andere. Es braucht mehr Zeit und ein aufmerksameres Wahrnehmen *unserer eigenen Reaktionen auf den anderen*.

Wenn wir diese feinen Impulse wahrnehmen, wissen wir früher oder später genau, mit wem wir es zu tun haben.

Stecken wir aber jetzt zu tief in der Bredouille, können wir den Rückwärtsgang einlegen mit ein paar einfachen Fragen und deren ehrlicher Beantwortung: Wo habe ich mich verkalkuliert? Wo habe ich gemerkt, dass etwas nicht stimmt und bin darüber hinweggegangen? Welche Schlüsse habe ich gezogen? Stimmen sie? Was hat mich davon abgehalten, meinem Impuls zu folgen, *nicht oder nicht mehr* mit ihm ins Bett zu gehen? Welche Mantras wiederholen sich in meinem Kopf und: Stimmen sie? Wo ist der Fehler im Rechenweg?

Den müssen wir suchen. Wir finden ihn auch. Das stellt das Selbstvertrauen, die Selbstsicherheit und die Selbstachtung wieder her. Wir sind uns selbst wieder nah.

Damit lässt das Mangelgefühl nach.

Der Mann wird unwichtiger, vor allem, wenn wir es mit einem beziehungsunwilligen Mann zu tun haben.

∞

Wir müssen uns das klarmachen: Lange nicht alle Männer tun es oder könnten es, aber mancher Mann kann ohne Weiteres über lange Zeit mit einer Frau ins Bett gehen, charmant und großzügig zu ihr sein, sie interessant und unterhaltsam finden, er kann sogar verliebt in sie sein, ohne auch nur einen Gedanken an eine feste Beziehung zu verschwenden.

Das ist sehr oft dann der Fall, wenn er anderweitig gebunden ist, und zwar unabhängig davon, ob er sagt, er sei mit seiner Frau nicht mehr glücklich. Das Genießen der Zweisamkeit und der Hinweis, er sei nicht mehr glücklich mit seiner Frau, sagen absolut nichts darüber aus, ob er sich von ihr trennen wird und sich neu binden möchte.

„Er ist noch nicht so weit“ kann also durchaus zutreffen, aber es geht am Thema vorbei. Haben wir uns in diese Situation hineinmanövriert, sind zunächst wir selbst mit Reifen dran.

Das Leben lädt uns ein.

Grund 4: Aus Angst davor, unbequem zu sein, gibt sie zu viel und empfängt zu wenig

Der Mann ist von Natur aus gebend. Die Frau ist von Natur aus empfangend.

Das sind die Leitprinzipien, die besonders in Partnerschaften in und durch uns wirken. Natürlich haben auch Männer die Fähigkeit zu empfangen und Frauen die Fähigkeit zu geben. Dies besteht jedoch in unterschiedlicher Gewichtung und natürlich deckt diese Aussage über die Grundprinzipien bei weitem nicht alles ab, was sie ausmachen.

Es ist erheblich komplexer und auch in der jeweiligen Verteilung und Interaktion miteinander vielschichtig verwoben. Will man dieser Komplexität gerecht werden, müsste man ein eigenes Buch darüber schreiben.

Natürlich ist darüber schon geschrieben worden wie z. B. *Animus und Anima* (1967) von der Schweizer Psychoanalytikerin Emma Jung, die Ehefrau von Carl Gustav Jung.

Auch der Schweizer Theologe und Psychoanalytiker Peter Schellenbaum hat über die Verzahnung des männlichen und weiblichen Prinzips geschrieben, u.a. in seinem Buch *Wir sehen uns im Andern* (1986).

In unserem Kontext würde die Vielschichtigkeit der Grundprinzipien den Kern dessen, was in diesem Kapitel herausgearbeitet werden soll, jedoch verwaschen. Deshalb kürze ich die Komplexität der Grundprinzipien auf diesen einen Aspekt herunter: nämlich den, dass der Mann das Gebende und die Frau das Empfangende verkörpert.

Wie schon erwähnt, findet sich jedoch beides auch in beiden. So kann ein Mann absolut auch empfangen und sich beschenken lassen, genauso wie Frauen viel zu geben haben und das auch gerne tun.

Problematisch wird es, wenn ein Teil fehlt

Vor allem dann, wenn es das Grundprinzip des eigenen Geschlechts ist. Dann kann der Mann nicht geben und die Frau nicht empfangen.

Bei Männern mit starken narzisstischen Zügen zum Beispiel, die überdurchschnittlich in Affären vertreten sind, fehlt das Gebende. Sie können nicht geben, weil sie selbst so bedürftig sind, dass sie zu viel für sich brauchen. Zudem nehmen sie weder sich selbst noch einen anderen Menschen wirklich wahr. Um geben zu können, muss man aber über ein Minimum an Wahrnehmungsvermögen des eigenen Innenlebens verfügen.

Wenn sie überhaupt geben, dann meistens, um das Manipulative in fast all ihrem Tun zu überdecken. Wird man als Frau beispielsweise in eine Beziehungsabhängigkeit hinein manipuliert, merkt man das nicht so schnell, wenn man gleichzeitig beschenkt wird.

Sie geben, um die Frau am Ball zu halten, damit sie glaubt, er sei ein Giver und somit ein Mann, dem sie vertrauen kann. Das ist eine Möglichkeit, die Hoffnung einer Frau auf eine baldige feste Beziehung lange zu erhalten, damit sie nicht aufgibt. Das garantiert einem solchen Mann, dass er alles von ihr bekommt, ohne *wirklichen* Einsatz erbracht zu haben.

Aber die Mühe müssen sich Männer in Affären oft nicht einmal machen: Je passiver sie selbst sind, desto schlechter kann die Frau loslassen. Hier wird nur ganz minimal dosiert gegeben, damit sie möglichst lange über ihre Grenzen geht und dem Mann hergibt, was er haben will.

Sie geben, um zu bekommen, deshalb verlangen sie immer etwas dafür.

Sie setzen uns neue Segel. Wir schauen hinauf und während wir uns freuen, schlitzen sie uns den Rumpf auf und wir wundern uns, dass wir absaufen.

So ist es, wenn in Affären gegeben wird. In toxischen Beziehungen spielt dieser Mechanismus auch eine zentrale Rolle.

Empfangen ist auch nicht so ihrs. Stattdessen *nehmen* diese Männer. Sie nehmen vor allem, was wir gar nicht geben können oder wollen. Davon nehmen sie dann unbegrenzt und schlagen alles aus, was wir ihnen freiwillig geben wollen.

In Affären wird fleißig genommen. Gleich, ob er ein gebundener oder ungebundener Mann ist: Er nimmt sich aus der Verbindung, was er haben will, ohne irgendeine Rücksicht auf das Wohlergehen und auf die Bedürfnisse der Frau und vor allem ohne ein Minimum von Verantwortungsübernahme.

Wer nicht geben kann, kann keine Verantwortung übernehmen.

So kann das also aussehen, wenn dem Mann das Gebende fehlt.

Was aber, wenn der Frau das Empfangende fehlt?

Gut, in einer Affäre gibt es nicht viel zu empfangen, denn der Durchschnitts-Affären-Mann ist ja kein Geber. Darüber hinaus wird ein Mann in einer Affäre keinen Einsatz erbringen, durch den er sich selbst bindet. Je weniger er gibt, desto mehr gibt sie.

Die Rollen sind hier komplett verdreht: Die Frau gibt und der Mann nimmt. Denn wenn einer Frau das Empfangende fehlt, hat sie meist vom Gebenden zu viel. Für sie ist es *sicherer* zu geben, als zu empfangen. Ihr Überlebenssystem beurteilt eine Situation, in der sie nur gibt und nichts bekommt, als vielleicht schmerzhaft, aber dafür vertraut und sicher.

Einem Mann in einer Affäre, gebunden oder ungebunden, ist das gerade recht. Er muss sich nicht anstrengen, will er auch nicht und kommt, je passiver er ist, umso mehr in den Genuss einer verzweifelt gebenden Frau. Verzweifelt gebend ist gleichbedeutend mit angepasst, denn sie tut das gegen ihre innere Stimme.

Somit hat er auch nichts mit ihren Tränen oder sonstigen Verstimmungen zu tun und bekommt sie immer frisch gekämmt und schön angezogen in bester Stimmung aufgetischt. Wir erinnern uns: Alles easy ... kein Problem.

Affären, die auf diesen Mechanismen fußen, weisen stets eine verdrehte Rollenverteilung auf. Der Mann nimmt, die Frau gibt. Oft beutet sie sich aus. Damit schließt sich eine gesunde und funktionierende Partnerschaft aus. Keiner von beiden kommt in seine Kraft und in die wunderbaren Potentiale, die den Grundprinzipien innewohnen. Stattdessen verlieren beide ihre Selbstachtung, den Halt aus ihrem Wertesystem und jedes Gefühl von Integrität.

Nochmal sei hier kurz erwähnt, dass viele Männer auch empfangen und Frauen geben können. Es ist das *Fehlen* des Gebenden im Mann und das Fehlen des Empfangenden in der Frau, was das Zusammenspiel verdreht und wirkliche Beziehung verunmöglicht.

∞

In einem ernstgemeinten Beziehungsversuch, bei dem der Mann noch nicht verbindlich wird, liegen die Dinge jedoch anders, wenn die Frau nur schwer empfangen kann.

Ab jetzt sprechen wir von einem normal empathischen Mann, der das Leitprinzip des Gebenden befolgt. In seiner Partnerschaft zeigt sich dieses Leitprinzip am stärksten, ebenso im Kontakt mit seinen Kindern, aber oft auch in seinem beruflichen Tun. Das ist es, was ihn ausmacht und was ihn in seine Kraft bringt. Je sensibler ein Mann ist, desto stärker sind sein Wertesystem und seine gebende Seite.

Er will versorgen und das macht auch einen Großteil seiner Arbeitsmotivation aus. Er will seine Partnerin und seine Familie glücklich machen. Er will sie beschützen und beschenken. Seine Zuwendungen sind sowohl materieller als auch nichtmaterieller Natur.

Wenn er sich für eine Frau entscheidet, wird sie diejenige sein, der er alles geben will. Das ist das, was ihn glücklich macht.

Das kann ihn im Job zu Höchstleistungen bewegen und ihm sowohl zum Ausschöpfen seiner Potentiale sowie zu einem hohen Maß an beruflicher Anerkennung verhelfen. Ein beruflich ambitionierter Mann braucht eine Frau, die für ihn immer wieder eine Herausforderung ist: je größer diese Herausforderung, desto mehr beflügelt es sein berufliches Tun. Und das geht nur mit einer Frau, die ihn liebt, die aber auch imstande ist, sich lieben zu lassen. Und zwar für diejenige, die sie ist. Dann fällt alles auf den richtigen Platz.

Für manchen Mann ist das eine Frau, die ein schönes Zuhause bereitet und die Kinder versorgt, für einen anderen ist es eine Frau, die ihre eigenen Ziele und ihre Karriere verfolgt oder es ist eine Frau, die mit ihm zusammenarbeitet.

Männer entscheiden sich für Frauen, die sie glücklich machen können. Oder für die, die sie durch eine Trennung nicht unglücklich machen wollen.

Weitere Betrachtungen dieser unglaublich liebenswerten Seite der Männer folgen in späteren Kapiteln.

∞

Viele Frauen, die nicht gut empfangen können, nehmen sich nicht nur in unverbindlichen Affären, sondern auch in beginnenden Beziehungen zurück. Vor allem dann, wenn sie sich sehr verliebt haben und hoffen, dass der Mann sich für sie entscheidet.

Diese Frauen haben es auch vorher schon nicht leicht gehabt mit dem Annehmen und Empfangen. Sobald es aber um etwas geht ... sobald es darum geht, dass sie sich die Liebe und das Bekenntnis eines bestimmten Mannes wünschen, klappt es mit dem Empfangen gar nicht mehr. Sie kommen durch den Beziehungswunsch enorm unter Druck.

Der kann durch ein zu starkes Maß an Verliebtheit entstehen, aber auch ohne dieses Merkmal kann das passieren. Der bloße Wunsch nach Beziehung allein kann den Schalter innerhalb einer Sekunde von Entspanntheit auf Verlustangst und Angst vor Zurückweisung umlegen.

Wenn unterschwelliger Mangel zudem einen hohen Erwartungsdruck erzeugt, potenziert sich alles.

Ab dann übernimmt das Überlebenssystem

Das wirkliche Gefühl unter der beginnenden Liebe ist jetzt Angst, und das völlig unflexible Survivalsystem macht das, was es immer gemacht hat. Es sorgt für Schutz und Sicherheit, indem es den Menschen in die Anpassung zwingt: Man nimmt sich zurück. Nicht die abwartende Zurücknahme, die uns den Raum schafft, in dem wir in Ruhe schauen können, mit wem wir es zu tun haben, sondern jene Zurücknahme, die uns fast nicht mehr wahrnehmbar macht und aus der wir kaum mehr hinausfinden.

Wir erinnern uns: Was in jungen Jahren Schmerz verursachte, wird später vermieden.

Für das Empfangen braucht es Vertrauen und Hingabe. Wurden diese Qualitäten in jungen Jahren durch Dauerstress, Ablehnung, Projektionen und Strafen torpediert, ist es mit dem Empfangen-Können im Erwachsenenalter schwer.

Wer früh gelernt hat, die Belange anderer dauerhaft über die eigenen stellen zu müssen, wer sein hochsensibles Anderssein hat verbergen müssen, wer sich hat anpassen müssen zulasten der eigenen Lebendigkeit, um in der familiären Umgebung sicher zu sein und um ein Mindestmaß an Liebe zu bekommen, der wird genau hier merken, wie fast jede Unbefangenheit dahinschwindet.

Unser Roboter sorgt jetzt dafür, dass alles so läuft wie immer. Dabei geht er aber nicht nach neueren oder gar erwachsenen Maßstäben vor, sondern nach den Maßstäben eines kleinen Mädchens, das still sein musste, damit es die Mama nicht störte: lieber zurücknehmen, aufpassen, lieb sein und geben.

Bis wir in dem Alter sind, wo wir Beziehungen eingehen, hat sich dieser Mechanismus nachhaltig eingeschliffen und sich ins Unbewusste versenkt, so dass wir das nicht mehr wahrnehmen können.

Damit haben übrigens viele Menschen Probleme, auch eine ganze Reihe von Männern. Bei ihnen fällt das nur nicht so auf, weil man nicht sofort unterscheiden kann, ob ein Mann eher deshalb gibt, weil er ein Mann ist und seiner Natur folgt, oder ob er gibt, um nicht abgelehnt zu werden.

Ich selbst war der Prototyp für die Unfähigkeit, empfangen zu können

Wurde ein Mann wichtig für mich, übernahm das Überlebenssystem und ließ mich tun, was in meinem Leben als Vierjährige das Richtige gewesen war.

Als kleines Mädchen musste ich mich zurücknehmen, musste meinen Vitalitätsfluss unterbrechen und aufpassen, dass ich meiner Großmutter nicht auf die Nerven fiel, die mich aus einer desolaten Situation mit meinen Eltern herausgeholt hatte.

Dort hatte ich auch schon nichts anderes gelernt. Mein Leben hing, nach der Odyssee mit meiner Mutter, vom guten Willen meiner Großmutter ab. Also musste ich mit meinen bescheidenen Mitteln als kleines Mädchen dafür sorgen, dass sie zufrieden mit mir war, damit ich ein bisschen Liebe bekam und so viel Sicherheit wie möglich.

Denn wenn auch sie mich weggeben hätte … das hätte ich im frühen Alter nicht überlebt.

Diese Existenzangst sitzt bei uns allen auf jeder Form der Anpassung, auch dann, wenn die diesen Anpassungen zugrundeliegenden Erfahrungen weniger dramatisch sind.

Es gibt natürlich eine notwendige und konstruktive Anpassung, denn wir brauchen Struktur, Regeln und im Idealfall die gesunden Grenzen der Eltern, denn nur durch diese Widerstände kann man sich selbst erfahren, daran wachsen und paradoxerweise schließlich Limitierungen überwinden.

Ich spreche jedoch von der Art Anpassung, die weit über die notwendige Einordnung in ein gesundes soziales Gefüge hinausgeht.

So versuchte ich es der Familie und später meiner Großmutter recht zu machen, was allzu oft misslang. Aber ich bemühte mich verzweifelt. Ich versuchte brav zu sein, versuchte meinen Bewegungsdrang zu drosseln, um ihre Nerven nicht zu strapazieren, ich pflückte unzählige Blumensträuße am Wegesrand und strengte mich in der Schule an, so gut ich konnte.

Da aber die Lernanstalten in jungen Jahren so gar nicht meins waren, waren die Ergebnisse meines Bemühens übersichtlich, was ein großes Problem darstellte. Auch meine aufkommende Pubertät war für meine Großmutter nicht zu ertragen, so wurde ich mit elf ins Internat geschickt.

Da halfen auch keine Blumensträuße mehr.

Das tat, als ich heranwuchs und mich verliebte, das Gleiche wie früher.

Ich musste einem Mann dann 100 Prozent Schnittmengen präsentieren, damit er zufrieden mit mir war und mich liebte, und ich hoffte im Gegenzug auf 100 Prozent Sicherheit von ihm. Die Variante, dass man mich um meiner selbst willen liebt, kam gar nicht erst vor: wer sich in jungen Jahren verbiegen musste, um geliebt zu werden, lernt zwangsläufig: „So wie ich *wirklich* bin, bin ich nicht liebenswert."

Um diese Liebe zu bekommen, verbot es sich für mich ab jetzt, einem Mann auch nur irgendeine Mühe zu bereiten. Ich wollte die Richtige für ihn sein, indem ich ihm keinen Stress und keine Arbeit machte. Ich dachte, dass ich einen Mann binde, indem ich ihn entlaste. Ich merkte lange nicht, wie ich genau das sabotierte, was ihn bindet: dass er sich bemüht um mich, vielleicht ein bisschen kämpfen muss und dass er gibt und beschützt.

Das mit der Entlastung kann übrigens sogar funktionieren, aber nur bei Narzissten. Deshalb geraten Frauen mit dieser Struktur so oft an Narzissten.

Bei einem normal empathischen Mann geht das nach hinten los.

Eine Frau, die zu früh *zu viel* gibt, signalisiert, dass sie sich in ihrem natürlichen Wert nicht wahrnimmt und stattdessen geben muss, um sich liebenswert zu fühlen.

Sie empfindet sich selbst als Last, wenn sie nicht gibt. Entspannung, sich zurücklehnen und empfangen, empfindet sie als Kontrollverlust. So fühlt sie sich wohler, wenn sie gibt, als wenn sie etwas bekommt oder gar über für sie nachvollziehbare Maße hinaus „unverdient" verwöhnt wird.

Kommt ein Kompliment, winkt sie verlegen ab, weil ihr das irgendwie peinlich ist. Hält der Mann die Tür auf, rennt sie in ihn hinein, weil sie mit so etwas immer wieder aufs Neue nicht rechnet. So kann das aussehen.

Half mir in früheren Jahren ein Mann nach dem Restaurantbesuch in den Mantel, schlüpfte ich jedes Mal mit dem ersten Arm zu tief in den Ärmel. Jede Frau weiß, was dann passiert: Arm wieder raus, nochmal rein, anderer Arm geht nur rein, wenn man ihn bricht, und nochmal Arm wieder raus ... für das Gewurschtel machte ich insgeheim auch noch *ihn* verantwortlich.

Eigentlich nervte mich das, wenn ein Mann das tat. Ich konnte mich allein anziehen. Ich mochte damals auch das Aufhalten der Tür nicht besonders und auch manches andere nicht, was im Lebensalltag an Handreichungen und Hilfen so vorkam. Das übertrug sich auch auf größere Zuwendungen.

Natürlich spürt ein Mann die latente Ablehnung seiner Bemühungen um die Frau. Wenn nicht in diesen Situationen, dann in anderen. Als Unterstrom läuft überall mit: „Tu bitte nicht so viel für mich; das macht mir Angst."

Denn ein Überlebenssystem, das so funktioniert, wie hier beschrieben, funkt Alarm, wenn wir „Arbeit machen".

Alles, was ein Mann dann für eine Frau tut, um ihr zu zeigen: „Ich schaue nach dir. Ich will dir das Leben schöner und leichter machen", stößt auf diesen Widerstand. Je weniger dieser Widerstand für uns selbst bewusst wahrnehmbar ist, desto wirkungsvoller ist er, denn alles, was unbewusst ist, hat Atomkraft.

Es ist eine Frequenz von Angst und auch Ablehnung im Raum, die den Mann mit befangen macht, meist ohne dass er weiß, warum.

∞

Auch Dialoge im eigenen Denken und Fühlen dokumentieren unsere Abwehr gegen alles, was uns das Leben – hier durch einen Mann – schenken will. Da gibt es zum Beispiel den tiefsitzenden Glaubenssatz: „Ich bin nicht genug und habe das nicht verdient."

Wer diese Denkfigur im Verstand und die dazugehörigen Emotionen im Körper trägt und nicht um ihre Schlagkraft weiß, wird nur wenig wirklich frei, voller Freude und Dankbarkeit empfangen können. Annehmen ist dann, wenn man tief in sich hineinspürt, immer latent mit Scham verbunden oder mit der unbewussten Erwartung einer bevorstehenden Enttäuschung.

Dieser unbewusste oder halbbewusste Glaubenssatz: „Ich habe nichts verdient, weil ich nicht genug bin", führt natürlich dazu, dass wir erheblich weniger vom Leben und durch andere bekommen. Das wiederum scheint unsere Annahme zu bestätigen: „Ich bekomme ja auch wirklich weniger. Das kann nur daran liegen, dass ich das nicht verdient habe, oder nicht gut genug bin."

Unser Verstand dreht uns das Ding dann auch noch auf links: Wir denken, wir seien es nicht wert, weil wir nichts bekommen.

Dabei ist das umgekehrt: Wir bekommen nichts, weil wir insgeheim denken, wir seien es nicht wert.

Natürlich gab es Jahre in unserem Leben, in denen wir nicht genug von dem bekamen, was wir brauchen, und wir dachten, dass wir nicht wertvoll genug seien. Aber ein Überlebenssystem greift ja gerne auf Vertrautes zurück und ist an Veränderung überhaupt nicht interessiert. So sorgt es dafür, dass wir uns vorrangig an die Situationen im Leben erinnern, die wirklich schwierig waren. Und es blendet folglich auch jede Abweichung dieser Grundannahme im aktuellen Leben aus. Das nennt man *confirmation bias*: Bestätigungsfehler.

Der besteht darin, Informationen so auszuwählen und zu interpretieren, dass diese die eigenen Erwartungen erfüllen, während wir jeden Beweis, der die Erwartungen und Glaubenssätze widerlegen würde, ignorieren. Das kann man im Moment auf der Weltenbühne im Großformat sehen.

Wer Glaubenssätze aufspüren will, braucht nur auf Ergebnisse in den verschiedenen Lebensbereichen zu schauen. Die Ergebnisse, die wir finden, sind mit den Glaubenssätzen identisch:

„Was soll ich denn erwarten; ich sehe doch, dass ich von einem Mann nichts bekomme."

„Ich werde oft verlassen. Freundschaften sind schwer und schmerzhaft."

„Ich bin nicht liebenswert. In Beziehungen komme ich zu kurz."

Nur um ein paar kleine Beispiele zu nennen.

Hier ist ein komplexeres Beispiel

Angenommen, dein Vater verließ die Familie, als du ein fünfjähriges Mädchen warst, und niemand hat es dir je vernünftig erklärt, dann entsteht genau an dieser Stelle bei vielen Menschen eine solche Denkfigur.

Um uns im jungen Leben sicher fühlen zu können, idealisieren wir die Eltern. Wir sind nur dann sicher, wenn die Eltern die Größten sind: Wenn sie alles wissen, alles können und immer alles richtig machen.

Jetzt stimmt das aber gar nicht: Eltern wissen nicht alles; sie können oft viel, aber nicht alles, und viele Elternpaare oder Elternteile sind weit davon entfernt, alles richtig zu machen. Kinder haben natürlich schon in einem frühen Alter ein Gespür dafür, ob sie bei ihren jeweiligen Eltern in völliger Sicherheit sind oder eben nicht.

Ist das nicht der Fall, geschieht etwas Folgenschweres. Um das Sicherheitsempfinden wiederherzustellen, müssen die Eltern wieder die Größten werden.

Also, was machen Kinder?

Sie nehmen es auf sich.

Alles, was an Verfehlungen, an Unzulänglichkeiten und Fehlentwicklungen in der Familie geschieht, sei es Trennungen, Missbrauch, ängstliche Überfürsorge, latent wabernde Familiengeheimnisse (davon gibt es genug), seelische und körperliche Misshandlung oder Vernachlässigung werden vom Kind so eingeordnet, dass die Eltern *ent*schuldet werden und das Kind mit Schuld beladen wird. Kinder jeden Alters sind unfassbar kreativ darin, Beweise zu erfinden, warum sie *schuld* sein müssen.

Das Kind nimmt die Schuld also auf sich und lernt, *sich selbst* dafür abzulehnen. Nun stimmt die Gleichung vermeintlich wieder: Die Eltern sind wieder die Größten und ich befinde mich in Sicherheit. Lieber schuldig sein als in Gefahr.

Genau hier tauchen Glaubenssätze zum ersten Mal auf.

Das kann übrigens schon im vorsprachlichen kindlichen Gehirn geschehen. Dann ist es mehr im Fühlen verankert und die dazugehörigen Denkfiguren tauchen später auf.

In unserem Beispiel – der Vater verließ die Familie, als das Mädchen fünf Jahre alt war – kann dann, um den Vater zu entlasten, genau diese Denkfigur entstehen. Anstatt abzuspeichern: „Papa ist gegangen, weil er mit Mama unglücklich war", oder: „Papa ist gegangen, weil er keine Verantwortung übernehmen kann", speichert das kleine Mädchen ab: „Papa ist gegangen, weil ich nicht gut genug bin".

Untrennbar mit dieser ist eine weitere Denkfigur verknüpft: „Wenn ich nicht gut genug bin, dass Papa bleibt, dann habe ich auch nichts verdient. " *Nicht-genug* wird in uns zusammen mit nichts-verdient verinnerlicht. Werden solche Denkfiguren nicht im Laufe des Lebens durch Bewusstwerdung gelöst, werden wir uns für den Rest unseres Lebens bemühen, ständig beweisen zu müssen, dass wir gut genug sind. Heraus kommen Perfektionisten, Overachiever und Leistungsmaschinen, aber auch Pedanten und Kontrolettis.

So oder so ähnlich kann erstmalig eine solche Denkfigur entstanden sein, wenn auch der ganze Vorgang etwas komplexer ist und sich solche Glaubenssätze meist durch viel subtilere Geschehnisse herausbilden. Oft werden sie familiär einfach weitertradiert, wenn unsere Vorfahren sie nicht erlöst haben.

Nicht empfangen zu können, dreht uns den Hahn zu

Wenn wir nun mit einem tiefsitzenden Gefühl der Unzulänglichkeit ins Leben gehen, weil noch nicht mal der Papa bei uns geblieben ist, um bei diesem Beispiel zu bleiben, unternimmt das Überlebenssystem in Beziehungen alles, um uns eine Wiederholung dieser schmerzhaften Erfahrung zu ersparen.

Es geschieht meist eine von zwei Möglichkeiten: Entweder hält es uns Beziehungen gleich ganz vom Hals, indem es aufkommende Beziehungen sabotiert. Oder es sorgt dafür, dass wir das tun, von dem wir meinen, dass es Menschen happy macht, damit sie bleiben. Wir entlasten und beschenken sie, sind leichtgängig und unkompliziert und räumen ihnen aus dem Weg, was wir können. Zusätzlich nehmen wir dann noch deren Verfehlungen auf uns oder decken sie, damit wir sie weiter bewundern können und uns bei ihnen sicher fühlen dürfen. So wie früher.

Viele Frauen, die gezwungen waren, so zu funktionieren, erleben meist mehr als einmal, dass ein Mann sich in der Anfangsphase einer Beziehung aus für sie unerklärlichen Gründen zurückzieht, oder aber, dass sie in einer Affäre landen, die der im Erfahrungsbericht ähnelt.

So bleibt also das alte Bild, wir seien nicht genug, nicht nur entgegen allen Gegenbeweisen bestehen, sondern es verstärkt sich selbst. Zunehmend baut sich ein Bollwerk gegen jede Abweichung auf.

Wenn wir tief im Innern also denken, wir hätten nichts verdient, kommt auch immer weniger. Wenn wir dann etwas empfangen sollen, reagiert ein Teil in uns mit Skepsis, Misstrauen, Ungläubigkeit oder Scham und diese Empfindungen allein sind schon ein großes Nein. Wir lehnen unbewusst ab.

Zudem wird der Moment des Empfangens als Kontrollverlust empfunden. Dann sind wir nicht selbst am Zug, sondern müssen uns einen Moment lang ergeben. Man kann auch sagen: hingeben. Das kann manche Menschen in ein Gefühl der Hilflosigkeit oder Auslieferung stürzen, mindestens aber in das Gefühl von *Nicht-genug*. Dem ist, so haben wir es schließlich gelernt, nur mit Geben beizukommen. Ist Geben aus irgendwelchen Gründen nicht möglich, tauchen die Gefühle auf, die wir zuvor durch Geben unter Kontrolle gehalten haben. Das Empfangen kann die schmerzhaften Inhalte, die durch Geben stillgehalten wurden, an die Oberfläche bringen und fühlbar machen.

Im Moment des Gebens sind wir eher der Macher, im Moment des Empfangens sind wir das nicht. Das wird von mancher Frau als ein Zustand der Schwäche oder als allgemein bedrohlich empfunden. Folglich kommt es dann oft zu einem Augenblick von Scham oder subtilem Groll, der nicht zulässt, dass wir uns unbefangen freuen können.

∞

Bei vielen betroffenen Frauen drückt sich dieser Widerstand nicht in allen Situationen gleich aus. Manche können ein Geschenk ohne Weiteres empfangen und sich freuen, ertragen es aber nicht, wenn jemand den Getränkekasten trägt oder im Restaurant zum zweiten Mal für sie bezahlt. Irgendwo zeigt es sich, und es entfaltet eine starke Wirkung.

Ob mit oder ohne Groll: Eine Frau, die nicht empfangen kann, lehnt unterschwellig ab, was der Mann ihr entgegenbringt. Damit lehnt sie *ihn* ab. Sie weist ihn, ohne dass sie das will, zurück. Das gibt manchem Mann das Gefühl, *er* sei nicht genug. Das, was er zu geben hat, ist, gefühlt, folglich auch nicht genug.

Ganz nebenbei: Diese Situation ist der Prototyp einer Projektion. Das latente Gefühl, nicht genug zu sein, wird auf den Mann übertragen – jetzt glaubt er, nicht genug zu sein.

Dann passiert das Unweigerliche: Er kommt nicht in das besondere Fühlen, in jenes Fühlen, das einen Bindungswunsch in ihm auslöst. Er fühlt sich zurückgewiesen, vielleicht etwas konfus, nicht ernst genommen oder sogar leicht beschämt. Sicher aber fühlt er sich nicht bestätigt, anerkannt und geschätzt. Jedenfalls nicht genug, um sich mit der Frau wohl und ungezwungen zu fühlen.

Er wird sich wahrscheinlich nicht für diese Frau als Partnerin entscheiden und beginnen, sich zurückzuziehen. Dann kommen diese nichtssagenden Texte wie: „Es liegt nicht an dir. Es liegt an mir. Nein, du hast nichts falsch gemacht." Oft weiß auch der Mann nicht so genau, was es ist. Oder er weiß es und sagt es nicht.

Was hier erwähnt werden muss, ist, dass natürlich nicht jede Art von Einsatz, den ein Mann erbringt, für jede Frau das Richtige ist – mal ganz davon abgesehen, dass auch andere Faktoren darüber entscheiden, ob die Passungen miteinander reichen. Gleiches gilt auch umgekehrt: Auch, was die Frau geben kann, ist nicht immer das Richtige. Manchmal passt es einfach nicht.

Aber wenn es nur halbwegs passt, ist die latente Abweisung dessen, was der Mann geben will, aus meiner Erfahrung einer der Hauptgründe dafür, warum Männer sich zurückziehen. Die Frau stellt nur fest, dass sie doch nichts falsch gemacht habe, und hat keinen Schimmer, warum der Mann das Interesse verliert.

Dabei ist das, was ein Mann sich wünscht, wenn er eine Frau verwöhnen möchte, vergleichsweise bescheiden. Er wünscht sich, das Lächeln einer Frau zu sehen, wenn sie sich freut, und ihre Zustimmung zu erhalten.

Jede ist eingeladen, an dieser Stelle das Buch beiseitezulegen und in eine Situation hineinzuspüren, in der man ein Geschenk erhalten hat, vielleicht sogar eines ohne Anlass. Gab es außer Freude darüber noch ein anderes Gefühl?

Eine Frau, die nicht empfängt, kommt nicht in ihre weibliche Energie

Beziehungen, die durch diesen verdrehten Modus charakterisiert sind, verlieren schnell an Kraft. Die Frauen klagen über Erschöpfung, Enttäuschung und über einen passiven Mann, für den sie alles tun müssen, weil er ja nichts von selbst macht.

Mehr als einmal habe ich eine Frau sagen hören, dass sie sich nur als Frau gefühlt habe, als sie schwanger gewesen sei.

Aber schau, wie viel Schöpferkraft allein in der Fähigkeit steckt, körperlich empfangen zu können!

Es ist so wichtig, dass man als Frau empfangen kann! Wir Frauen haben es alle in unserer Grundausstattung, aber bei vielen Frauen liegt das *Empfangen-Können* unter Bergen von Schuldgefühlen und Angst vor Zurückweisung brach. Aber es ist da.

Jede Frau hat all das, was sie braucht, um voll Frau zu sein und sich auch so zu fühlen. Und sie kann auch ganz viel geben!

Aber das *Empfangen-Können* muss in einer Beziehung vorkommen, sonst quälen wir uns durch die Mühen von verdrehten Rollen.

Grund 5: Sie verliert ihre persönlichen Konturen

Dieses Kapitel und das Vorangegangene hängen eng zusammen. Die Nöte liegen sowohl in ihrer Entstehung als auch in ihren späteren Ausdrucksformen nah beieinander. Deshalb kann es zu hier Überschneidungen kommen.

∞

Es ist schon eine Weile her, aber ich selbst kann mich noch gut daran erinnern, wie ich die Luft anhielt, sobald ein Mann für mich wichtiger wurde. Solange ein Mann mehr in mich verknallt war, als ich in ihn, war das alles kein Problem. Da blieb ich weitgehend ich selbst.

Sobald ich mich verliebte, änderte sich alles

Das kam meistens aus dem Nichts. Es gab dann diesen einen Augenblick, in dem ich plötzlich „mehr" empfand und just in diesem Moment durchflutete mich ein Gefühl von Hitze oder so etwas. Es ging durch den ganzen Körper. Und dann zog sich auch schon alles in mir zusammen; die Atmung veränderte sich und der Blutdruck schoss in die Höhe. Das passierte innerhalb weniger Sekunden.

Von jetzt auf gleich war ich also verliebt und dieses Gefühl krallte sich geradezu in meinem Körper fest. Ich hätte es auch mit Anstrengung nicht mehr loswerden können. Das Unangenehme daran war nicht nur diese Unausweichlichkeit, sondern, dass sich nun noch eine starke Anspannung hinzugesellte. Es war Angst.

Ich hatte es jetzt mit zwei Emotionen zu tun und diese schienen einander noch zu potenzieren. Heraus kam eine innere Reizüberflutung und damit eine Art Lähmung: Ich stand unter dieser furchtbaren Anspannung. Ab da traute mich nur noch zu sagen, was ich für angemessen und für ihn für verdaulich hielt.

Meine rheinländische Schnauze verstummte augenblicklich, genauso wie ein erheblicher Teil meines Humors. Es brauchte nur ein einziges Mal, dass ich etwas Flapsiges sagte und nicht erkennen konnte, ob er das witzig oder blöd fand, und schon versenkte sich diese Seite von mir in die Unsichtbarkeit. Sprachliche Besonderheiten, die ich immer schon hatte, verschwanden.

Was gar nicht mehr vorkam, war jedwede Äußerung von Bedürfnissen oder gar Grenzen. Zwar konnte ich schon noch sauer werden; ich ließ mir paradoxerweise auch nicht viel gefallen, aber solange ein Mann nicht über bestimmte Grenzen schritt, blieb ich in der Anpassung. Da ich offenbar eine Reihe toter Winkel hatte, konnte sich ein Mann dort frei bewegen, ohne dass ich verstand, dass auch dort Grenzen waren, die gerade verletzt wurden.

Meine persönlichen Konturen wurden jetzt zu einer Bedrohung, weil sie mir zu viel individuelles Profil gaben, mit dem ich den angestrebten Gleichklang hätte gefährden können.

Stattdessen spielte ich die ernsthaft-und-intelligent-Karte aus; kleine Neckereien ließ ich nur gut überlegt, wohl dosiert und mit einer weiteren Portion Anspannung zu.

Ich fuhr mit angezogener Handbremse

Mit mir musste für ihn alles möglich sein. Ich musste easy sein, unkompliziert und leichtfüßig. Dazu gehörte natürlich auch, dass es für ihn jetzt jemanden gab, der ihn vollständig verstand und das Leben so sah wie er. Ich musste diejenige sein, mit der er sich verbunden fühlte, weil ich so war wie er.

Vor allem aber musste ich besser sein als andere Frauen, damit er *mich* auswählte. Nichts sollte eine Limitierung darstellen; überall mussten Schnittmengen geschaffen werden. Eben auch über meine Grenzen und Bedürfnisse hinweg. Später wunderte ich mich immer, wo das alles geblieben war.

Dass ich mich fast auf 0815-Niveau herunterkürzte, die Unterscheidbarkeiten zu anderen Frauen teilweise ausradierte, fast etwas hölzern wurde und für einen Mann nicht mehr richtig wahrnehmbar war, bekam ich nur schemenhaft mit. Ein Teil davon löste sich nach einer Weile wieder, aber ein gutes Drittel der Anpassung blieb. Eine Alternative sah ich damals nicht. Aber in dieser Situation konnte ich meine eigene Vielfalt und Lebendigkeit überhaupt nicht aushalten.

So ähnlich geht es vielen Frauen, die sowohl schmerzhafte Affären kennen als auch Bekanntschaften und Beziehungsversuche, in denen sich der Mann aus unerklärlichen Gründen zurückzieht.

Es wird echt problematisch, wenn man ein Überlebensprogramm hat, das einen zwingt, zu viele Kompromisse eingehen zu *müssen* aus Angst vor Zurückweisung und Verlust.

Konformität schafft Wir-Gefühl und Trennung zugleich

Menschen, die in Familien groß wurden, in denen sie wenig Anerkennung für ihr *Ich-selbst* bekommen haben, mussten stattdessen ständig auf die Bedürfnisse, Befindlichkeiten, Bedürftigkeiten, Negativitäten und Bedingungen ihres Umfeldes achten. Sie kennen kaum das Gefühl, einfach nur um ihrer selbst willen liebenswert zu sein. Ihre gefühlte Daseinsberechtigung mussten sie sich durch Rücksichtnahme und Konformität erkämpfen. Das geht immer zu Lasten der eigenen Persönlichkeit und Selbstverständlichkeit, vor allem aber auf die Vitalität, jenen Lebensfluss, der uns unsere persönliche Signatur verleiht.

Im Erwachsenenalter schafft Konformität dann zunächst ein Wir-Gefühl mit den anderen und damit ein Nest, weil wir uns unter unseresgleichen wähnen.

Es vermittelt einen Eindruck von Gleichklang, von Bestätigung der eigenen Richtigkeit, von Verstanden-werden und damit von Sicherheit.

Kann man einen entscheidenden Beitrag dazu leisten, dass ein Mensch sich so fühlt, ist es wahrscheinlich, dass dieser sich uns zuwendet, uns anerkennt und vielleicht auch „liebt". Sich anzupassen, Schnittmengen zu schaffen, um jemanden anderen happy zu machen, ist der beliebteste, zunächst zuverlässigste und für viele der einzige Weg, um das eigene Sicherheitsgefühl zu bedienen.

Andersartigkeit hingegen können viele Menschen nicht aushalten, weder ihre eigene noch die der anderen. In toxischen Beziehungen wird man genau hier betrogen: Der toxische Partner schafft diese Extrem-Schnittmenge, in der wir uns vollkommen entspannen, weil wir denken, wir hätten eins zu eins unseresgleichen gefunden. Damit das so bleibt, tragen wir einen erheblichen Teil dazu bei, um dann, kurz darauf, den jähen Abbruch des Gleichklangs zu erleiden, der unweigerlich kommen muss.

Denn wenn wir Schnittmengen schaffen, um geliebt zu werden, trennen wir uns von uns selbst.

Nirgendwo verletzen Menschen einander mehr.

Wenn das Nest nicht aufgrund von echter Schnittmenge besteht, sondern auf Anpassung fußt, schaffen wir eine Täuschung. Damit täuschen wir die Menschen, von denen wir geliebt werden wollen, und wir täuschen uns selbst. Wir bringen uns um jede Echtheit, um wirkliche Liebe und Zugehörigkeit und um die Aufrichtigkeit, vor der jeder behauptet, sie sei ihm wichtig.

Das alles geschieht mit der unausgesprochenen Zustimmung aller Beteiligten, und es passiert mit aller Selbstverständlichkeit landauf landab. Die Not dahinter ist verständlich. Aber es funktioniert nicht, denn Konformität und Anpassung kommen aus dem Überlebenssystem und diese Mechanismen sind nicht da zum wirklichen Verstehen und Lieben, sondern zum Überleben. Deswegen endet die vom Überlebenssystem erzeugte Schnittmenge mit Trennung oder dauerhaft unterdrücktem Vitalitätsstrom. Wenn sie es noch können, wundern sich die Menschen dann, wo ihre Lebendigkeit hin ist, und führen es auf das Älterwerden zurück.

Diese Art des Zusammenrückens habe ich oft in Freundesgruppen, in Vereinen und dörflichen Nachbarschaften, aber auch in vielen Familien gesehen. In diesen Gemeinschaften kriegen sich früher oder später große Teile der Mitglieder in die Wolle, weil sie die Daueranpassung nicht durchhalten können. Es kommt zu Spannungen und Brüchen.

Entweder ist man sauer, weil einer aus dem Konformitätsabkommen herausgetreten ist und seine eigene Sicht der Dinge wieder eingenommen hat, oder man ist sauer, weil man die eigene Sicht der Dinge eingenommen hat und man von den anderen dafür abgestraft wird.

Konformitätsbrüche in sozialen Bezügen werden als Verstoß gegen jede Ordnung aus bewusster Missachtung angesehen und geahndet. Sollte man sich nicht umstimmen lassen, den Anpassungsvorgaben wieder zu folgen, damit alle gedankenlos weitermachen können wie bisher, droht der Ausschluss aus der Gemeinschaft.

Denn Konformitätsbrüche, sprich zu viel Individualität, machen den anderen das Nest und damit ihr Sicherheitsgefühl sowie eine Reihe anderer Illusionen streitig.

Wir alle haben in unserem Überlebenssystem ein tiefsitzendes Wissen über diese Spielregeln. Ebenso sitzt der Stress des Konformitätsbruchs in unserem System, also eine archaische, biologische Angst davor, allein und damit schutzlos zu bleiben, sollten wir uns der Anpassung verweigern.

Wir haben das drin, und solange wir uns dieser Mechanismen nicht bewusst sind und noch nicht darüber hinweg gereift sind, sind Anpassung und das Schaffen von Schnittmengen immer die erste, unbewusste Wahl, um zu bekommen, was wir brauchen.

Deswegen geht uns das so leicht von der Hand, unsere Konturen über Bord zu werfen. Das ist Biologie.

Es gibt natürlich von allem auch die echte, die authentische Form: Es gibt *echte* Schnittmengen, die die Andersartigkeiten der anderen mit einbezieht und braucht. Es gibt sinnvolle Kompromisse, deren Maß allerdings ein anderes ist als das, welches uns die Anpassung abverlangt. Es gibt echte, natürliche Rücksichtnahme, die in einem intakten, starken Wertesystem wurzelt. Wir müssen auf diese Qualitäten keineswegs verzichten, aber es kommt immer darauf an, aus welchem inneren Bereich die Impulse kommen, wenn es um echtes Glück, Dauerhaftigkeit und Wahrhaftigkeit geht: Überlebenssystem oder wirkliches Selbst.

Unsere persönlichen Konturen sind oft mit Schmerz verknüpft

Wenn das Ich-selbst-sein mit der Erinnerung von Verlust und Schmerz verbunden ist, wird das Überlebenssystem die individuellen Merkmale des *Selbst*, unsere persönlichen Konturen und Charakteristika, unsichtbar machen, generell oder sobald uns jemand wichtig wird. Wir können nicht mehr wählen.

Das Programm springt meist nicht in jeder menschlichen Beziehung an, sondern da, wo es um viel geht, namentlich um den Gegenspieler des Mangelgefühls: das Gefühl von Angekommen-sein. Das kann eine Gruppe von Menschen sein, der wir angehören, oder eben die Begegnung mit einem Mann, den wir uns als Partner wünschen.

Um dieses schöne und Sicherheit verheißende Gefühl nicht in Gefahr zu bringen und um es nicht wieder aufgeben zu müssen, zwingt uns also das Überlebenssystem in die Anpassung. Wir verhalten uns so, wie wir denken, dass andere es erwarten und begrüßen.

Damit hören wir auf, uns selbst richtig wahrzunehmen: die innere Stimme, Grenzen und Bedürfnisse, leise Warnungen oder auch zustimmende Impulse. Die Aufmerksamkeit geht weg vom Spüren und stattdessen ins Außen und in den Verstand, der jetzt unter der strengen Aufsicht des Überlebensmodus steht.

Und das ist eine verwirrende und schmale Spur. Das Denken als guter Ratgeber wird unzuverlässig und verhält sich zunehmend wie ein Junkie. Denn gleich, ob uns der Mann gut bekommt oder nicht, der Verstand suggeriert, dass wir zu ihm müssen und ihn auf keinen Fall aufgeben können. Nicht mal berechtigte Zweifel werden noch durchgelassen.

Wie wir in vorangegangenen Kapiteln gesehen haben, können wir uns also nur anpassen, wenn der Kontakt zum Inneren abgekoppelt wird. Nehmen wir nämlich die inneren Impulse klar und deutlich wahr, können wir nicht mehr darüber hinweggehen. Das würde jeden Angleichungsvorgang verhindern.

Ist nun der Schwerpunkt der Aufmerksamkeit ins Außen verlagert, versuchen wir die Bedürfnisse und Befindlichkeiten des anderen vorauszuahnen, um sich diesen entweder anzugleichen oder um seine Bedürfnisse zu erfüllen oder auch, um nicht mit irgendwelchen emotionalen Ladungen zu kollidieren.

Paradoxerweise ist dieser Zustand der Kontaktlosigkeit zu unserem Inneren der gefühlte *Safe Spot*, die sichere Ecke. In Wirklichkeit ist das der unsicherste Ort überhaupt.

Da man aber oft für diese Lage keine Alternative kennt, ist das erstmal nicht schmerzhaft. Es fühlt sich vielleicht nicht ganz richtig an, aber es ist vertraut. So hat es schließlich immer halbwegs funktioniert. Eine andere Option kennt das Überlebenssystem nicht.

Also macht man weiter.

Konformitätsdruck kann die eigenen Konturen völlig auslöschen

Konformitätsdruck ist Existenzdruck: Wie viel darf ich *Ich* sein? Bin ich wirklich liebenswert, wenn ich ganz ich selbst bin? Oder verlassen mich alle, wenn ich ganz bei mir bin? Geht unter mir die Falltür auf, wenn ich tue, was ich für richtig halte?

Unter diesen Umständen sind Kinder und später die Erwachsenen ständig unbewusst damit beschäftigt, *richtig* zu sein – richtig im Sinne der Vorgaben der anderen, nicht im Sinne ihrer inneren Stimme natürlich. Es dürfen keine Fehler gemacht werden. Jeder Fehler fühlt sich existentiell bedrohlich an. Oft sorgt toxische Scham noch zusätzlich für die Einhaltung der Anpassungsvorgaben.

In erster Linie sind die Bedürfnisse und Vorstellungen der anderen zu bedienen. Die psychische Konformitätsleistung ist gigantisch: manches Mal wird eine Masse an Kompromissen gemacht, die die persönlichen Konturen fast völlig auslöscht.

Frauen, die unter diesen Vorgaben groß geworden sind, sind oftmals diejenigen, die selber sehr liebesfähig sind, aber nicht gelernt haben, sich selbst zu mögen.

Sie suchen ihre Vitalitätsquelle ganz und gar im Außen. Das haben wir im Kapitel „Unterschwelliger Mangel" reflektiert.

Wir tun, was nötig ist, um eben das Allernötigste zu bekommen. Die Erfahrung und das Vertrauen, dass wir ganz in Ruhe *Ich-selbst* sein dürfen und sollen und uns *genau dadurch* im Leben sicher und willkommen fühlen, fehlen. Nicht wenigen Menschen fehlt das ein Leben lang.

Wenn wir unter diesen Voraussetzungen auf jemanden treffen, mit dem wir uns eine Beziehung wünschen, greifen ab dem Moment Perfektionismus und Ehrgeiz. Das ist der Moment, den viele kennen: *Mit dem Beziehungswunsch setzt die Angst ein, nicht genug zu sein.* Und was tun wir dagegen? Wir bemühen uns, genug zu sein, und werden zu der Frau, die sich der andere vermeintlich wünscht.

Das wollen wir vielleicht gar nicht, aber wir kennen die Alternative nicht.

Auch der Druck, besser als die anderen Frauen sein zu müssen, ist weit verbreitet

Das geht dann manchmal sogar so weit, dass man den Kontakt zu den eigenen Präferenzen verliert, zum Beispiel zum eigenen Musik- und Kleidergeschmack. Man mag, was der andere mag. Immer gut drauf, fast immer einverstanden, immer wie aus dem Ei gepellt, wenig unbequem, selten verletzt oder unzufrieden. Keine besonderen Bedürfnisse, kaum Grenzen und natürlich viel unkomplizierter als alle anderen – als all die anderen Frauen mit ihren „Forderungen und Zickigkeiten".

Oder aber man muss besser sein als all die anderen tollen Frauen, die hübsch sind, klug und anziehend.

Oft gibt es in einem Verstand auf Überlebensmodus nur die zwei Lager von Frauen und nichts dazwischen: alles blöde Kühe oder alle sind besser als ich.

Verlockend erscheint nun die Möglichkeit, mit ein bisschen wohldosierter Individualität „die Beste von allen" zu sein. Alles easy, kein Problem. Man wird konturenlos wie eine Lufthansa-Stewardess.

Anderer Meinung zu sein, löst ohnehin schnell Verlustangst aus. Man fühlt sich nur im Feld des Gleichklangs wohl und kann kaum noch sehen, ob er natürlichen Ursprungs ist oder durch Anpassung geschaffen.

Zu viel Anpassung verunmöglicht, dass wir wahrgenommen werden

Sind wir darauf angewiesen, ständig Schnittmengen zu schaffen, wo eigentlich keine sind, müssen wir also die persönlichen Konturen verwischen. Ab hier machen wir Kompromisse, und zwar zu viele.

Das dauernde Eingehen dieser Kompromisse kostet nicht nur Kraft, sondern verfälscht ab einem bestimmten Maß auch das Identitätsempfinden. Wenn wir zu großen Teilen nur noch Dinge tun, die nicht wirklich in der eigenen Natur liegen, verlieren wir immer mehr den Kontakt zu uns selbst.

Wenn wir uns selbst nicht wahrnehmen, können wir viele Kompromisse machen. Wenn wir viele Kompromisse machen, nehmen wir uns selbst nicht mehr wahr.

Wir verlieren den Kontakt zum inneren Kompass und damit zu großen Teilen der Intelligenz. Das bedeutet, dass das Denken weniger visionär ist. Wir können uns Vieles nicht mehr vorstellen; damit verabschieden sich Selbstvertrauen und Selbstsicherheit.

Das alles geht so weit, dass wir auch den Kontakt zu jenem Teil unserer Fühlfähigkeit verlieren, der das Erreichen eines kritischen Maßes an Kompromissen signalisiert. Wir merken schlichtweg nicht mehr, wo wir das überall tun und wann es zu viel wird.

Wir werden aber nur wahrgenommen, wenn wir uns selbst wahrnehmen.

Auch Wertesystem und Entscheidungskompetenzen leiden darunter

Kompromisse und Anpassung bis zum Auslöschen der eigenen Charakteristika haben erhebliche Auswirkungen auf das Wertesystem. Ist man nicht mehr bei sich in der Eigenwahrnehmung, nimmt man die feinen Impulse aus dem Wertesystem nicht mehr wahr. Natürlich raubt man dann nicht plötzlich alte Menschen aus.

Aber das Feintuning lässt nach: die kleine abfällige Bemerkung über jemanden, der einem nie etwas getan hat, den aber der Mann, in den man sich verliebt hat, nicht leiden kann. Die Zustimmung zu etwas, was man eigentlich ablehnt. Das Flunkern oder Übertreiben, um Interessantes zum Gespräch beizutragen. Sich mehr in Szene setzen, als man das eigentlich sonst tut. Ungeprüft politische Meinungen übernehmen. Das Feld ist gigantisch.

Zu Beginn merken wir das noch, später geht auch hier die Wahrnehmung verloren. Das Problem ist, dass die Folgen weit über die Beziehungssituation hinausgehen: Zu diesen Folgen kann gehören, dass wir kaum noch eigene Entscheidungen treffen können. Erst wenn wir dann den gesamten Freundeskreis befragt haben, sind wir halbwegs handlungsfähig. Denn wenn wir uns vor lauter Kompromissen selbst nicht mehr finden, werden wir entscheidungsunfähig.

Man merkt das an einer generellen Unschlüssigkeit und daran, dass man nichts mehr von dem tut, was man wirklich will, geschweige denn, dass man noch seine Wünsche erfüllt oder gar Risiken eingeht. Man lebt nur noch in der Sicherheitszone, ohne zu merken, dass sie die unangenehme Eigenschaft hat, mit der Zeit immer kleiner zu werden. Man tut nur noch, was man muss, und verharrt in Passivität und Träumerei. Vor lauter Greifen nach Sicherheit verliert man den sichersten Ort.

Konturenlosigkeit macht nicht nur uns, sondern auch den anderen unsichtbar

Konturenlosigkeit versucht eine dauerhafte Schokoladenseite zu schaffen. Das ist nicht nur langweilig, sondern auch gruselig, weil man sich zu einer Art Scheinperson macht, die so nicht wirklich existiert.

Damit nimmt man dem anderen die Sicht auf die Entscheidungsgrundlagen, die er braucht, um für sich erspüren zu können, ob es für ihn wirklich passt.

Natürlich gibt es Männer, die eine angepasste Frau suchen. Aber paradoxerweise suchen diese oft hochempathischen und hochintelligenten Frauen keinen Mann, der eine angepasste Frau braucht. Das geht komplett aneinander vorbei. Wenn das aber doch mal zusammengeht, hat man eine toxische Beziehung. Garantiert.

Auch wenn diese Art der Anpassung keiner bösen Absicht entspringt, sondern einer echten Not, enthält man einem Mann und auch sich selbst die Entscheidungsgrundlagen vor, die beide brauchen, um herauszukriegen, ob eine gemeinsame Zukunft möglich ist. Eine Affäre erhält man auf diese Weise zwar lange am Leben, aber der Preis dafür ist hoch.

Jemand, der seine Konturen über lange Zeit verschwinden lässt, brennt, wenn es mild läuft, aus und muss danach eine Phase der Depression auskurieren. Im schlechteren Fall findet sich dieser Mensch selbst nicht mehr wieder, auch lange nach Beendigung der Affäre nicht, und verliert damit mehr und mehr die Selbstachtung und jedes Selbstvertrauen.

Schauen wir aber auf einen Beziehungsversuch mit einem normal empathischen Mann, dann führt eine Kontaktlosigkeit zu unserem eigenen Inneren dazu, dass wir einen anderen Menschen nicht klar erkennen können.

Wir spüren in unserem Inneren die kleinen Impulse, die uns Aufschluss darüber geben, ob jemand unsere Grenzen missachtet oder eben nicht, ob jemand wirklich vertrauenerweckend ist oder ob wir belogen werden, ob jemand im Sprechen und Handeln konsistent ist oder ob bei ihm nichts wirklich zusammenpasst, ob wir wirklich respektiert werden oder ob jemand nicht mal weiß, wie man das schreibt.

Diese Dinge spürt man innen und nicht außen.

Der Kontakt zu unserem Inneren wiederum bringt Authentizität hervor. Wir können nur authentisch, also echt sein, wenn wir uns selbst spüren. Das bedeutet also, dass Authentizität und Echtheit nötig sind, um im Außen, hier einen Mann, richtig und ausreichend wahrnehmen zu können.

Authentizität hat zwei interessante Aspekte. Je authentischer wir selbst sind, desto mehr und klarer sehen wir. Daran schließt sich ein weiteres Wirkprinzip an: Je klarer wir sehen, desto mehr *zeigt* sich auch der andere!

Die Klarheit kommt also von zwei Seiten.

Durch unsere Konturenlosigkeit machen wir also nicht nur uns selbst, sondern auch den anderen für uns nicht mehr wahrnehmbar. Unter diesen Umständen können wir uns auch Märchen erzählen und Situationen schön interpretieren. Wir können uns zum Beispiel lange Zeit die Geschichte von seiner Angst vor seinen großen Gefühlen erzählen und brauchen keine Sorge zu haben, dass unser Werte-, Orientierungs- und Alarmsystem eine rasche Korrektur anordnet.

Wir brauchen den Tatsachen dann nicht ins Auge zu schauen: nämlich, dass es wahrscheinlich keine temporäre Beziehungsunfähigkeit ist, sondern, dass der Mann nicht will oder eben grundsätzlich nicht kann. Oder, dass er nicht liebt. Oder, dass wir selbst Blödsinn gemacht haben und einen beziehungsinteressierten Mann mit irgendwas verschreckt haben. Oder dass wir es mit einem Halunken zu tun haben, der reihenweise mit Frauen ins Bett geht und sich null darum schert, ob er ihnen das Herz bricht.

Ich bemühe mal den Konjunktiv

Wäre ich damals in meiner Unliebes-Geschichte mehr in Kontakt zu meinem Inneren und den wirklichen Gefühlen gewesen, hätte ich mehr Kontur gehabt und damit mehr Orientierung, und sicher auch mehr von meinen persönlichen Charakteristika. Wahrscheinlich wären wir uns nicht einmal nah gekommen. Aber angenommen, wir wären.

Ich hätte, mit einem stärkeren Alarmsystem auf die Warnung hören *müssen*, die ich bekam, als wir bei der Kostümbildnerin waren. Hätte ich der Warnung vertraut, wäre ich vorsichtiger gewesen. Vielleicht hätte ich dann auf der Rückfahrt nochmal nachgefragt und festgestellt, dass er sich für mein Leben überhaupt nicht interessierte. Vielleicht hätte ich da schon gemerkt, dass er wirklich etwas Arrogantes an sich hatte, und es hätte mich zurückweichen lassen. Aber ich ging darüber hinweg und hatte damit zu dem Zeitpunkt nicht die Möglichkeit, diese Seiten von ihm klar sehen zu können.

Hätte ich damals schon vorbehaltlos meinen Impulsen vertraut, als er mir von seinem Geburtstag mit seinem engsten Freundeskreis erzählte, hätte ich der Erkenntnis nicht ausweichen können, dass er keineswegs Angst vor seinen Gefühlen hatte, sondern einfach keinen Bock auf eine Beziehung mit mir. Dann hätte ich verstanden, dass er nur und ausschließlich mit mir ins Bett wollte.

Aber die Angst vor unseren eigenen Impulsen lässt das in so einer Situation oft nicht zu: Ich könnte mich ja irren. Und dann würde ich dem tollsten Mann der Welt aufgrund einer Fehlinterpretation den Laufpass geben und infolge nie wieder glücklich werden. Ich werde das für immer bereuen. So ein mentales Gelaber kommt ja dann.

Auch das Ding in der Diskothek wäre nicht möglich gewesen, wenn das Innere eine Chance gehabt hätte, laut und deutlich genug zu warnen: Dann wäre ich mit diesem angetrunkenen, arroganten Mann nirgendwo hingegangen, sondern hätte eine Freundin besucht und einen gemütlichen Abend gehabt.

Es ist nämlich so: Wenn man das Unheil selbst rechtzeitig erkennt und dann nein zu so einer Situation sagt, tut das überhaupt nicht weh. Der Schmerz stellt sich ein, weil wir permanent gegen die innere Stimme handeln.

Es gab zahllose weitere Situationen, die dazu einluden, der Wahrheit zu begegnen, um dem Horror ein Ende setzen zu können.

Genau diesen Situationen wich ich durch Anpassung aus: Ich spürte das Unwohlsein durchaus fast immer, ging aber darüber hinweg.

Das ist nicht möglich, wenn man mit einem Teil der Aufmerksamkeit bei sich bleibt. Mit einem Teil der Aufmerksamkeit bei mir, hätte ich glasklar gespürt: Er liebt nicht und tut mir nicht gut. Und er passt nicht. Das hätte mich ausreichend abgelöscht, um nicht mal mehr auf die Idee zu kommen, ihn näher als einen Meter an mich heranzulassen.

Er hatte mit Sicherheit Angst vor seinen Gefühlen, denn er fühlte nicht viel. Aber vor irgendwelchen Gefühlen für mich musste er keine Angst haben: Er hatte sie erst gar nicht.

∞

Anpassung gibt uns ein Gefühl von Kontrolle. Wir haben auf diese Weise eine Art Stellschraube in der Hand, die wir in homöopathischen Gaben dosieren können. Hier mal ein bisschen mehr von uns preisgeben, dort ein bisschen schauen, wie er reagiert, und sofort wieder herunter leveln, wenn nicht die gewünschte Reaktion erfolgt.

Überflüssig zu erwähnen, wie diese Scheinkontrolle geradewegs in den emotionalen Kontrollverlust führt …

Das Traurige an der Anpassung ist, dass wir damit einem guten Mann genau das vorenthalten, was uns liebenswert, aufregend, ein bisschen unberechenbar und damit unwiderstehlich macht! Das ist nämlich das, was ein Mann kennenlernen will.

Wir ahnen, dass uns mentaler Terror droht

Ich möchte noch einen letzten Aspekt ansprechen, der mit verhindert, dass wir diese Scheinkontrolle aufgeben und in die Echtheit zurückfinden.

Eine ungesunde Beziehung oder Affäre aufzugeben, bringt nämlich etwas mit sich, was außerordentlich schmerzhaft ist. Uns schwant nämlich schon, was kommt.

Unser Überlebenssystem hält ein amtliches Arsenal an haltlosen Verurteilungen für uns bereit. Wird aus der Affäre oder dem Beziehungsversuch keine feste Beziehung, hat das Überlebenssystem wieder einmal nur eine Standardinterpretation parat, um uns zu erklären, warum wir dieses Mal allein geblieben sind:

Wir sind nicht genug *(gähn)* …

… Ich reiche nicht. *Ich* bin nicht genug, als Frau nicht, als Partnerin nicht. Als Mensch auch nicht. Überhaupt kann mich sowieso niemand lieben und das wird auch nichts mehr. Ich habe mich natürlich nicht genug angestrengt …

Das behauptet der Verstand auch gerne dann, wenn vor lauter Anpassung kaum noch etwas von uns übriggeblieben ist.

Ich habe mir das angezogen. (Als hätten wir einen Einfluss darauf gehabt!)
Ich bin sogar zu blöd, um das Anziehen zu verhindern.

„Was habe ich nur falsch gemacht!" Das kommt tatsächlich nicht als Frage, sondern als Laber-Mantra, ohne dass es als Frage je geklärt oder wegen Sinnfreiheit aufgegeben würde.

Wir sind in diesem Szenario sogar so dermaßen *nicht genug*, dass nun auch das Leben oder Gott selbst beschlossen haben muss, uns nur noch beziehungsunfähige Männer zu servieren, um uns damit zu beweisen, dass wir es aber auch wirklich nicht wert sind und ganz sicher auch keinen guten Mann mehr finden werden … also nie, natürlich.

Warum werde ich nur so bestraft? Warum wird das, was ich will, allen anderen zuteil, nur mir nicht?

So geht doch der innere Dialog, oder?

Während durchaus auf einer anderen Spur in unserem Inneren immer noch der mentale Größenwahn tobt: „Ich bin das Beste, was ihm je passieren konnte!“, stampft uns der Verstand gleichzeitig mit vernichtenden Statements in Grund und Boden. Gebetsmühlenartig. Schon mal aufgefallen?

Das ist mentale Folter und entbehrt jeder Tatsächlichkeit. Es tut nur weh, macht verrückt und nagelt uns im Überlebensmodus fest.

Das Einzige, was in diesem mentalen Terror nicht vorkommt, ist die Wahrheit.

Was ist die Wahrheit hier? Dass es nun mal nicht mit jedem, den wir mögen, auch für eine Beziehung reicht. Dass eine Beziehung nicht oder noch nicht wieder dran ist. Dass wir keine Beziehung eingehen, weil wir vielleicht noch ein bisschen Reifung benötigen für die Partnerschaft, die wir uns wünschen.

Dass wir uns vertan haben. Dass wir etwas sehr gehofft haben und es hat dieses Mal noch nicht funktioniert. Dass wir uns diesen Mann so sehr gewünscht haben, wir uns aber bei der Wahl geirrt haben. Dass wir uns verrannt haben.

Allen Unfehlbarkeitsfantasien zum Trotz: Das passiert Menschen im Laufe ihres Lebens. Davon geht die Welt nicht unter. Und sie geht auch nicht davon unter, wenn wir tatsächlich mal etwas falsch gemacht und einen ernsthaft interessierten Mann verschreckt haben. Wir werden einen anderen finden und glücklich sein. Oder die Situation mit nüchternem Verstand und gutem Herzen korrigieren.

Solche Sichtweisen und Möglichkeiten lässt die Eichung unseres Verstandes auf das Überlebenssystem aber kaum zu.

Da kommt die Möglichkeit eines Irrtums nicht vor, sondern nur Vernichtung und Untergang: Wir haben es verrissen und werden nie mehr glücklich sein!

Das sind die kümmerlichen Schlüsse, zu denen ein Verstand in dieser Verfassung noch fähig ist. Das ist ein ernsthaftes spirituelles Problem.

Dafür, dass Beziehungen manchmal keine werden, kann keiner etwas. Auch nicht dafür, dass man sich irrt. Das ist Teil des Lebens und kann unglaublich wertvolle Erkenntnisse hervorbringen, wenn wir uns die Mühe machen, das emotionalisierte mentale Geschwätz zu unterbrechen, innezuhalten und nüchtern zu betrachten. Das wirkt Wunder.

Wenn wir nicht zweitausend Mal gefallen wären, hätten wir nie Laufen gelernt.

Auch zu trauern, wirkt Wunder. Manchmal müssen wir trauern und Abschied nehmen. Das ist ein milder, entlastender und gütiger Vorgang, der zuverlässig zu uns selbst nach Hause führt. Wir können uns das aussuchen: Verbringen wir die Zeit mit haltlosen Selbstvorwürfen, die uns an den Mann binden, oder werden wir wahrhaftig und tun, was das Leben an uns heranträgt, nämlich fühlen und uns die Wahrheit sagen?

Noch mehr Wunder: Mitgefühl und Milde für uns selbst!

Wir haben an solchen Stellen nur eine Wahl: Entweder winken wir all diese wahnsinnigen, toxischen Denkfiguren wieder und wieder durch und gestatten unserem Verstand, uns das Leben zur Hölle zu machen. Oder wir richten unsere Aufmerksamkeit auf diese mentale Kakophonie und überprüfen, ob das alles so stimmen kann. Das macht kein anderer für uns, damit sind wir allein. Entweder-oder.

Wir müssen irgendwann beginnen, uns die Milde selbst zu geben, die wir uns von anderen wünschen. Und die wir anderen geben, wenn sie sie brauchen.

Wir brauchen Aufrichtigkeit uns selbst gegenüber, Verstehen, Mitgefühl und eine Korrektur all dieser haltlosen Anklagen und irren gedanklichen Behauptungen. Wir müssen uns hinsetzen und bis hinten durchuntersuchen, ob das wahr ist, was der Verstand uns im emotionalisierten Zustand erzählt. Und wir müssen unserer Traurigkeit denselben Raum geben, den wir anderen gewähren. Dazu im letzten Teil des Buches mehr.

Dann hört nicht nur der innere Terror auf, sondern wir beginnen ganz von selbst authentischer zu sein, und zwar *ohne* Verlustangst zu erleiden. Wir werden vor allem die Angst vor unseren Konturen, vor unseren Charakteristika verlieren und uns mit aller Selbstverständlichkeit dafür anerkennen, schätzen und lieben lassen.

Es geht nicht darum, sich sofort völlig transparent zu machen. Die Transparenz entfaltet sich entlang des Vertrauens, das mit der Zeit wächst.

Es geht darum, konsistent zu sein, stimmig und mit spürbaren Außenlinien ausgestattet. Eine Frau, die sich in sich sicher fühlt und keine Scheinversion ihrer selbst kreiert, verhält sich automatisch richtig. Richtig in dem Sinne, dass sie so viel von sich preisgibt, wie die Situation es zulässt. Ihre kleinen, liebenswerten und faszinierenden Unvorhersehbarkeiten ergeben sich dann von selbst.

Damit fühlen sich beide wohl: der Mann, weil er sich verliebt, und die Frau, weil sie in sich selbst sicher ist und die wachsende Zuneigung des Mannes in vollen Zügen genießen kann. Es wächst alles ein bisschen langsamer und bringt uns nicht in dieses Gefühlschaos. Es ist dafür schöner, weil es sicherer ist und uns nichts mehr unsere Natürlichkeit nimmt.

Auch, wenn es gerne negiert wird, es stimmt: Männer wollen lieben. Frauen wollen geliebt werden. Lassen wir an dieser Stelle den Männern den Vortritt! Hat sich ein Mann nämlich unsterblich verliebt, kann man sich als Frau ganz auf ihn einlassen.

Alles fällt auf seinen Platz.

Grund 6: Sie will zu früh volle Sicherheit und sein Bekenntnis zu ihr

Auch das passiert, wenn eine Frau sich früh schon emotional ausliefert.

In dieser Situation merkt sie, dass sie viel mehr Sicherheit und Bekenntnis von ihm braucht, als er schon zu geben bereit ist. Wenn sie sich zu früh für ihn entscheidet, lange bevor klar ist, ob auch er sich ernsthaft verlieben wird, ist die starke Verliebtheit zwischen Hoffen und Bangen ein emotional sehr instabiler und riskanter Zustand. Denn sie legt ihr emotionales Wohl in die Hand eines Mannes, der sich dafür nicht oder noch nicht verantwortlich fühlt.

Ein Mann braucht Zeit, um zu entscheiden, ob sie die Frau für ihn ist

Er will herausfinden, ob sie die Frau ist, für die er mehr empfindet als nur Interesse oder sexuelle Anziehungskraft. Er muss nicht nur ergründen, ob sie für ihn passt und eine Partnerin ist, der er vertrauen kann, sondern auch, ob sie annehmen kann, was er zu geben hat. Er schaut, ob sie loyal ist und ob er seine Gefühle in ihre Hand legen kann. Er will wissen, ob sie die Frau ist, die er glücklich machen kann und will. Er braucht Zeit, um zu prüfen, ob sie diejenige ist, für deren Wohl er die Verantwortung übernehmen will und das auch vielleicht für immer.

Denn für einen empathischen Mann bedeutet das Bekenntnis zu einer Beziehung, dass er die Frau nicht mehr verlässt. Wenn er die Verantwortung übernommen und ja gesagt hat, kommt er so leicht nicht mehr raus. Das wissen viele Frauen nicht.

Aber er weiß das.

Deshalb brauchen Männer oft etwas länger dafür und tun sich manchmal schwer damit. Das wird gerne fehlinterpretiert als Beziehungsunwilligkeit.

Ich kenne viele Frauen, die genau an dieser Stelle sagen: „Ich brauche keinen Mann, der Verantwortung für mich übernimmt."

Aber sie beklagen es, wenn sie mit einem Mann zusammen sind, der keine Verantwortung übernimmt. Es sind dieselben Frauen.

Sie wünschen sich jedoch einen Partner, mit dem sie ihre Angelegenheiten besprechen und reflektieren können. Sie wünschen sich jemanden, der für sie da ist, wenn es ihnen nicht gut geht, der einspringt, wenn mal etwas nicht geht. Sie wollen einen Mann, der Verantwortung für seine Gefühle übernimmt und infolge die ihren gut behandelt.

Sie wünschen sich einen Mann, der fähig ist, verlässliche Rahmenbedingungen zu schaffen, der sich positionieren kann und auf dessen Wort sie sich verlassen können. Sie wünschen sich einen Mann, der authentisch und aufrichtig ist.

Das alles ist ohne Verantwortungsübernahme nicht möglich.

Sie wollen einen Mann, der Verantwortung für die Arbeitsteilung in der Beziehung übernimmt. Auch Respekt hat mit Verantwortung zu tun, ebenso ist Liebe darin verwurzelt. Die ist nämlich nur ein Lippenbekenntnis und nichts wert, wenn keine Verantwortung dahintersteht.

Das alles bekommt eine Frau von einem verantwortungsbewussten Mann. Er fühlt sich zuständig für ihre Belange und für ihr Wohl. Anders ausgedrückt: Wir brauchen dann nicht lange zu suchen, ob jemand für uns da ist, wenn wir jemanden brauchen. Er fühlt sich zuständig, wenn an unserem Wagen etwas kaputt ist oder wenn wir nachts Zahnweh haben. Er ist derjenige, der zuerst den feinen Riss an unserer Hauswand bemerkt, er sucht nach der Lösung oder repariert es gleich selbst.

Wenn er die Verantwortung übernommen hat, ist *er* da. Und er geht nicht wieder weg.

Genau von diesen Inhalten ist hier die Rede: Das ist das, was Männer geben wollen – wenn sie es können und wenn sie keine Narzissten sind.

Es mag dem momentanen Zeitgeist zuwiderlaufen, aber: Männer fühlen sich immer noch als potenzielle Versorger. Sie kümmern sich gerne und lösen gerne Probleme.

Diese Eigenschaft ist sinnvoll für den Aufbau einer Familie und zudem ein großes Geschenk, wenn ein Mann seiner Frau das Leben angenehm und schön gestalten kann, wenn sie das möchte.

Natürlich darf das nicht zur anderen Seite kippen: Entspringt sein Impuls, sie versorgen zu wollen, einer Kontrollsucht, kann das natürlich keine Frau brauchen.

Die Entscheidung also für oder gegen eine Beziehung ist für ihn groß

Denn er weiß, dass er die Verantwortung, die er einmal übernommen hat, nicht so ohne weiteres wieder aufgeben kann. Das erklärt, warum Männer sich sehr viel seltener von ihrer Frau trennen als umgekehrt. Deshalb, und das fällt Männern leichter als vielen Frauen, entscheiden sie solche Dinge nicht nur emotional, sondern vor allem auch rational.

So zählt für ihn eine Verliebtheit nur dann viel, wenn er auch den Eindruck hat, dass die jeweilige Frau vielleicht auch die Partnerin fürs Leben werden kann. Anderenfalls wird er dem Impuls, sich zu einer Frau hingezogen zu fühlen, nicht die Größe einer Entscheidungsgrundlage zusprechen. Verliebtheit *allein* ist für die meisten Männer kein Grund, sich für eine Frau als Partnerin zu entscheiden.

Die Entscheidung für oder gegen eine Beziehung fällt bei Männern und Frauen etwas zeitversetzt an unterschiedlichen Stellen.

Eine Frau denkt genauso nach, ob der Mann wirklich passt. Aber Frauen fällt es schwerer, solche Betrachtungen vom Gefühl des Verliebtseins zu trennen. Das Gefühl färbt bei ihnen das Denken stärker, als es das bei Männern tut.

Männer sind einfach geübter darin, Denken und Fühlen voneinander zu trennen, Gefühle hintenanzustellen und sie nicht unkontrolliert in Entscheidungen mit einfließen zu lassen, vor allem in einem frühen Stadium des Kennenlernens. Betrachtungen, die mehr von Gefühlen gefärbt sind, kommen etwas später, wenn ein Mann sich schon für eine Frau entschieden hat, oder wenn er weiß, dass er das wahrscheinlich tun wird. Dann verliebt er sich so richtig und kann Denken und Fühlen auch nicht mehr trennen. Ist er aber noch nicht an diesem Punkt angelangt, kann das sehr heikel werden, wenn die Frau sich emotional schon voll einlässt, geradewegs auf eine Beziehung zusteuert und jetzt sein Bekenntnis braucht.

Das ist eines der Grundprobleme, die Frauen in schmerzhaften Affären haben und auch manches Mal Ursache für den Rückzug eines ursprünglich ernsthaft interessierten Mannes. Ob uns das gefällt oder nicht, es ist ein echter Abtörner, wenn sie schon sehr früh viel mehr will als er. Je früher, desto problematischer.

Wir erinnern uns: Männer wollen ein bisschen warten, leiden und bangen. Das schafft den Magnetismus, den sie brauchen, um so richtig zu einer Frau zu wollen. Das fehlt einfach, wenn er spürt, dass sie ihm so früh schon ganz gehört.

Es ist eine Frage des Zeitpunktes: Was jetzt zu seinem Rückzug führen kann, wird ihn zu einem späteren Zeitpunkt glücklich und stolz machen, nämlich, dass ihr Herz ihm gehört.

Ist eine Frau aber sehr frühzeitig schon sicher, dass sie mit dem Mann zusammenbleiben möchte, und ist sie sehr verliebt in ihn, gerät sie jetzt in die Situation, dass sie zunehmend eine Orientierung darüber braucht, wie er für sie empfindet und ob er sich zu ihr als Partnerin bekennen wird – vor ihr und vor allen anderen.

An dieser Stelle wollen wir wissen, ob er sich in dieselbe Richtung bewegt

Das ist verständlich, aber das ist genau die frühe Phase, in der ein Mann einen Eindruck davon bekommt, wie nah eine Frau sich selbst ist und wie sie mit ihren Gefühlen umgeht. Das ist enorm wichtig für sein Sicherheitsempfinden und auch für die Frage, ob er die Frau respektieren wird oder nicht.

Wir Frauen können danach fragen. Aber es ist ziemlich wahrscheinlich, dass man in einer frühen Phase der Beziehung eher nicht nach seinen Vorstellungen über eine gemeinsame Zukunft fragt, *wenn man noch souverän ist.*

Wir sind souverän, solange die Verliebtheit nicht dazu führt, dass wir uns emotional ausliefern, das heißt, solange nicht unser ganzes Wohl und Weh von seiner Entscheidung abhängt. Wir sind sozusagen noch weitgehend unabhängig von seinen Stimmungen und Entscheidungen und könnten noch aus der Sache raus, falls er sich nicht positioniert oder schlecht benimmt. Das wird erst anders, wenn auch er sich ernsthaft verliebt und entschieden hat. Dann können und brauchen wir diese Form der Souveränität nicht mehr.

Als Frau spürt man sehr genau, ob eine Erkundigung nach seiner Sicht der Dinge irgendwie zu früh ist ... oder ob es vielleicht überhaupt nicht an der Reihe ist, weil der Mann offenbar nicht oder noch nicht genug empfindet und weit von einem Bekenntnis entfernt ist.

Auf diesen Ebenen bemerken Männer subtilste Feinheiten

Eine Frau, die sich zu schnell der Verliebtheit komplett ergibt, weil sie versucht, ihr Mangelgefühl zu stillen, wird hier emotional ganz leicht abhängig von den Reaktionen des Mannes. Ihr Wohlbefinden definiert sich entlang seiner Rückmeldungen auf sie. Zudem können wir in dieser Verfassung immer schlechter erkennen, mit wem wir es zu tun haben – ob mit einem Narzissten oder mit einem anständigen Mann – und auch, ob es wirklich passt. Die bange Hoffnung, er möge „der Richtige“ sein, färbt jetzt jede Einschätzung der Situation und erlaubt keine Entsagung mehr.

Dafür haben Männer ganz feine Antennen.

Um das mal kurz einzuwerfen: Sobald wir verliebt sind, sind wir verletzbar, und ab da tut jede Zurückweisung weh. Auch etwas aufgeben zu müssen kann sehr schmerzen. Aber wenn Verliebtheit nicht diese Extremformen annimmt, ist der Schmerz des Aufgebens überschaubar, wenn es denn nötig ist.

Frauen, die erst einmal etwas nüchterner bleiben, um in Ruhe zu schauen, wen sie vor sich haben und ob er sich zu ihnen positioniert, sind natürlich sehr viel weniger oder auch gar nicht enttäuscht, wenn es nicht gepasst hat. Warum auch.

Hat man sich aber den großen Emotionen hingegeben und sie durch Schwelgen und Dauer-Dran-Denken noch verstärkt, ist jedes Zuwiderlaufen der Hoffnungen ein emotionales Desaster. Wir machen uns so angreifbar und verletzbar damit!

Sehr viel wohler werden wir uns fühlen, wenn wir uns zwar am anderen erfreuen und seine Gesellschaft genießen, aber noch nicht alles dafür geben und stattdessen warten, bis die Zeit von selbst kommt, in der wir uns fallen lassen können. Oder eben nicht.

Der Gegenspieler extremer Verliebtheit ist extremer Schmerz. Damit muss man vorsichtig sein, wenn der Mann die Verantwortung noch nicht übernommen hat.

Was ist das aber, wonach ein normal empathischer Mann intuitiv schaut?

Er schaut danach, wie eine Frau mit ihren Gefühlen umgeht, um einzuschätzen, wie sie mit seinen umgehen wird.

Männer haben ein weniger robustes Gefühlsleben als Frauen, was übrigens kein Manko darstellt. Sie sind nämlich in manchen wichtigen Dingen auf sehr konstruktive Weise erheblich sensibler, als manche Frau ahnt. Sie sind in vielen Dingen unglaublich richtig: So ziehen sie sich beispielsweise aus emotional aufgeheizten Gesprächen zurück, weil sie wissen, dass man auf diese Weise keine Konflikte löst, und sie empfinden inquisitorische Befragungen, Dauervorwürfe oder gar Schreierei als psychische Gewalt. Was es auch ist.

Bei Menschen, die toxische Situationen produzieren, ist das etwas anders: Sie übertragen ihren unverarbeiteten Schmerz auf ihre Partner. Da bleiben emotional aufgeheizte Situationen nicht aus, denn sie sind gewollt.

Unsere normal empathischen Männer hingegen sind sehr solidarisch, wenn sich eine Frau bemüht, einen Streit kurz zu halten, um sich dann ruhiger und konstruktiv mit ihm über das eigentliche Problem zu verständigen. Wenn irgendetwas wirklich Vertrauen schafft aus der Sicht eines Mannes, dann ist das die Fähigkeit einer Frau, aus dem Gefühlskino auszusteigen und mit ihm zusammen nach Lösungen zu suchen. Ansonsten bleiben die Männer mit ihren Inhalten lieber für sich und teilen sie erst, wenn sie vertrauen. Sie behalten auch dann alles für sich, wenn sie eine Affäre, aber keine Beziehung wollen.

Möchte ein Mann sich aber fest binden und die Verantwortung für eine Beziehung übernehmen, will er sich auch emotional öffnen.

Wie wir wissen, wird er das bei einer Frau tun, die er für emotional verlässlich hält. Intuitiv schaut er: Wie geht sie mit sich selbst um? Kann sie ihre eigenen Gefühle aushalten oder versucht sie mich dauernd vor ihren emotionalen Karren zu spannen? Kann sie *mich* aushalten? Was macht sie, wenn ich sie im Unklaren lasse und: Was macht sie, wenn ich mich mal unberechenbar verhalte?

Das machen Männer übrigens intuitiv ein, zwei Mal in der Kennenlernphase. Sie melden sich nicht oder tun oder lassen etwas, was jede Frau verunsichern würde.

Das ist der Moment, wo sie *spüren*, wie eine Frau mit sich selbst umgeht. Wird sie unsicher, vorwurfsvoll und klammert oder geht sie ihren Angelegenheiten nach? Tut sie Letzteres, weiß er, dass er sie verliert, wenn er sie nicht respektiert. Das lässt in ihm den Wunsch aufkommen, sich zu ihr zu bekennen und fest mit ihr zusammen sein zu wollen.

Er spürt das auch ohne, dass man einander sieht oder darüber spricht. Das gemeinsame Unbewusste regelt das.

∞

Wenn eine Frau in einer frühen Phase beginnt, unruhig zu werden und zu versuchen, mehr über seine Gefühle zu erfahren, als er schon bereit ist zu offenbaren, oder wenn sie früh schon auf seine Festlegung drängt, dokumentiert sie, dass sie mit ihren eigenen Gefühlen nicht umgehen kann und folglich versucht, seine unter Kontrolle zu bekommen, damit sie sich wieder sicher fühlen kann.

Klingt unschön, aber das ist genau das, was passiert, wenn man sich in diese Bredouille hineinmanövriert.

Die Alternative dazu wäre nämlich entweder ein Abkühlen ihrer Gefühle für ihn um ein paar Grad, wenn sich der Mann zwar fair verhält, aber noch nicht zu einer Positionierung bereit ist. Oder, hat man es mit einem Mann zu tun, der herumeiert und nicht konkreter wird - wir alle spüren, wann diese Schwelle überschritten ist – wäre ein Rückzug unsererseits an der Reihe. Das ist das Sicherste, Effektivste und Schonendste, aber natürlich nur, wenn es ein echter Rückzug ist und nicht der taktische, gespielte.

Ich will das an dieser Stelle nochmal betonen: Diese ganzen Mechanismen und Dynamiken gelten nur in der unverbindlichen Phase einer Beziehung. Haben sich beide füreinander entschieden, gelten andere, viel mildere Gesetzmäßigkeiten. Nach der Entscheidung für eine Partnerschaft kann man sich ganz einlassen, wenn das Vertrauen stimmt.

In einer Affäre jedoch ist die Abwärtsspirale oft kalkulierter Teil des Ganzen

Im Falle einer Affäre, die von Beginn an von Seiten des Mannes nicht als Beziehung gedacht ist, sieht das etwas anders aus. Wenn man sich als Frau in einen Mann verliebt, der sich indifferent verhält, widersprüchliche Signale sendet und über den Status der Affäre nicht hinausgeht, kommt es unweigerlich zu den Gesprächsversuchen über die Zukunft der Verbindung. Hier wird meistens nicht gefragt, weil man nicht warten kann, sondern weil es legitim ist, irgendwann das Thema anzuschneiden, falls sein indifferentes Verhalten selbst noch nicht genug Orientierung bietet.

Männer, die Frauen sexuell benutzen und deren Wohl und Würde aufs Spiel setzen, fordern solche Situationen natürlich auch heraus. Sie tun manches dafür, dass die Frau gegen ihre Instinkte agiert und dranbleibt oder besser: Drinhängt. Sie bringen Frauen in emotionale Gefahr. Dass eine Frau in der Lage dringend mehr Sicherheit braucht, ist klar, und jeder Mann, der sich so verhält, weiß das.

Männer in solchen Verbindungen tun meistens gezielt und dosiert etwas dafür, dass das es ganz eindeutig ist, dass sie keine Beziehung wollen. Sie nutzen dazu relativierende Formulierungen: „*Im Moment* kann ich das nicht. Ich habe *zurzeit* so viel zu tun ... *Eigentlich* bin noch nicht so weit ..."

Immer *im Moment* oder *vielleicht*, *möglicherweise*, *mal sehen*, was die Zukunft bringt – im Moment ist es doch schön, wie es ist. Nicht?

Aber selbst die wenigen, die es klar sagen: „Ich will keine Beziehung", verhalten sich dann aber oftmals so, dass die Frau das Gefühl hat, er meine das nicht ernst. Anstatt diesen Widerspruch als Alarmsignal einzustufen, interpretieren wir dann das in sein Verhalten hinein, was uns angenehmer ist: „Er sagt zwar, er wolle keine Beziehung, aber er meint das ja gar nicht so. Ich sehe doch, dass er dasselbe empfindet wie ich." Das ist genau die Falle, in die ich auch damals mit Vollgas getappt bin.

Leider orientieren wir uns bei widersprüchlichem Verhalten nicht an dem Teil, der sich von uns abwendet und nicht warm wird, sondern an dem anderen Teil, der sich so schön anfühlt. Klar, dass man dann irgendwann die Positionierung vom Mann sucht. Aber der hat sich schon positioniert, und zwar gerade *durch* sein indifferentes Verhalten. Die Positionierung liegt im Widerspruch selbst und signalisiert: Finger weg von dem Mann!

Gerne gehen dann diese Männer noch her und sagen später, wenn es Tränen gibt: „Ich hab's dir ja gleich gesagt. Ich habe dir von Anfang an die Wahrheit gesagt."

Das ist nicht fair, denn er schafft sich durch seine widersprüchlichen Signale auf ziemlich schäbige Weise einen Freiraum, in dem er tun und lassen kann, was er will. Und später können wir ihn nicht zur Rechenschaft ziehen. Mehr noch: Wir haben nicht mal das Recht, uns zu beklagen und unserem Kummer bei ihm Luft zu machen, denn er hat die Verantwortung für unser Wohl nicht übernommen und hat das oft klar gesagt.

Nur nochmal zum Vergleich: Einen ernsthaft verliebten Mann kann man nicht übersehen. Er kommt, er bleibt, er ist immer irgendwie um einen herum, er ruft regelmäßig an, er liegt vor der Haustür. Er zeigt mit allem, was er kann, dass er zu der Frau will. Für ein kurzes Treffen fährt er, wenn es sein muss, Stunden. Nichts ist ihm zu viel. Bei einem verliebten Mann kommen keine Zweifel auf. Er ist eindeutig.

Unser Affären-Mann hingegen verhält sich zu keiner Zeit wie ein ernsthaft verliebter Mann. Das *ist* seine Positionierung. Da kommen kein Bekenntnis und auch keine Sicherheit.

Zurück zu den Männern, die keine Affäre suchen.

Sicherheit und Bekenntnis gibt ein Mann nur freiwillig

Wie wir im Abschnitt „Sie offenbart ihm ihre Gefühle und hofft, von ihm das Gleiche zu hören" schon festgestellt haben, spürt ein Mann, ob er frei ist, sich etwas Zeit für die Entscheidung zu nehmen, oder ob latente, dringliche Erwartungen und Verlustängste der Frau im Raum stehen. Ist ihm eine Frau in dieser Hinsicht nicht ganz geheuer, wird er sich von ihr zurückziehen, oft auch ohne genau zu wissen, warum. Hier vertraut er seiner Intuition.

Verlustängste von Seiten der Frau sind übrigens nur am Anfang problematisch. Hat ein Mann sich nämlich zu der Beziehung bekannt, wird er auf Verlustängste nicht mehr mit Rückzug reagieren, sondern eher versuchen, der Frau mehr Sicherheit und Halt zu geben – wenn er ein anständiger Mann ist, und wenn die Verlustängste nicht in Terror ausarten.

∞

Wenn es Gespräche über eine mögliche gemeinsame Zukunft gibt, ist man immer in der besten Position, solange man innerlich noch etwas unabhängig geblieben ist. Einen Teil des Verliebtseins kann man tatsächlich schlecht steuern. Aber man kann damit warten, sich emotional völlig fallen zu lassen, bis der Mann Sicherheit signalisiert. Damit fühlt man sich erheblich wohler, weil man sich viel natürlicher und freier verhalten kann. Wer schon mal quälend stark verliebt war, kennt die Befangenheit in diesem Zustand.

Es ist immer am besten, wenn wir in der Anfangsphase mit jedem denkbaren Gesprächsausgang klarkämen.

Die beste Position haben wir, wenn wir diejenige sind, die selbst die Entscheidungen trifft, und zwar ohne nennenswerte Rücksprache mit ihm zu halten und ohne ihn zu fragen, ob er denn jetzt bereit für eine Beziehung sei.

Wenn wir in uns selbst klar sind, dass wir uns zurückziehen, sollte er nach einer Weile nicht verbindlicher werden, wird diese Haltung beim Mann weitaus eher bewirken, dass er die Frau respektiert und über sie nachdenkt. Es muss auch nicht ausgesprochen werden; er merkt das so oder so.

Ein Mann spürt dann, dass er es mit einer starken und integren Frau zu tun hat, die sich nichts gefallen lässt, die aber auch keine Dramen inszeniert. Es sind jene Frauen, die er verliert, wenn er sich schlecht benimmt oder sie zu lange warten lässt. Es sind genau die Frauen, denen Männer vertrauen, die Männer sehr anziehend finden und die sie sich oft aussuchen, um sie wirklich glücklich zu machen.

Bei ihnen müssen sie sich immer ein bisschen mehr anstrengen und das empfinden sie als unwiderstehlich.

Es muss echt sein

Es geht hier nicht darum, eine starke Persönlichkeit zu *spielen*, die sich um nichts schert, sondern es geht um Authentizität durch Treue zu sich selbst. Das ist etwas ganz anderes.

Wenn wir in einem guten Kontakt mit uns selbst und mit unserem Wertesystem stehen, werden wir frühzeitig spüren, ob wir etwas tun, was wir eigentlich nicht wollen oder tun sollten. Haben wir es mit jemandem zu tun, der indifferent und unverbindlich bliebt oder der uns unterschwellig despektierlich behandelt oder uns vielleicht latent beschämt oder kleinmacht, dann würde sich ein starkes Wertesystem genau an diesen Stellen deutlich bemerkbar machen. Anstatt dann nämlich innerlich zu diskutieren und zu warten, ob der Mann, der uns jetzt bereits verletzt hat, irgendwann netter werden wird, distanzieren wir uns innerlich von ihm, und zwar ganz von selbst. Ein Mensch mit starkem Wertesystem würde seine Werte keiner Bedürftigkeit unterordnen. Das schließt sich aus.

Das ist es, was eine echte innere Führung ausmacht; und ich kann garantieren, dass sie keinen Schmerz produziert, sondern diesen genau verhindert.

Umgekehrt ist das nicht anders. Auch wir mögen es, wenn ein Mann unbefangen, zugewandt, warmherzig und verbindlich ist in seiner ganzen Art, sich aber nicht auf der Nase herumtanzen lässt. Es gibt Menschen, die respektiert man sofort.

Das sind Menschen mit einem hohen Maß an Selbstachtung. Sie wissen, dass sie im Zweifelsfall mit ihren Gefühlen klarkommen. Das heißt: Wenn sie sich trennen müssen, weil irgendetwas nicht funktioniert, fürchten sie nicht, was dann kommt. Auch sie leiden oder müssen eine Weile trauern, aber sie wissen, dass sie es können, und dass es vorbei gehen wird.

Zu mir sagte mal jemand: „Ich fürchte mich nicht vor Trennung, weil es in mir kein Gefühl gibt, das ich nicht aushalten kann." Unnötig zu erwähnen, wie stark und wie frei dieser Mensch ist. Frei, das Richtige tun zu können. Diese Menschen führen jene giftigen inneren Dialoge nicht, über die ich bereits geschrieben habe. Wenn sie leiden, brauchen sie nicht noch eine Tracht Prügel aus dem eigenen Verstand zu fürchten. Das ist ein großer Unterschied.

Sie entscheiden sich natürlich eher für den Verzicht auf jemanden, als sich despektierlich behandeln zu lassen. Sie sind wahrnehmbar, echt und in ihrer ganzen Art verlässlich. Sie setzen uns nicht unter Druck und behelligen uns nicht mit irgendeiner Ungeduld. Ein reifer und wirklich liebesfähiger Mann kann warten, weil er die Frau respektiert, und weil er in sich selbst sicher ist. Er stellt seine Bedürfnisse nicht über unsere, aber er weiß, wo ein gesundes Maß überschritten wird. So stellt sich ein starkes Wertesystem dar.

Das ist bei Männern und Frauen gleich.

Bewusstwerdung: So beenden wir diese Abwärtsspirale

Im Falle eines vielversprechenden Beziehungsanfangs kann also ein Problem dieser Art aufgetreten sein, so dass der Mann sich zurückzieht und die Frau überhaupt nicht weiß, warum. Es ist der Druck, der sich aufbaut, wenn er sich zu früh zu einer Entscheidung und einem Bekenntnis gedrängt fühlt.

Finden wir uns in dieser oder einer ähnlichen Lage wieder, werden wir schnell herausfinden, ob ein innerer Druck das Verhalten gesteuert hat, wenn wir tief in unser Inneres hineinspüren. Ab hier beginnt schon die Bewusstwerdung, was immer gleichbedeutend ist mit der Bewegung aus dieser Bredouille heraus. Wir müssen das erstmal klar sehen und uns wieder unserer *wirklichen* Gefühle bewusst werden.

Denn alles, was an gegenläufigen Unterströmen bewusstwird, verliert seine zerstörerische Kraft.

Ich weiß, dieses Vorgehen ist für manche Leserin ganz neu und nun steht die Frage im Raum: „Aber was soll ich denn *tun*?"

Die etwas provokant erscheinende Antwort lautet: Das ist egal.

Entscheidend ist nicht, *was* du tust, sondern *wie*, mit welcher Drehzahl, mit welcher Frequenz du es tust oder lässt oder darüber sprichst. Wie du weißt, verfügst du über eine andere Authentizität, eine andere Ausstrahlung und damit eine andere Wirkung, wenn du nah bei dir bist. Das hat erhebliche Effekte im Außen – wie andere dich sehen und mit dir umgehen.

Aus diesem Grund gebe ich keine konkreten Handlungsempfehlungen. Angenommen, ich würde konkret vorgeben, was man alles tun und lassen sollte, so würde das erstmal nett klingen, manch eine Leserin wäre zufrieden, aber: Es würde letztlich zu keinem Ergebnis führen. Ich bin keine Freundin schöner Worte und komme deshalb nicht mit Tricks, die schön klingen und dann nichts bringen. Davon gibt es genug.

Wenn wir mit den alten inneren Grundlagen etwas Neues versuchen, kommt nichts Neues, sondern das Alte dabei heraus!

Erst muss sich im Inneren etwas bewegen. Dabei soll dieses Buch helfen und aufzeigen, wo genau das geschehen muss, damit im Außen sichtbare Veränderungen geschehen können. Manches geht schnell, mit anderem müssen wir Geduld haben, aber es ist sicher.

Also, die Bewusstwerdung ist das Erste, das für Veränderung nötig ist. Es kann sich nur ändern, was wahrgenommen wird. Aber: *Nicht wir ändern das, sonders es ändert sich selbst, und zwar durch das Wahrgenommen-werden.*

Wir müssen uns also erst einmal eingestehen, dass wir uns vielleicht zu heftig verliebt haben und dass wir damit unter Druck geraten sind. Druck bedeutet Angst.

Wir müssen diesen Gefühlen Raum geben, nicht dagegen ankämpfen. Wir müssen sie stattdessen halten wie eine Mutter ihr Baby, wie der vietnamesische

Mönch Thich Nhat Hanh einst vorschlug. Das geht … Probiere es und schau, wie es dir danach geht.

Wer an dieser Stelle allerdings erneut wegstopft und verdrängt, wird eine Runde später wieder darüber stolpern. Wenn wir nicht fühlen wollen, dreht das Leben den Herd auf. Denn das ist unsere einzige Chance auf Wachwerden, Weiterkommen und Überwinden der Herrschaft unseres Überlebenssystems. Darum geht es am Ende immer. Wir können versuchen, uns darüber hinwegzusetzen. Oder aber tun, was das Leben von uns will. *Das ist immer in unserem Sinne.*

Nicht der nächste Mann wird das in Ordnung bringen oder, wenn sich endlich „der Richtige" zeigt, sondern wir selbst, indem wir aufhören, diese Inhalte loswerden zu wollen. Wir müssen sie dem Leben zeigen.

Damit übernehmen wir die Verantwortung und holen die unterschwellig wabernden Gefühle aus dem gemeinsamen Unbewussten heraus ans Licht. Somit hören sie auf, unsere beginnende Beziehung zu sabotieren. *Und über kurz oder lang reifen sie völlig aus.*

Wer sich diesen Gefühlen stellt – dem ganzen Druck, der Angst, nicht genug zu sein, der Verlustangst, der Angst vor Zurückweisung oder dem Gefühl, nicht satt zu werden – wird innerlich freier und stärker. Wenn die schweren Gefühle bei uns gut aufgehoben sind, können wir wieder das Richtige tun, weil wir im Außen niemanden mehr brauchen, der uns diese Gefühle vom Hals halten muss.

Das kann das Scheitern einer beginnenden Beziehung umkehren und in eine glückliche und langjährige Partnerschaft führen.

Was müssen wir dafür können?

Wenn Trennungsschmerz einsetzt, oder eine Traurigkeit oder eine Angst vor Leere oder ein Gefühl des Verzichts, müssen wir die Aufmerksamkeit dorthin richten, wo das Gefühl zu finden ist: im Körper.

Ein Drücken in der Herzgegend, ein flaues Gefühl im Magen … dort können wir es fühlen und dort können wir aufhören, dagegen anzukämpfen. Das probiert man anfangs am besten im Bett, im Liegen, mit geschlossenen Augen, so dass man sich ganz darauf einlassen kann. Im letzten Kapitel wird es nochmal gezielt darum gehen.

Wir müssen ehrlich zu uns selbst sein! Wir müssen merken, ab wann uns eine unverbindliche Geschichte nicht mehr guttut, und wir müssen uns selbst die Wahrheit darüber sagen. Wir müssen zugeben, wo wir unehrlich zu uns selbst sind oder waren.

Wir müssen wissen, dass wir unsere Gefühle durchleben können und dass Trennungsschmerz *immer* von selbst wieder aufhört, anstatt uns an eine Geschichte zu klammern, die endlos neuen Schmerz hervorbringt. Wir müssen dafür sorgen, dass unsere Gefühle bei uns gut aufgehoben sind.

Wir müssen aufhören, unserem Verstand zu erlauben, diese völlig aus der Luft gegriffenen Horrorgeschichten zu erzählen, die uns an jemanden binden, der nicht gut für uns ist. Wir müssen aufgeben, uns zu erzählen, dass ausgerechnet dieser Mann, der so despektierlich und emotional brutal mit uns umgeht, der „Seelenpartner" sein soll. Und dass es keinen anderen, keinen besseren gäbe. Das kann nicht sein! Was wäre das für ein zynisches Spektakel!

Manchmal ist er es einfach nicht, und wir wissen das ganz genau. Die innere Stimme, unseren besten Freund, haben wir zum Schweigen gebracht. Das ist Hochverrat an uns selbst. Mit Wegatmen oder Wegdiskutieren werden wir diese Wahrheit nicht los. Wir haben uns vertan und haben es uns verschwiegen.

Oder aber, wir müssen uns die Wahrheit darüber sagen, dass wir es vielleicht mit einem ernsthaft interessierten Mann zu tun haben, an den wir uns in einem frühen Stadium selbst schon zu sehr gebunden haben und drohen nun, die beginnende Beziehung auszulöschen. Wir müssen zunächst eine ehrliche Bestandsaufnahme machen, damit wir den Rückwärtsgang einlegen und die Beziehung retten können.

Wir müssen unserem Verstand auf die Finger schauen und die toxischen Denkfiguren durch milde, liebevolle ersetzen. Wir müssen, gerade dann, wenn es uns nicht gut geht, mit uns selbst so tröstend und zuversichtlich sprechen, wie wir das mit unserer besten Freundin tun, wenn sie Kummer hat.

Wenn wir das können und so mit uns selbst umgehen, signalisieren wir zum einen das für uns richtige und stimmige Maß an Verletzlichkeit und Menschlichkeit, zum anderen aber auch unsere Stärke und Klarheit. Das macht uns respektabel.

Respektabel wird man für einen Mann nicht, indem man sich den ganzen Tag toll abgrenzt und sagen kann, was einem stinkt. Das kann man vielleicht mal brauchen, aber das sind keine Werkzeuge, deren Verwendung Achtung, Wertschätzung und Rücksichtnahme hervorbringen. Ist man erst in der Situation, dass Abgrenzung nötig wird, ist das Kind schon in den Brunnen gefallen. In keiner gesunden Beziehung muss man das tun. Vielleicht anderthalb Mal in zehn Jahren ...

Das, was uns respektabel macht, ist das, was wir imstande sind zu tun, wenn man nicht gut mit uns umgeht, nämlich eine ungesunde Situation zu verlassen, weil wir wissen: „Ich kann meine Gefühle aushalten."

Das strahlen wir dann aus und daher kommt die Erkenntnis in einem Mann: „Ich verliere sie, wenn ich mich danebenbenehme."

Das macht eine Frau wertvoll für ihn.

Das ist echte Authentizität.

Also: Wenn ein Mann nicht richtig will, werde nüchtern und tue alles, was es braucht, damit du innerlich loslassen kannst. Er wird das merken, ohne dass wir viele Worte verlieren. Auch wenn wir nach wie vor sogar noch nett zu ihm sind, so liegt doch jetzt etwas Unerreichbares in unserer Ausstrahlung. Du kannst sicher sein, dass das seine Aufmerksamkeit erweckt, ganz sicher mehr, als wenn wir ausgerechnet in dieser Situation ein Bekenntnis von ihm abzupressen versuchen oder beginnen, unsere Gefühle zu offenbaren. Das ist das letzte, was man tun darf, wenn ein Mann indifferent bleibt oder sich sogar zurückzieht.

Wenn es nicht weitergeht, sei es, weil er nur eine Affäre will oder sei es, dass man mit einem ernstzunehmenden Mann irgendwo feststeckt und nicht weiß, ob er noch mit will, bleibt nur eine Wahl: zurückrudern und alles daransetzen, innerlich wieder mehr auf Abstand zu kommen, zum Beispiel, in-dem man die sexuelle Beziehung zu ihm auf Eis Legt. Nicht, um ihn zu manipulieren, sondern aus Selbstachtung und Selbstfürsorge.

Wir sind diejenigen, denen das nicht bekommt.

Man kann einem Mann ohne weiteres etwas sagen wie: „Du weißt, dass ich dir gerne so nah bin und es sehr genieße, aber ich merke, dass ich dafür einen festeren Rahmen brauche. Deshalb können wir uns gerne (ab und zu) sehen, aber ich möchte dir im Moment nicht mehr so nah kommen. Ich will dir nicht wehtun, aber mir bekommt das nicht." Kuss auf die Wange. „Ich fahr jetzt nach Hause und melde mich."

Damit bringt man ihn ins Nachdenken. Und zum Warten.

Wenn das aus Loyalität zu uns selbst geschieht, werden wir merken, wie liebevoll und mitfühlend wir das für beide sagen können.

Es ist wesentlich wirkungsvoller, *im Verhalten konsequent zu sein*, als sich von einer emotional misslichen Situation in die nächste hineinzumanövrieren und den Schlamassel später durch Reden korrigieren zu wollen.

Konsistentes Verhalten ist *immer* am effektivsten. Im Falle einer Affäre, die zu nichts führt, wird uns das aus der Sache heraushelfen.

Ein Mann, der sich hingegen eine Beziehung wünscht, will die Sicherheit und das Bekenntnis zu einer Frau freiwillig geben. Aber er braucht seine Zeit, und solange müssen wir die Nerven behalten.

Grund 7: Das ganz große Missverständnis – mit Sex kann ich ihn gewinnen

Sex ist in einer intakten Beziehung Ausdruck von Bindung, Nähe und Liebe. Und Sex schafft Bindung. In einer Affäre schafft Sex auf Dauer nichts außer Verlust der Selbstachtung.

„Mit Sex kann ich ihn gewinnen", ist ein großer Irrtum mit oft verhängnisvollen Folgen. Männer mögen Sex, die meisten jedenfalls, aber: durch Sex *allein* entsteht beim Mann weder Bindungsgefühl noch Beziehungswunsch. Auch nicht, wenn es mit der Frau sehr schön ist.

Eigentlich wissen wir das alle. Aber es ist so verlockend, es wieder und wieder zu versuchen, weil es jedes Mal aufs Neue so aussieht, als könnte es doch noch funktionieren, als Ausnahme vielleicht. Oder, weil genau diese Affäre doch so völlig anders ist. Oder weil wir es gewohnt sind, mit dem Kopf durch die Wand zu gehen, anstatt ihn zu benutzen. Oder weil der Sex so übelst außergewöhnlich ist, dass alle anderen sowieso keine Ahnung haben …

Leider ist das nicht so. Es immer dasselbe:

Die Frau baut schon beim Sex ein Bindungsgefühl auf, der Mann nicht

Ein Beziehungswunsch ist die Folge. So ist manche Frau mit einem Mann im Bett gelandet, um gegenseitige Bindung zu schaffen und hat stattdessen nur *sich selbst* an ihn gebunden.

Wie wir wissen, entsteht Bindungsgefühl bei Frauen leicht schon durch schöne Gespräche und schönen Sex. Der Mann kann das genauso genießen wie die Frau, aber der Bindungswunsch entsteht, wie in vorangegangenen Kapiteln dargelegt, bei Männern an ganz anderen Stellen.

Ein Mann, der sich anstrengt, kommt in seine Kraft und damit auch ins Fühlen. Viele Männer wünschen sich Frauen, die sie ins Fühlen bringen.

Was eine Frau quälen kann, ist für viele Männer das Elixier für Bindung: Sie wollen fühlen, auch Halbschmerzhaftes wie Sehnsucht und Vermissen, denn das beflügelt ihr Tun.

Ein anständiger, gesund empathischer Mann wartet. Und es ist das Warten selbst, das sein Bindungsgefühl stärkt. Auch das Warten auf die sexuelle Begegnung mit einer Frau kann erheblich dazu beitragen. Was sein Bindungsgefühl erzeugt, ist die Anstrengung dafür.

Bei Jägern ist das natürlich anders: Sie wollen nicht warten. Sie nehmen sich, was sie haben wollen. Sie haben keinerlei Motivation, eine Frau, die sie aus der Disco mitnehmen, glücklich zu machen. Diese Männer kriegt man leicht ins Bett, aber sicher nicht in eine gute Beziehung. Meist bleibt das ganze Ding in einer Affäre stecken, oder, wenn es gut läuft, bleibt es bei einer Nacht.

Bei Männern und Frauen entsteht Bindungswunsch gleichermaßen durch Fühlen

Nur: Der Mann kommt in sein Fühlen durch völlig andere Situationen und Gegebenheiten als die Frau. Und hier entsteht ein verhängnisvolles Missverständnis. Wie wir jetzt wissen, denken Frauen, dass der Mann in den gleichen Situationen wie sie selbst in eben dieses so wichtige, beziehungsbildende Fühlen kommt.

Dabei reicht das Fühlen, das er durch Sex und Gespräche erlebt, schlichtweg meistens nicht aus. Das merken Frauen aber oft erst spät. Sie spüren, dass der Mann genießt, und verstehen nicht, warum er aber nicht dieselben Schlüsse daraus zieht. Sie verstehen nicht, warum bei ihm kein Beziehungswunsch entsteht.

Anstatt hier erstmal alles herunterzufahren, versuchen sie den Sex und die Gespräche weiter zu perfektionieren. Auf diese Weise versuchen sie bei ihm den Beziehungswunsch zu entfachen und bemerken nicht, dass seine Bindung schaffenden Faktoren gar nicht oder zu wenig vorkommen.

Ab hier bekommt er immer mehr von ihr, ohne sich auch nur im Geringsten für die Verbindung angestrengt zu haben. Das ist die absolute Sackgasse.

Schafft die Frau an dieser Stelle nicht den Ausstieg, was oft der Fall ist, schraubt sie sich immer tiefer in die Bredouille hinein: Sie selbst baut weiter Bindung auf, während der Mann nicht mal mehr an Beziehung denkt.

Viele Frauen merken, dass etwas nicht stimmt und dass sie irgendetwas tun, was nicht hilft, aber sie verstehen nicht, was das ist.

Wenn sich ein Mann nur am Abend mit einer Frau trifft und mit ihr ins Bett geht und sich, meist vorher, noch eine Weile mit ihr unterhält, wird ihm das vermutlich gut gefallen. Fehlt aber die Sehnsucht nach ihr außerhalb der Treffen, kann kein noch besserer Sex einen Beziehungswunsch erzeugen.

Männer, die wissen, dass sie mit einer Frau nicht verbindlich werden wollen, sorgen *absichtlich* dafür, dass sich die Zusammenkünfte mehrheitlich auf Modalitäten beschränken, die alles ausklammern, was bei ihnen selbst Bindung erzeugen könnte. Sie schließen konsequent aus, was Schnittmengen, gemeinsame Erfahrungen und eine Zunahme des Wir-Gefühls hervorbringen würden.

Sie gehen peinlichst genau allem aus dem Weg, was in ihnen ein Verantwortungsgefühl für die Frau auslösen könnte. Das sind die Männer, die sich um nichts kümmern, und zwar absichtlich. Sie wissen, dass sie das tun.

Sie gratulieren nur knapp zum Geburtstag. Sie erkundigen sich wenig oder gar nicht nach besonderen Ereignissen im Leben der Frau. Sie sind vor allem fast nie für Dinge des Alltags verfügbar. Es gibt ein paar Ausnahmen, aber die sind wirklich selten. Sie hören zu, wenn die Frau etwas Wichtiges aus ihrem Leben erzählt, aber sie bleiben auf Distanz dazu. Sie engagieren und begeistern sich nicht und setzen sich schon gar nicht ein oder nur selten.

Dieses Verhalten scheint hermetisch und kann nicht mit noch mehr oder noch „besserem" Sex durchbrochen werden. Genauso wenig mit Überzeugungsarbeit, Erwartungen und Forderungen, Ausharren und Abwarten. Auch nicht mit Geschenken.

Wer sich in dieser Situation festgeschraubt hat, tut gut daran, als erstes die körperliche Beziehung zu dem Mann zu beenden: anstatt noch besserem Sex kein Sex mehr!

Hat ein Mann gezielt und über längere Zeit dafür gesorgt, dass die Bindung schaffenden Modalitäten ausgeschlossen werden, gibt es keine Chance. Wir können das Ruder nicht herumreißen; aus dem Ding müssen wir raus. Vielleicht haben wir danach eine Chance miteinander, aber was wollen wir eigentlich mit einem Mann, der sich so verhalten hat? Das ist kaum wiedergutzumachen. So einem Mann können wir nicht mehr vertrauen.

Die Signale, die eine Frau sendet, wenn sie weitermacht, sind fatal.

Wie wir wissen, ist jedem Mann bewusst, dass die meisten Frauen für eine sexuelle Beziehung zunehmend den Rahmen einer festen, sicheren Partnerschaft brauchen. Verzichtet sie selbst auf diese Konditionen, läuft sie Gefahr, Botschaften auszusenden, die nicht in ihrem Sinne sind.

Hier sind ein paar Beispiele für die unerwünschten Botschaften, die mitlaufen:

„Je weniger Sicherheit und Verlässlichkeit du mir gibst, desto mehr Sex bekommst du von mir."

„Je weniger Sicherheit und Verlässlichkeit du mir gibst, desto leidenschaftlicher bin ich."

„Je weniger Sicherheit du mir gibst, desto mehr will ich dich."

„Ich brauche nicht viel; mach dir nur keine Mühe mit mir. Ich will dich nur mit Haut und Haaren haben. Egal zu welchem Preis."

„Ich habe so eine Angst, dich zu verlieren, dass ich mir alles gefallen lasse, wenn du nur bei mir bleibst."

„Ich glaube nicht wirklich, dass ich liebenswert bin. Deshalb gehe ich auf Nummer sicher und schlafe mit dir, obwohl mir das nicht guttut. Vielleicht macht mich das wertvoll."

Eines kann man hier ganz klar sagen: Auf diese Weise verliert ein Mann Respekt und Interesse. Und die Frau verliert den letzten Rest Selbstachtung. Solche Erfahrungen sind traumatisch und können, sollte einer Frau das mehrmals hintereinander passieren, dazu führen, dass sie sich nicht mehr binden kann.

Aus dieser Bredouille finden wir mit den gleichen Vorgehensweisen hinaus, wie bereits weiter oben beschrieben: Wir müssen das Richtige tun und alles fühlen, was dann auftaucht. Wir können mit dem bewussten Fühlen im Körper schon beginnen, während wir noch festhängen. Denn oft löst der Gedanke allein die Angst oder das Verlustgefühl aus: hier der Gedanke, die sexuellen Aktivitäten mit dem Mann einzustellen. An genau dieser Stelle können wir schon ins Fühlen gehen. Solange, bis wir merken, dass wir gehen können.

Sollte der Verstand unterwegs unken und pöbeln, können wir davon ausgehen, dass davon nichts stimmt – nicht, solange wir emotionalisiert sind. Nein, wir sterben nicht innerhalb weniger Wochen an Sexentzug! Und nein, das war auch nicht der letzte Mann auf dem Planeten, mit dem es schön sein wird!

Du bist die Chefin.

Du bestimmst, ob du in einer unsicheren Beziehung weiter mit einem Mann schläfst oder ob du deiner inneren Stimme folgst und das Richtige tust.

Grund 8: Taktiken – Nicht leicht zu haben

„Du musst dich rarmachen."
„Willst du gelten, mach dich selten."

So heißt es und das ist für viele Frauen der einzige Ratschlag von Mutter oder Großmutter, den sie mit auf den Weg bekommen haben, wenn es um den Umgang mit einem Mann und einer beginnenden Beziehung geht.

Oft bekam ich Ähnliches zu hören, wenn ich mit Frauen sprach, die im Rarmach-Status waren und warteten und warteten. Mit der Zeit stiegen Verzweiflung und Zorn, weil der Mann recht passiv blieb.

Mit Mantras wie: „Ich rufe ihn ja nicht an", oder: „Ich melde mich nicht bei ihm", oder: „*Er* muss sich melden", beruhigten sie sich dann selbst und glaubten, sie würden damit beweisen, dass sie souverän geblieben wären und ihm nicht nachliefen.

Taten sie aber, und zwar durch das Warten.

Taktiken gehen nach hinten los …

Ich kann das abkürzen: Wenn das eine Taktik sein soll, mit der man den anderen zu etwas bewegen will, setzt man sich selbst am meisten unter Druck. Das Ding geht natürlich nach hinten los. Taktiken sind manipulativ und funktionieren, wenn überhaupt, nur kurz.

Zieht man sich nämlich zurück, um den Mann zu locken, fängt man *selbst* an zu warten. Früher oder später kommt das unweigerlich. Und damit erreichen wir das genaue Gegenteil von Souveränität oder emotionaler Unabhängigkeit. Wir bringen uns damit eigentlich in größere Schwierigkeiten. Das Ganze würde nur ziehen, wenn wir ihn vergäßen oder den Ruckzug ernsthaft beabsichtigen würden.

Das gemeinsame Unbewusste ist mal wieder am Werk und verrät auf der nonverbalen Datenautobahn alles, was wir gerne verstecken möchten. Wenn das Rarmachen nämlich auf hohem Hoffnungs- und Erwartungsdruck basiert und nicht auf einer echten Souveränität, wird der Mann nur wenig Lust haben, wieder aufzutauchen oder gar verbindlicher zu werden. Er meldet sich wahrscheinlich, aber erstens irgendwann, und zweitens eher nicht mit Rose quer im Mund.

Es gibt Frauen, die schlafen regelmäßig mit einem Mann, der nicht verbindlicher wird, und ziehen sich dann taktisch zurück und warten. Dann schlafen sie wieder mit ihm und ziehen sich wieder zurück. Dann warten sie und werden sauer. Dann wird gemotzt und „sich abgegrenzt", und dann schlafen sie wieder mit ihm.

Damit macht man sich komplett unglaubwürdig, auch vor sich selbst. Die Rückzugspielchen können höchstens hier und da mal eine Art kurzzeitigen Effekt haben, aber es kommt nichts Nachhaltiges dabei heraus.

Der GAU tritt ein, wenn wir uns dabei erwischen lassen. Wenn ein Mann nämlich merkt, dass wir uns rar rarmachen, um ihn zu reizen, endet das im Desaster. Denn auch das ist ein Abtörner und führt dazu, dass ein Mann den letzten Respekt verliert.

Ab einem gewissen Punkt spüren sie das alle. Aber den meisten Männern, die Affären als saubere Lösung betrachten, mangelt es ohnehin an Respekt: für sich selbst und für die Frau.

Es gibt unausgesprochene Vereinbarungen und Strukturen

Eigentlich trägt jede Frau für einen Mann diese kleine Unberechenbarkeit in sich. Wenn man das kleine Einmaleins der Spielregeln beachtet, wird diese Seite ihre wunderbare und belebende Wirkung in der Beziehung entfalten.

Es gibt diese Spielregeln. Wer sie grob einhält, wird sich selbst viel wohler, stärker und sicherer fühlen. Wer das nicht tut, läuft leicht ins offene Messer. Das sage ich mit langjähriger Beratungserfahrung und einer Reihe von Erfahrungen am eigenen Leib.

Diese Regeln hat keiner gemacht; sie sind aus sich selbst heraus entstanden, zunächst aufgrund vieler evolutionsbiologischer Erfordernisse. Aber nicht nur das: Sie berücksichtigen die männliche und weibliche Natur und die Verzahnung ihrer Prinzipien miteinander. Vielleicht ist das in tausend Jahren alles anders, aber noch haben wir es mit diesen Gegebenheiten zu tun und wir sind besser dran, wenn wir sie zumindest kennen, anstatt sie von vorneherein zu negieren.

Sie machen alles so viel einfacher, sinnvoller und sicherer, und zwar für beide.

Ich spreche hier von der guten, alten Spielregel: Lass dich nicht so früh komplett ein und schon gar nicht, bevor der Mann es tut.

Dann bleiben Unbefangenheit und unsere kleine Unberechenbarkeit erhalten – die Hauptzutaten, die es braucht, um das Herz eines Mannes zu erobern.

Ich kenne den Einwand an diesem Punkt; Frauen sagen dann manchmal: „Ja, aber dann ist das doch alles nur Manipulation, wenn ich meinen Gefühlen nicht freien Lauf lassen kann. Dann muss ich mich ja zurücknehmen, damit der Mann nicht wieder abhaut. Wenn ich ihn nur binden kann, indem ich meine Gefühle unterdrücke, dann will ich nicht."

Genau das soll ja nicht passieren!

Taktiken sind manipulativ.

Ich sage an dieser Stelle mal ganz deutlich: sich rarmachen, um den Mann zu etwas zu bewegen, von dem wir wissen, dass es Bindung schafft, nämlich Warten und Vermissen – das ist Manipulation. Wenn das Vermissen nicht organisch geschieht, sondern durch eine Taktik ausgelöst werden soll, ist das Manipulation.

Sich heftigst verlieben, den ganzen Tag träumen und die Gefühle maximal verstärken, ist auch Manipulation. Und zwar manipuliert man hier die eigenen Gefühle und dann braucht man den anderen, um nicht unterzugehen. Wir verlieren dadurch die Unabhängigkeit und die Fähigkeit loszulassen, wenn es nötig ist. Ab dann müssen wir den Mann in die Pflicht nehmen, um nicht der eigenen Angst begegnen zu müssen. Das ist keine Kritik, aber es ist, was es ist.

Da, wo wir unerlösten Schmerz in uns tragen, manipulieren wir andere. Verliebtheit macht blind, und wenn sie obsessiv genug ist, macht sie auch manipulativ. Man kann süchtig nach diesem Gefühl werden, es ist eine biochemische Sucht und der Mann wird zur Droge. Das ist manipulativ.

Sehr verliebt, neigen Frauen dazu, die Unterschiede und Andersartigkeiten nicht mehr wahrzunehmen. Und wenn es zu viele sind, die zudem noch unter den Teppich gekehrt werden, wird die Beziehung keine Zukunft haben. Diese Art der Gleichmacherei ist ausgesprochen manipulativ, weil man dem anderen eine Schnittmenge vorgaukelt, die es in dieser Ausprägung gar nicht gibt.

Wenn wir nicht manipulativ sein wollen, müssen wir sehr ehrlich zu uns selbst sein und unsere wirklichen Gefühle unter einer heftigen Verliebtheit kennen. Sonst werden wir uns gnadenlos ausliefern und versuchen, den Mann zur Behebung dieses Dilemmas einzuspannen.

Es geht um Vernunft und um einen klugen, sensiblen und liebevollen Umgang mit uns selbst, mit der Situation und mit dem neuen Mann.

Wer in der frühen Phase jedoch schon das Telefon bewacht und sofort immer Zeit hat, sobald der Mann sich meldet, wird genau diese Spannungslosigkeit erzeugen, die einen Mann dazu bringt, das Interesse zu verlieren. Zu verliebte Frauen haben einfach eine zu hohe Verfügbarkeit. Männer merken das.

Frauen merken das auch. Das Gegenlenken besteht dann meistens nicht etwa daraus, das Maß an Verliebtheit infrage zu stellen und ein Stück herunterzukochen, sondern daraus, kurzerhand einfach so zu tun, *als ob* ... als ob man noch souverän geblieben sei. Man verhält sich so, als ob, und versucht die organische, echte Version zu imitieren. Dann zieht man sich zurück, meldet sich nicht und wartet. Das ist Manipulation. In mancher Affäre geht das so von Tag eins bis zum Schluss.

Organisch, natürlich gewachsenes Rar-machen hingegen entfaltet die richtige Wirkung.

Eine Frau, die das Zusammensein mit einem Mann genießt, ihm aber noch nicht ganz gehört, wird von ganz allein weiter ihren Interessen nachgehen, ihre Freundschaften pflegen und sich dann Zeit für den neuen Mann nehmen, wenn sie sie hat.

Wenn nicht, muss er warten. Dann hat sie auch mal keine Zeit oder sie ist eingeschlafen und hat ihn abends nicht mehr angerufen.

Unter solchen Gegebenheiten hat es auch die gewünschte Wirkung, wenn wir uns zurückziehen, weil er sich mal blöd verhalten hat oder weil er nicht verbindlicher wird. Wir agieren dann so, weil wir das fühlen und weil es stimmig ist, und nicht, *damit* er sich meldet. Das macht den himmelweiten Unterschied aus.

Er wird sich wahrscheinlich schneller melden, als wir denken, wenn wir uns zurückziehen, weil wir keine Lust auf ihn haben. Denn ein Mann spürt, wenn er Gefahr läuft, eine Frau wieder zu verlieren. Gute Männer fühlen sich hundeelend, wenn eine Frau sich zurückzieht, weil sie etwas falsch gemacht haben.

Das Schlimmste aber, was passieren kann ist, wenn ein Mann weiß, dass er sich alles herausnehmen kann, ohne dass es Konsequenzen hat.

Es geht hier nicht um abgrenzen, gar „einfordern“ oder Ähnliches. Es geht nicht darum, mit einem Mann herum zu diskutieren. Wir haben in einer frühen Phase kein Recht dazu, Forderungen zu stellen. Hier müssen wir die Konsequenzen ziehen und einfach niedrigschwelliger bereit sein, die Affäre oder beginnende Beziehung aufzugeben.

So bekommen wir den Mann ans Nachdenken

Hier ist ein Vorschlag, wie man mit einem Mann sprechen kann, der sich schlecht benommen hat oder nicht verbindlicher wird, wenn man noch keine partnerschaftlichen Rechte besitzt. Damit ist schon manches Ruder gedreht worden. Mindestens aber kann man sich der Aufmerksamkeit des Mannes gewiss sein.

Wir können einem Mann in einer solchen Situation schlicht die Wahrheit sagen: „Mir hat die Situation heute Nachmittag nicht gefallen. Du wirst deine Gründe gehabt haben, warum du das so gemacht/gesagt hast. Da will ich dir auch nicht reinreden. Du weißt, dass ich dich sehr mag und unheimlich gerne Zeit mit dir verbringe, aber die Situation, wie sie gerade ist, bekommt mir nicht. Unter diesen Umständen muss ich mich im Moment von dir zurückziehen."

Und wenn wir den Herd noch eine Stufe weiter aufdrehen wollen oder müssen, können wir noch hinzufügen (aber bitte nur, wenn es auch stimmt): „Ich weiß noch nicht, was das mit mir macht. Das muss ich jetzt in den nächsten Tagen sehen. Ich muss nachdenken. Lass uns jetzt erst mal Pause machen."

Daran wird er zu beißen haben. Was ihn mit Sicherheit ziemlich irritieren wird, ist, dass wir uns nicht weiter für seine Beweggründe interessieren oder ihm Vorwürfe machen. Wir stellen keine Forderungen und zeigen so, dass wir seinen Raum respektiert und dass er darin machen kann, was er möchte. Gegebenenfalls aber dann ohne uns.

Mit einer solchen Ansage schlagen wir keine Türen zu. Wir werden nicht beleidigend oder unsachlich und wir erniedrigen uns selbst nicht. Wir lassen den Mann allerdings im Unklaren darüber, was „im Moment zurückziehen" heißt. Wir sind ehrlich, ohne alles preiszugeben, was wir denken und fühlen, und *wir liefern uns vor allem nicht aus*. Wir müssen es allerdings auch so meinen und dafür müssen wir loslassen können.

Die Wahrscheinlichkeit, dass er sich relativ bald meldet und die Sache wieder in Ordnung bringen will, ist sehr hoch. Und sein Respekt für uns wird danach wesentlich höher sein. Nur so wird man für einen Mann richtig wertvoll: indem man sich selbst, aber auch ihn derart behandelt.

Hier geht es also genau nicht um Spielchen, sondern um die Beachtung von Hoheitsgebieten. Es geht darum zu erspüren, was an der Reihe ist, was die Situation jetzt von uns abverlangt. Damit fallen Dinge an ihren richtigen Platz. Nur das schafft eine wohltuende Ordnung und gegenseitigen Respekt. Allerdings nur, wenn es keine Bettgeschichte ist.

Und wir sind am natürlichsten, wenn wir froh sind. Aber nicht, wenn wir riskant verliebt sind.

Es gibt eine Reihe von Kapitalfehlern, die uns unterlaufen können, wenn ein Mann in einem frühen Beziehungsstadium Blödsinn macht. Dazu zählt der Versuch, ihn zurückzuholen, indem wir ihm Vorwürfe machen.

Oder wenn wir ihm unsere Gefühle offenbaren und ihm nach einer Zurückweisung sagen, dass wir ihn lieben würden und mit ihm zusammen sein wollten. Das versteht er nicht.

Den gleichen Effekt hat ein taktischer Rückzug. Ein Mann, der sich indifferent verhält oder sich zurückgezogen hat, weiß, was er getan hat. Auch wenn er sich schlecht oder schräg benommen hat, weiß er das meistens. Deshalb ist dieses landläufige Abgrenzen hier nichts wert. Wirkliches Abgrenzen wäre nicht zu motzen, sondern die emotionalen Konsequenzen zu ziehen, und zwar ohne große Worte. Man kann sich auch mal Luft machen. Aber dann, ohne dass man von ihm etwas erwartet. Das ist noch zu früh.

Die Rede ist hier auch wieder nur von frühen Stadien von Beziehungen und Affären. In laufenden Partnerschaften gilt anderes.

Wenn man sich also rarmachen muss, sollte man das tun, aber auf die richtige Weise

Man lässt los und geht in sein altes Leben zurück, das ja noch da ist: sich mit der Freundin treffen, tanzen gehen oder am Projekt arbeiten und ihn vergessen. Das kann ganz schnell gehen. Und auch hier kann man sich auf das gemeinsame Unbewusste verlassen: Gar nicht selten, und wir alle kennen das, steht er vor der Tür und will uns sehen, kaum haben wir losgelassen.

Das Rarmachen passiert in einem natürlichen Maß, wenn wir bei uns bleiben. Dann können wir einem Mann sehr unbefangen zeigen, wie gern wir ihn mögen, aber auch, dass wir noch anderes zu tun haben.

Denn wenn es etwas gibt, das einen Mann fesselt, dann ist es diese Kombination: zu wissen, sie mag mich und ich kann ihr mit unserem Zusammensein eine Freude bereiten UND: Hoffentlich will sie das nächste Woche immer noch!

Grund 9: Nicht loslassen können, weil man emotional so viel investiert hat

Wo wir viel gefühlt haben, baut sich Bindung auf.

Gefühle, ob schön oder nicht, werden als Investition in etwas oder jemanden empfunden. Und je länger wir gefühlt, gelitten, gehofft und geschwitzt haben, je mehr wir erlebt, geliebt, uns gefreut und an einer Beziehung gearbeitet oder auch festgehalten haben, desto mehr betrachten wir den emotionalen Einsatz als Investition und hängen daran.

Deshalb nenne ich das *Investment-Bonding*: gebunden sein, weil man emotional investiert hat.

Das ist zunächst einmal etwas sehr Normales und auch Sinnvolles. Das hindert uns nämlich, eine Beziehung oder eine gute Sache einfach so aufzugeben. Haben wir Jahre unseres Lebens in eine Partnerschaft oder Familie investiert, können wir nicht einfach gehen, nur weil uns mal jemand den Kopf verdreht hat oder weil den Impuls verspüren auszubrechen. Das passiert zwar auch, und manchmal ist es sogar nötig, aber viel öfter geschieht das eben nicht. Durch diese Art der Investition entsteht nicht nur Bindung, sondern auch ein Verantwortungsempfinden, das wiederum zum Bindungsgefühl beiträgt.

Je mehr unsere Erwartungen, Hoffnungen und unsere gesamte Emotionalität mit einem Erlebnis oder mit einem Menschen assoziiert werden, desto mehr fühlen wir uns gebunden.

Das gilt sogar für Gegenstände. Haben wir für den Kauf eines Hauses jahrelang gespart, gearbeitet, geschwitzt und verzichtet, wird das Haus allein dadurch schon an Wert gewinnen und etwas sein, an das wir uns gebunden fühlen.

Dieser Aspekt der Bindung kann sehr viel Halt und Sicherheit generieren, weil wir uns damit zu einem Menschen oder einer Sache bekennen. So schaffen wir verlässliche Faktoren in unseren Leben, können viele Jahre an etwas arbeiten, Krisen überstehen und Großes erschaffen.

Problematisch wird das, wenn es ausgenutzt wird

Das kann durch uns selbst oder durch andere geschehen. In der Werbung gehört das zum Beispiel zum Einmaleins: „Wenn du Menschen beeinflussen willst, dann bringe sie dazu, emotional in dich zu investieren."

Ein erheblicher Teil der Politik basiert auf der Nutzung dieses Bindungsmechanismus.

Auch andere berechnende Menschen, Psychopathen, narzisstische Persönlichkeiten und sonstige manipulative Zeitgenossen verfahren in menschlichen Beziehungen nach diesem Grundsatz. Sie tun das, indem sie uns pausenlos emotionalisieren: mal sind wir die Größten, dann sind wir weniger als Nichts. Der Schmerz, der Stress, die Hoffnungen, das Bangen und dann die grenzenlose Erleichterung, wenn alles wieder gut ist, sind Gefühle, die ein starkes Bindungsempfinden schaffen, das man schwer wieder loswird.

So bringen manipulative Menschen andere emotional unter Kontrolle. Sie haben allerdings noch ganz andere Werkzeuge, um ihre Mitmenschen in unlauterer Weise an sich zu binden.

Dieser Mechanismus ist auch Teil des Stockholm Syndroms, bei dem ein Entführungsopfer beginnt, Sympathie und Loyalität für den Entführer zu empfinden. Dieses Phänomen fußt nicht ausschließlich auf Investment-Bonding, aber es spielt eine erhebliche Rolle dabei. Was das Opfer einer Geiselnahme oder Entführung emotional erlebt, entspricht zu großen Teilen dem, was man in toxischen Beziehungen erlebt: Angst, Isolation, dann Hoffnung, Erleichterung, oft auch Belohnung und wieder Angst. Man hat unfreiwillig investiert.

Auch Politiker, Herrscher und Tyrannen nutzen diesen Mechanismus

Führer von totalitären Systemen emotionalisieren Menschen in einer Weise, dass sich Bindung und auch Sympathien entwickeln. So sichern sie sich ihre Gefolgschaft: Wenn man mal in das kleine Handbuch zur Errichtung eines totalitären Systems schaut, wird man feststellen, dass jeder Arbeitsschritt ganze Völker emotionalisiert. Es wechseln sich unsere alten Freunde Angst, Erleichterung und Hoffnung ab. Und wer kommt mit der Lösung um die Ecke?

Genau. Der, der das Chaos verursacht hat. Seine Verfehlungen werden kurzerhand anderen in die Schuhe geschoben, gerne seinen Kritikern. Greift jetzt das Investment-Bonding, verteidigen ganze Massen die Unterdrücker und deren Tyrannei. Man fühlt mit ihnen, glaubt ihre Lügen und kann sich schlecht von ihnen abkehren. Das erklärt auch das Phänomen, dass es kriminelle und grottenschlechte Politiker gab und gibt, die nahezu uneingeschränkten Welpenschutz genießen. Es scheint sogar, dass, je schlimmer sie sind, desto aggressiver werden sie verteidigt. Kein Mist, den sie bauen oder absondern, kann jetzt verheerend genug sein, dass es noch Konsequenzen für sie hätte. Sie können Menschenleben, Kriege oder einen Staatsbankrott auf dem Gewissen haben, es wird großzügig übersehen. Dieser Bindungstyp, der auf Emotionalisierung allein, statt auf Vernunft beruht, lässt zudem bei vielen Menschen keine Umkehr, keine Korrektur ihrer Irrtümer mehr zu.

Beispiele dafür findet man genug auf der Weltenbühne. Das Phänomen der Bindung durch Emotionalisieren gibt es überall und wird mitunter sehr gezielt eingesetzt.

Zurück zu unseren unverbindlichen Beziehungen ...

Ich habe so viele Gefühle in den Mann investiert, jetzt kann ich nicht mehr raus

Ist man also nun mit einem Menschen beschäftigt, der sich noch nicht zu einer festen Partnerschaft entschlossen hat oder der keine Beziehung will, ist es ziemlich riskant, sich immer weiter in ihn zu verlieben, zu leiden, zu hoffen, zu bangen, zu warten und sich zu sehnen. Mit einer Gefühlsachterbahn, wie im Erfahrungsbericht beschrieben, schaffen wir eine sehr einseitige Bindung, nämlich die von uns zu ihm und nicht umgekehrt.

Die drängende Hoffnung auf Gegenseitigkeit und das Gefühl, abhängig zu sein, sind dann eine Folge der viel zu hohen emotionalen Investition.

Wenn das dann nicht so funktioniert, wie man es erwartet, wird eine gesunde Kurskorrektur immer unwahrscheinlicher. Stattdessen treibt man selbst die verhängnisvolle Emotionalisierung voran.

Wir rationalisieren irrationale Entscheidungen. Das ist ein echter Teufelskreis: Je weniger wir uns die Irrtümer eingestehen, desto emotionaler werden wir und gemäß der emotionalen Investition binden wir uns damit noch mehr an den Menschen, der keinerlei oder zu wenig Beziehungswunsch signalisiert hat.

Einer der fatalsten Folgen, die hieraus entsteht, ist nicht nur, dass wir nicht mehr loslassen können, sondern, dass wir das Ganze als Liebe interpretieren. Das macht es noch um ein Vielfaches schwerer, sich von der ungesunden Situation zu trennen. Die losen Enden, die wir in der Hand halten, werden nicht der einzigen logischen Schlussfolgerung zugeführt, nämlich Abstand zu nehmen, weil die Bindung immer einseitiger wird.

Unterschwellig spüren wir die Angst vor dem drohenden Zusammenbruch der Verbindung und die Aussichtslosigkeit des Weges, den wir eingeschlagen haben. Je mehr wir uns in dieser Situation weigern, uns die Wahrheit einzugestehen, desto stärker wird ein Empfinden von: „Ich habe so viele Gefühle in den Mann investiert, jetzt kann ich nicht mehr raus."

Oder auch: „Jetzt will ich nicht mehr loslassen."

Das habe ich in Beratungen oft gehört. Originalton.

Und je länger das Ganze dann geht, desto höher schlagen die Wogen. Der Frust wird größer, der Zorn beginnt zu lodern, die Traurigkeit wird tiefer und die Euphorie lässt nach. Den Mann stößt man damit noch weiter von sich weg oder man holt einen Mann, der nur eine Affäre sucht, keinen Millimeter näher heran.

Ausgerechnet hier kommen viele Frauen am schlechtesten raus: Der Moment scheint erreicht, an dem sie kurz vor der völligen emotionalen Erschöpfung das Maximum an Gefühlen investiert haben und meinen, am wenigsten loslassen zu können. Oft sogar, obwohl sie loslassen wollen, weil ihnen nun doch immer bewusster wird, dass sie sich völlig verkantet haben.

Es erinnert an den Zocker, der schon fast alles verloren hat

Er klebt am Automaten und steckt noch mehr rein, in der Hoffnung, doch noch alles zurückzugewinnen. Je mehr er verliert, desto verzweifelter muss er gewinnen. So hört er nicht auf, genau den Fehler zu machen, der ihn in die Misere gebracht hat, und spielt und spielt, bis alle Ressourcen erschöpft sind.

Es ist wie weitersaufen, um nüchtern zu werden.

Ein Schlechtes Gewissen kann so etwas auch mit uns anstellen: Je mehr Schuldgefühle, desto weniger können wir mit dem aufhören, was die Schuldgefühle hervorruft.

Wir lassen uns von dem Gefühlskino so sehr ins Bockshorn jagen, dass wir eher die ganze Sache mit hundertprozentiger Sicherheit vor die Wand fahren, als dass wir das einzig Richtige tun, nämlich aufzuhören oder zumindest herunterzufahren, wenn es noch eine Chance gibt.

Einmal an diesem Punkt angekommen, wo man wirklich raus aus der Sache will oder muss, ist eine Affäre als potenzielle Beziehung verloren.

Hat man den Ausstieg jedoch früh genug geschafft, kann man die Selbstachtung, die Achtung vor dem anderen und seinen Respekt im Gegenzug bewahren und vielleicht sogar einen Neustart zu einem späteren Zeitpunkt unter anderen Voraussetzungen miteinander versuchen.

Haben wir genug gelitten und wollen einen Versuch unternehmen, eine schmerzhafte Affäre zu beenden, kann es sehr hilfreich sein, wenn wir diesen Mechanismus des Investment-Bondings kennen. Das würde dabei helfen, einem so starken Bindungsgefühl, ohne, dass wir schon eine wirkliche Partnerschaft miteinander eingegangen sind, nicht mehr alle Bedeutung der Welt beizumessen. Es wird sehr viel leichter, wenn wir verstehen, dass das, was wir als Liebe interpretiert haben, schlichtweg keine ist – und dass das Bindungsgefühl nicht von einer gemeinsamen Geschichte mit vielen gemeinsamen Erlebnissen, wirklicher Beziehung und Verantwortungsübernahme kommt.

Liebe macht so etwas nicht – höchstens auf einer übergeordneten Ebene. Denn wir können an solchen Situationen enorm reifen. Aber auf der partnerschaftlichen Ebene erzeugt Liebe niemals so einen Schmerz, so ein Chaos und so viel Abhängigkeit.

Wenn wir also wissen, dass ein erheblicher Teil des Bindungsgefühls sogar auf unangenehmen Erfahrungen und Empfindungen fußt, bleibt uns vielleicht der Satz dieser Hals stecken: „Ich habe so viel investiert; jetzt kann ich nicht mehr raus."

Wenn uns diese Zusammenhänge klarer werden, wird es leichter, nein zu sagen. Wir können raus. Wir können uns über das Diktat einer Bindung, die keine wirkliche ist, hinwegsetzen und die Sache aufgeben.

Wir müssen uns eingestehen, dass Vieles von dem, was wir für den Mann gefühlt haben, aus Schmerz und all den anderen überlebensbasierten Gefühlen gemacht war. Dann setzt vielleicht endlich ein gesunder Zorn ein, der uns befähigt, das Richtige zu tun, nämlich wieder frei zu werden für eine Beziehung, die auch wirklich eine ist.

Irrtümer weiter aufrechtzuerhalten, weil wir uns geirrt haben, ist absoluter Irrsinn

„Wenn ich loslasse und der Schmerz aufhört, dann tut es wahrscheinlich noch mehr weh." Hier lohnt es sich wirklich, innezuhalten, sich das genauer anzuschauen und unsere alte, bekannte Denkfigur auf ihren möglichen Wahrheitsgehalt hin zu überprüfen. So ist das auch mit dem Investment-Bonding. Wenn man es genau betrachtet, sagt es eigentlich: „Ich kann nicht gehen, *weil* ich mich geirrt habe."

Wir werden nicht lange brauchen, um solche selbstgeschaffenen Knebelverträge zu lösen, wenn wir ihre Unsinnigkeit erkennen. Es grenzt an Wahnsinn, wenn wir solche Impulse unreflektiert immer weiter durchwinken. An derlei fixen Ideen müssen wir hängenbleiben und schauen, *was wir da eigentlich denken*. Und ob das sein kann.

Es kostet einen Augenblick, vielleicht zweimal tief Luft holen, um dann den erlösenden Gedanken vom Aufgeben zuzulassen. Es ist keineswegs ein Ende mit Schrecken. Es gibt einen Widerstand gegen das Loslassen. Der ist das eigentliche Problem, nicht das Loslassen selbst. Haben wir den Widerstand überwunden, ist da kein Schrecken mehr!

Die Entlastung und das Gefühl des Befreit-seins werden nicht lange auf sich warten lassen.

Teil III

10-Tage-Selbsterfahrungskurs

Einleitung

„Wenn ich traurig bin, verdiene ich mehr Liebe, nicht weniger.
Wenn ich zornig bin, verdiene ich mehr Liebe, nicht weniger.
Wenn ich frustriert bin, verdiene ich mehr Liebe, nicht weniger.
Wenn ich verletzt bin, mein Herz gebrochen, wenn ich beschämt bin oder mich schuldig fühle, verdiene ich mehr Liebe, nicht weniger.“

Matt Kahn

Ich möchte dir diesen Teil des Buches besonders ans Herz legen. Wie oft haben wir gelesen und verstanden. Aber haben wir Verstandenes auch angewendet? Oder haben wir *gedacht*, wir hätten es angewendet?

Es kann uns nur dienen, was wir tatsächlich auch praktizieren. Tun wir das nicht und belassen es beim Verstehen-aber-nicht-nutzen, trainieren wir uns an, uns selbst und auch sonst niemandem mehr ein Wort zu glauben.

Manche Menschen lesen alles, was sie in die Finger bekommen können, aber wenden nichts von dem an, was sie erfahren und auch verstanden haben. Mit so einem Vorgehen unterwandern wir zuverlässig unser Selbstvertrauen, weil wir auf diese Weise erleben, dass nichts funktioniert. Dabei haben wir es nicht einmal versucht.

Das ist speziell in dieser Situation das Letzte, was wir brauchen können. Deshalb möchte ich dir die Anwendung der Übungen, die du im Kurs kennenlernen wirst, so sehr ans Herz legen.

Um es gleich vorwegzusagen: In diesem Kurs geht es *nicht* darum, dir Dinge abzuverlangen, die du nicht kannst. Du wirst keine Telefonnummern löschen und auch nicht festlegen müssen, ihn ab jetzt nie wieder zu sehen. Es gibt keine Deadlines und du brauchst niemanden zu blockieren. Es ist besser ohne solche Maßnahmen.

Wir machen nichts, was dich *mehr* unter Druck setzt, denn das würde dich in der Sache festhalten. Wir tun nur, was dir Last von den Schultern nimmt und was dich wieder zu dir selbst führt.

Das Aufgeben der ungesunden Verbindung wird früher oder später eine zwangsläufige, aber erlösende Folge sein. Das kommt dann von selbst, ohne weiteren Schmerz. Es wird *dich* loslassen.

Wenn du anwendest, was du hier lernst, und weitermachst über diese Unliebes-Beziehung hinaus, wird sich dein ganzes Leben verändern. Der Schlüssel liegt in deiner Eigenwahrnehmung, oder anders: in dem Grad der Bewusstheit, mit der du dein Denken und Fühlen wahrnimmst.

Das ist es, was alles in Ordnung bringt.

Du wirst als Erstes sehen, wie du aus dem qualvollen Dauerzustand im Überlebensmodus zurück in den natürlichen Modus findest, indem du dir selbst nah bist und wieder auf die ganze Bandbreite deiner Fähigkeiten und Ressourcen zugreifen kannst. Du wirst lernen, wie du von der einen in die andere Verfassung findest.

Der Kurs ist der Rückwärtsgang für jede, die sich festgefahren hat.

Gleich, ob du mit einem Mann verbunden bist, der dir über längere Zeit bewiesen hat, dass er nicht an einer Beziehung interessiert ist, oder ob du einen Mann triffst, der sich eine Beziehung wünscht, aber noch unschlüssig ist: Du wirst dich zunächst wieder freigeben müssen.

Wenn du in einer Verbindung bist, die ähnlich der im Erfahrungsbericht ist, ist es Zeit aufzuhören. Aufzuhören, immer weiter das zu tun, was Schmerz verursacht und was dich von deinem Ziel abbringt. Der Kurs wird dir zeigen, wie das geht.

Wenn du den Mann noch eine Weile sehen musst, weil du noch nicht gehen kannst, ist das in Ordnung. Der Kurs wird dich befähigen, den Grad an Bewusstheit so zu erhöhen, dass du viel mehr bei dir bleibst, vor allem dann, wenn du mit ihm zu tun hast. Das wird dazu führen, dass du genau weißt, was du tust. Du wirst daran nicht mehr vorbeischauen können. Du wirst es auch zunehmend nicht mehr wollen, weil sich der Kontakt und die Aufrichtigkeit zu dir selbst viel richtiger anfühlt. Das Verdrängen wird also schwieriger, dafür verlierst du den Halt nicht mehr so leicht. Es wird dir damit erheblich besser gehen.

Nicht der Schmerz hört zuerst auf, sondern der Rausch. So rum geht das.

Wenn du in einer unverbindlichen Beziehung mit einem generell beziehungsinteressierten Mann steckst, weil du dich zu schnell zu heftig verliebt hast, musst du auch zunächst den Rückwärtsgang einlegen.

Um zu korrigieren, was schiefgelaufen ist, brauchst du nämlich einen kühlen Kopf, aber vor allem Zugriff auf deine Kraft, deine Vernunft und dein Selbstvertrauen. Deshalb ist jetzt erstmal eine Pause angesagt, ganz nach dem Motto: „Wenn du ihn haben willst, vergiss ihn."

Deshalb ist der Kurs für beide Situationen geeignet.

Veränderung braucht Zeit

Wenn du diesen Kurs nicht machen möchtest, so lies ihn bitte dennoch. In ihm sind weitere erhellende und erklärende Aspekte für deine Situation enthalten. Sie sind in einer sinnvollen Systematik angeordnet, der die Anwendung folgen sollte.

In diesem 10-Tage-Kurs lernst du, deine Aufmerksamkeit nach innen zu lenken und wieder in einen gesunden und hilfreichen Kontakt zu dir selbst zu kommen. Du wirst deine Gründe für die Obsession für den Mann kennenlernen und verstehen. Du wirst eingefahrene Denkmuster, die jetzt nur noch Schmerz, Liebeskummer und Ärger verursachen, entdecken und auflösen und wieder festen Boden unter die Füße bekommen.

Du wirst lernen, dich wieder liebevoll anzunehmen, ohne deine Loyalität zu dir selbst von *seinem* Verhalten abhängig zu machen.

Wenn du also deine Fröhlichkeit, deine Vitalität, deine Liebe zum Leben und zu dir selbst wieder spüren möchtest, beginne wir sofort damit.

Der Kurs ist intensiv und kompakt. Nimm dir jeden Tag Zeit dafür. Je mehr du dich auf die Fragen einlässt und mit aufrichtigem Interesse in dich hineinspürst, desto mehr wird dir dieser Kurs helfen; nicht nur, um aus der Sache rauszukommen, sondern auch dabei, an der Erfahrung zu heilen und zu wachsen. Einige der Übungen solltest du mindestens vier Wochen lang täglich durchführen. Sie sind gekennzeichnet.

Es ist sinnvoll, *nicht im Voraus zu lesen*, sondern immer die jeweilige Lektion an dem Tag zu lesen, an dem sie an der Reihe ist.

Es ist nicht wichtig, alles an aufeinanderfolgenden Tagen zu machen. Nimm dir die Zeit, die du brauchst, aber bleibe mit den Übungen im inneren Kontakt. Du kannst die Überkreuz-Übungen und/oder die Schreib-Meditation durchgehend machen, während du mit den anderen Aufgaben pausierst oder sie wiederholst.

Auch die Zuwendung zu deinem Herz sollte jeden Tag erfolgen.

Lies die jeweilige Übung, die du machen möchtest, zuerst vollständig durch und beginne dann erst.

Und jetzt legen wir los.

Tag 1

So kommst du vom Überlebensmodus wieder zurück zu dir selbst

Heute beschäftigen wir uns mit dem Kernstück einer jeden Veränderung, Reifung und Verbesserung der Lebensqualität: dem bewussten Fühlen.

Wir sind mehr oder weniger alle konditioniert worden, mit den Wahrnehmungsorganen im Außen zu sein und nicht im Innen. Dazu gehört auch, dass wir gelernt haben, unangenehme Gefühle loszuwerden, indem man im Außen etwas inszeniert oder sich in Gedanken verliert. Man wendet sich völlig von ihnen ab. Darüber haben wir im Kapitel über das Mangelgefühl eine Menge erfahren. Für jede Art von Veränderung müssen wir im Denken und Fühlen bewusster werden. Dazu muss die Aufmerksamkeit nach innen gehen. Das ist gleichbedeutend damit, dass man im Kontakt mit sich selbst ist. Und das genau brauchen wir, wenn wir uns im Überlebensmodus verloren haben. Wenn wir im Kontakt mit uns selbst sind, kommen wir also einerseits aus dem Überlebensmodus heraus und kommen andererseits in das Maß an Eigenwahrnehmung, welches wir brauchen, um zu heilen und um zu reifen.

Wie das geht, werden wir gleich sehen.

Wir beginnen zuerst mit den Überkreuz-Übungen. Sie stammen aus der Lernhilfe und sind auch für uns Große goldwert, wenn wir uns verloren haben oder emotional und durcheinander sind. Die Überkreuz-Übungen stellen die Hirnintegration wieder her und sorgen dafür, dass die Hirnhälften synchron funktionieren. Es gibt eine ganze Reihe von ihnen.

Ich habe zwei sehr starke Übungen herausgesucht. Sie sind schnell gemacht und zeigen rasche Wirkung.

Du kannst dir natürlich weitere Überkreuz-Übungen im Internet heraussuchen, wenn du möchtest. Jede Übung einzeln immer zuerst komplett lesen!

1. Überkreuz-Übungen

Übung I: Wir beginnen mit dem Handkanten-Klopfen.

Du nimmst die vier Finger der einen Hand eng nebeneinander und klopfst damit gegen die Handkante der anderen Hand. Die Handkante ist der Teil der Hand, mit der Bruce Lee Tische in zwei Teile gehauen hat.

Du kannst feste klopfen, ca. 20 Sekunden lang, dann wechselst du die Hand. Das energetisiert einerseits, beruhigt aber den Verstand andererseits und kann im Notfall sehr bei einer Panikattacke helfen. Solltest du das mal brauchen, wenn du nicht allein bist, kannst du die Handkanten auch kneten. Das fällt nicht auf.

Übung II: In der ersten Überkreuz-Übung malst du große, *liegende* Achten in die Luft. Suche dir dafür eine deiner Hände aus und male zehn große, liegende Achten in die Luft. Folge der Hand mit den Augen! Dann nimmst du die andere Hand und wiederholst das Ganze.

Mache das langsam und sorgfältig ... und vergiss das Atmen nicht ☺

Diese Übung ist eine doppelte Überkreuz-Übung, weil du den Arm überkreuz bewegst und die Augen mitnimmst. Alle Überkreuz-Augenübungen entfalten eine besonders starke Wirkung.

Übung III: Jetzt führst du die rechte Hand ans linke Ohr und die linke Hand ans rechte Ohr. Nun kannst du die Ohrläppchen, besser noch, das ganze Ohr massieren. Damit stimulierst und balancierst du eine Menge wichtiger Akupunkturpunkte gleich mit. Mache das eine halbe Minute lang.

Du kannst das auch nacheinander machen: erst das eine Ohr mit der gegenüberliegenden Hand, dann das andere.

2. Emotionen und Impulse dort wahrnehmen, wo sie sind: im Körper

Wir alle wissen, dass es wichtig ist, sich Gefühlen zu stellen, wenn wir vorwärtskommen wollen. Aber viele wissen nicht, wie das eigentlich geht.

Du wirst überrascht sein, wie einfach es ist, wenn man die Aufmerksamkeit auf das Fühlen selbst richtet. Das Fühlen verliert schnell seinen Schrecken.

Ich will damit beginnen zu erklären, was wir *nicht* tun werden. Diese Übung zielt nicht darauf ab, die Atmung zu kontrollieren oder ein Gefühl loszuwerden. Überhaupt nicht.

Es geht nicht darum, etwas unter Kontrolle zu bringen. Es geht nicht darum, sich zu entspannen oder sich zu beruhigen oder sich gute Laune zu verschaffen. Wir wollen schauen und geschehen lassen!

Es geht nur und ausschließlich um das *Betrachten* und *Beobachten*.

Wenn du noch nie bewusst in deinem Körper gefühlt hast, kann dir das erstmal komplex erscheinen. Mache es trotzdem. Später wird das immer leichter und selbstverständlicher.

Mit bewusstem Fühlen wirst du aus *jedem* limitierenden Muster rausreifen. Es ist der Anfang vom Ende der Herrschaft des Überlebenssystems über dich. Jedes Mal, wenn du bewusst fühlst, verkleinern sich die Projektionsflächen für das jeweilige Gefühl. Sie sind die Grundlagen für Muster.

Bewusstes Fühlen beruhigt den Verstand und holt dich zu dir selbst zurück.

Hast du ein Gefühl in diese Lektion mitgebracht?

Wie geht es dir? Wie geht es dir, wenn du an die Beziehung denkst?

Leidest du noch unter starkem Liebeskummer?

Das Gefühl wird umso schlimmer, je mehr du dich dagegen wehrst. Diese Übung wird dir helfen, dich auf das Gefühl im Körper ganz einzulassen. Sie wird es erträglich machen. Das Leben will für diesen Augenblick nicht, dass du es löst und entfernst – sonst hättest du das längst geschafft – sondern, dass du es durchlebst.

Dieser Schmerz zerstört nicht dich, sondern nur den Teil deines Überlebenssystems, der dir für eine echte Liebesbeziehung im Weg steht.

Eckhart Tolle hat einmal gesagt: *„Wenn nichts mehr hilft, dann leide bewusst.“*

Leide bewusst.

Aufhören wird der Schmerz von selbst. Ganz sicher. Jetzt kommt es darauf an, ob du annimmst, was er dir geben will, oder ob du dich weiter dagegen wehrst und damit Gefahr läufst, dass dir so etwas wieder passiert. Hingabe an das, was du im Augenblick in deinem Inneren wahrnehmen kannst, ist der beste Schutz gegen alles, was du nicht mehr brauchst. Es ist deine Wahrnehmung selbst, die alles in Ordnung bringt. Du brauchst dich nicht anzustrengen, lasse dich nur darauf ein. Wenn du den Widerstand aufgibst, wird es leichter, denn es ist der Widerstand, der es so schlimm macht.

Nimm dir Zeit dafür: Der Liebesschmerz macht müde. Mache dir keine Sorgen; das Leben macht es möglich, dass du die Zeit dafür hast. Es verlangt jetzt nichts anderes von dir. Du wirst die wichtigen Dinge erledigt bekommen. Widme jedoch den Rest der Zeit dieser so wichtigen Lebensphase.

Du wirst deine Kraft zurückbekommen, deine Schönheit und deine Freude am Leben! Auch, wenn du dir das im Moment so gar nicht vorstellen kannst und magst. Dieser Schmerz wird dich verändern; er bringt dich nach innen, nach Hause und damit in ein Leben, in dem du dich viel mehr getragen fühlst. Du wirst nach diesem großen Schmerz mehr du selbst sein und damit auch fähig, eine ganz andere Partnerschaft zu erschaffen! Lasse den Schmerz seine Arbeit tun.

Diesen Kummer zu durchleben, ist eine spirituelle Handlung. Das ist der Ort, an dem wirkliche Liebe beginnt: wenn du aufhörst, dich zu wehren. Und wenn dein Verstand so ratlos ist, dass er die Besserwisserei einstellen und dich freigeben muss.

Bleibe bei dir, widerstehe der Versuchung, wieder über ihn nachzudenken. Bleibe beim Fühlen.

Wie geht es dir?

Ist da Traurigkeit oder Ärger? Oder kannst du sogar ein Gefühl des Mangels in dir wahrnehmen, wenn du tief in dich hinein spürst? Mangel drückt sich oft durch Sehnsucht aus oder durch Angst vor Leere. Oder ist da eine Angst davor, diese Verbindung aufzugeben?

Wenn du jetzt ein Gefühl wahrnehmen kannst, schau genau, *wo* du es wahrnimmst. Woran kannst du erkennen, dass du es hast? Anders: *Wo in Deinem Körper kannst du das Gefühl finden?*

Gibt es einen Druck im Hals oder ein Ziehen in der Herzgegend? Oder ein flaues Gefühl im Magen?

Versuche Denken und Fühlen zu trennen. Jetzt schauen wir nur nach dem Fühlen.

Es macht nichts, wenn dein Verstand immer mal wieder dazwischenfunkt, aber wichtig ist, dass du jetzt hauptsächlich schaust, wo du das Gefühl in deinem Körper finden kannst, und dass du nicht den Gedanken folgst.

Ab hier bitte ich dich, bis zur Kurzfassung einschließlich alles zu lesen und erst dann mit der Übung zu beginnen.

Setze oder lege dich bequem hin und schließe deine Augen. Gehe einen Moment lang mit der Atmung in Kontakt. Betrachte die Atmung einige Atemzüge lang. Schaue nur, wie sie sich von allein bewegt, ohne einzugreifen.

Richte nun deine ganze Aufmerksamkeit in deinen inneren Körper. Wenn du das Gefühl in deinem Körper wieder wahrnehmen kannst, fühle es nur, ohne es loswerden zu wollen. Mache dich ganz weit auf dafür und erlaube, dass er dort sein darf.

Schaue es mit Interesse an. Fühle es nur, ohne einzugreifen.

Du bist der Raum, in dem das Gefühl wahrgenommen werden kann.

Bleibe nur bei dem Körpergefühl; die Gedanken sind jetzt unwichtig.

Bleibe dort eine Weile, wenn du kannst, ein oder zwei Minuten lang. Oder so lange, wie es dir guttut.

Wenn du die Übung beenden willst, lege deine Hand auf dein Herz, auf die Brustmitte. Atme ein paar Atemzüge lang in deine Handinnenfläche und öffne dann langsam die Augen.

Wenn etwas zu viel wird oder du Angst kommt, schaue, wo du sie im Körper finden kannst und gib ihr einen Augenblick Raum. Gehe an die Grenzen, aber nicht drüber hinaus.

Dir kann bei dieser Übung absolut nichts passieren.

Du kannst das jederzeit unterbrechen.

Es ist aufrichtig und sanft.

Kurzfassung:

- Gefühl im Körper lokalisieren
- Augen schließen
- ein paar Atemzüge bewusst atmen
- dem Gefühl im Körper Raum geben
- das Gefühl betrachten und fühlen, ohne einzugreifen
- zum Schluss die Hand auf das Herz legen und in die Handinnenfläche atmen
- die Augen langsam wieder öffnen

3. Mit dem Herzen sprechen

Vielleicht erscheint dir das zunächst seltsam, mit deinem Herzen zu sprechen. Aber es ist sehr wichtig, vor allem jetzt in deiner Situation. Deshalb beginne damit; du wirst dich schnell daran gewöhnen.

Ganz gleich, wie fremd dir das erscheint, gleich, wie wenig du vielleicht im Augenblick ein „Ich liebe Dich" an dein Herz wirklich fühlst: Übe es zu sagen. Deine Absicht bewegt alles. Du fühlst es noch nicht so leicht, weil dein System diese Frequenz nicht gewohnt ist. Das zeigt nur, dass du es noch nicht oft genug gemacht hast. Also fange heute an.

Dein Herz ist der Sitz deiner Selbstheilungskraft, deiner Schöpferkraft, deiner Ehrlichkeit, deiner Liebe und deiner Intelligenz. Dieser Teil von dir ist bislang vernachlässigt worden und wird aufblühen, dir zunehmend antworten und dich bei allem unterstützen, wenn du ihn nährst.

Lege die Hand auf dein Herz, vielmehr auf das Herz-Chakra. Das befindet sich auf der Brustmitte. Atme in die Handinnenfläche. Nun sende deinem Herz einen Gruß oder ein Dankeschön dafür, dass es so zuverlässig schlägt. Es hat auch geschlagen und dich versorgt, wenn es verletzt und überfordert war.

Kannst du deinem Herzen jetzt sagen, dass du es liebst?

Du kannst es ganz leise sagen. Innen drin.

Wenn der Liebeskummer noch sehr stark ist, brauchst du das ganz besonders. Und wenn du noch so erschöpft bist, noch so desillusioniert und ungläubig: Bitte tue es dann erst recht mit den letzten Kraftreserven, die du noch aufbringen kannst. Das, was du dir jetzt gibst, wird das Leben vervielfachen. Es weiß, dass du traurig und müde bist.

Wenn Liebeskummer das Hauptgefühl ist, das du im Moment durchlebst, überstürze nichts. Kümmere dich um dieses Gefühl, solange du es brauchst, bevor du mit dem Kurs fortfährst. Da kommt es auf ein paar Tage nicht an. Auch nicht auf ein paar Wochen. Fühle diese Emotion so lange in deinem Körper, bis du merkst, dass du wieder Platz und Kapazitäten dafür hast, weiterzumachen.

Gehe jetzt besonders mild mit dir um; du hast eine schwere, schmerzliche Zeit hinter dir. Du brauchst Pflege und Zuwendung wie ein kleines Mädchen, das Fieber hat. Es kann sein, dass außer dir niemand da ist. Dann sei liebevoll zu dir und kümmere dich, so gut du kannst. Liebevoll heißt: aufrichtig, nachsichtig, gerecht, großzügig. Behandle dich selbst jetzt so, wie du mit deiner besten Freundin umgehst, wenn es ihr schlecht geht.

Wenn du in diesen schweren Stunden ein kleines bisschen anders, liebevoller mit dir umgehen kannst, indem du deinem Fühlen im Körper Raum gibst und dir etwas Zeit nimmst, wird das Leben das honorieren! Mehr brauchst du nicht zu tun.

Es ist alles richtig.

4. Aufgabe für heute

Lege einmal pro Stunde die Hand auf dein Herz, schließe die Augen und sei ganz bei deinem Herzen. Führe das oben Beschriebene aus, bis du morgen die nächste Lektion beginnst.

Morgen früh stehst du erst auf, nachdem du dein Herz geliebt und geehrt hast! Keine Bedingungen! Kein: „Ja mache ich, aber erst, wenn mich jemand anderes liebt." Kein: „Ja, aber erst, wenn ich mich selbst besser leiden kann und nicht so traurig bin."

Du brauchst das nicht irgendwann unter bestimmten Bedingungen, sondern jetzt und bedingungslos.

Tag 2

1. Überkreuz-Übungen

Wir beginnen die heutige Lektion mit Handkanten-Klopfen und den beiden Überkreuz-Übungen, die wir gestern gelernt haben. Diese solltest du idealerweise ab jetzt täglich zwei Mal über die nächsten vier Wochen hinweg ausführen. Du kannst sie zusätzlich auch immer dann machen, wenn du dich besonders konzentrieren musst oder wenn du dich auf etwas vorbereitest oder lernen willst. Du kannst diese Übungen so oft wiederholen, wie sie dir guttun.

2. Reflexion

Auf der nächsten Seite findest du einen Satz. Lies ihn und lasse ihn einwirken.

Wenn er wollte, wäre er mit dir zusammen.

Es gibt nichts, was du tun kannst, um seine Gefühle zu ändern.

∞

Was taucht auf? Was kommt nach dem ersten Schreck? Eine Traurigkeit? Sehnsucht? Oder Zorn? Fühlst du dich verraten?

Übung I: Schreibe auf, welche Gedanken und Gefühle auftauchen.
Ohne Zensur, ohne Begrenzung oder Sinnprüfung. Schreibe alles auf, auch was nach „ja, aber" kommt. Wovor hast du Angst, wenn du ihn aufgibst? Welche Frustrationen tauchen auf, wenn dir klar wird, dass du die Situation nicht unter Kontrolle hast?

Alles, was dir nun bleibt, ist, dich deinen eigenen Gefühlen zu stellen.

Versuche Worte zu finden, die nah an dir dran sind und deine Gefühle möglichst genau beschreiben. Nah an dir heißt, dass du über dich und über das, was du fühlst, schreibst, nicht über ihn. *Er darf in diesen Sätzen nicht auftauchen!*

Nimm Dir Zeit für diese Übung. Es sollten mindestens 20 Minuten sein.

Zum Ende gönne dir ein paar tiefe Atemzüge.

Übung II: Betrachte, was du fühlst. Wo in deinem Körper kannst du es finden?
Schließe die Augen, betrachte ein paar Atemzüge lang deine Atmung und gib dem Gefühl in deinem Körper Raum, solange es dir guttut.

Achte nicht auf die Gedanken, sondern nur auf das Gefühl in deinem Körper.

3. Mit dem Herzen sprechen

Lege die Hand auf dein Herz und beruhige es. Sage ihm, dass du es liebst. Du musst das nicht fühlen, wenn du nicht kannst. Aber sag es in deinem Inneren.

4. Bleibe heute mit der Trauer und gib ihr Raum

Trauere so lange, wie du es brauchst. Tue es bewusst und wehre dich nicht dagegen. Es ist nur ein Gefühl in deinem Körper. Wenn es ein anderes Gefühl als Trauer ist, dann bleibe damit in Kontakt, solange es nötig ist.

Liebe fängt dort an, wo du aufhörst, dich gegen das zu wehren, was ist.
Das wird alles in Ordnung bringen.

5. Aufgabe für heute

Wenn du heute Abend im Bett liegst, gehe mit dem Bewusstsein in deinen inneren Körper und schau dich im Inneren um. Bist du mit einem Gefühl ins Bett gegangen? Kannst du es im Körper irgendwo wahrnehmen?

Wie geht es dir? Spüre genau und schau, wo du es innen finden kannst.

Gib allem Raum, auch wenn du nichts fühlst oder wenn dir das Gefühl im Körper weggerutscht ist. Nimm auch das sehr bewusst wahr. Du weißt: Alles, was du bewusst wahrnimmst, bringt sich selbst in Ordnung.

Wenn dein Verstand sehr unruhig ist, beobachte das sekundenweise, so wie du kannst. Du wechselst damit die Ebene. Das ist die Metaebene, von der aus sich alles selbst regelt. Das wird von selbst mehr, wenn du das nutzt.

Betrachte.

Wundere dich nicht, wenn du schnell einschläfst!

Solltest du im Moment öfters nachts oder morgens zu früh wachwerden, dann nimm diese Einladung vom Leben an: Es gibt dir die stille Zeit in der Nacht, in der du dich im Liegen wahrnehmen und dich ganz nach innen entspannen kannst. Auch das wird oft dazu führen, dass du wieder schlafen kannst oder dich erholst. Gib die Widerstände auf.

Mache dir zur Gewohnheit, dass du die Zeit vor dem Einschlafen dazu nutzt, um zu schauen, wie es dir geht, und um die Aufmerksamkeit auf das Gefühl im Körper zu richten. Egal, wie kurz die Zeit vielleicht ist.

Du wirst dadurch im Alltag präsenter, das heißt: Du merkst viel früher und beginnst klarer zu sehen.

Tag 3

1. Wir beginnen mit den Überkreuz-Übungen

2. Lege die Hand auf Dein Herz

Spüre in dein Herz, nimm Kontakt zu ihm auf.
Verweile so einige Augenblicke.

3. Wenn du noch Trauer spürst, gib ihr Raum in deinem Körper

4. Reflektiere die folgende Frage schriftlich

Halte dazu den Zeitrahmen von fünf Minuten ein. Wenn dir nach drei Minuten nichts mehr einfällt, bleibe noch mit der Frage in Verbindung, bis die Zeit abgelaufen ist. Manches Wichtige fällt einem erst ein, wenn einem nichts mehr einfällt.

Die Frage lautet:

„Wovor hast du Angst, wenn du ihn aufgibst?“

5. Bewusst Fühlen

Welche Gefühle sind beim Reflektieren der Frage aufgetaucht? Hast du Angst davor, dass er nicht mehr da ist oder dass dein Leben dann langweilig ist? Oder hast du Angst davor, nie wieder zu lieben oder zu bereuen, dass du losgelassen hast? Gibt es noch starken Liebeskummer?

Lasse die Zeit stillstehen und fühle in deinem Körper.

6. Versprechen

Kannst du dir ein Versprechen geben?

Kannst du dir versprechen, nicht mehr über seine Probleme, über seine Kindheit und seine Psyche nachzudenken? Kannst du dir versprechen, auch kein Psychozeug mehr über ihn zu lesen?

Jedes Mal, wenn du intensiv oder zu lange über ihn nachdenkst, löst du Emotionen aus. Die bringen dich aus der Balance und geradewegs in den Überlebensmodus, auch wenn sie erstmal lecker sind und harmlos daherkommen. Und du schaffst neue, einseitige Bindung. Es wird Zeit, dass dir das bis zum Himmel stinkt.

Du kannst über ihn nachdenken, wenn es nötig oder sinnvoll ist. Wenn du damit aufmerksam umgehst, wirst du relativ schnell herausfinden, ab wann es zu viel und nicht nötig ist. Natürlich wirst du auch noch an ihn denken.

Hier geht es aber darum, die obsessive Beschäftigung mit seinen Angelegenheiten und seiner Psyche einzustellen.

Als erstes wird dir durch dieses Versprechen bewusst werden, wie oft, wie viel und wie lange du tatsächlich über ihn und seine Angelegenheiten nachdenkst. Wie viele Monate oder sogar Jahre hast du ständig an diesen Mann gedacht und dich emotionalisiert?

Das ist keine Liebe, das ist eine Sucht!

Mit dem Bewusstwerden beginnt die Reifung aus diesem Dilemma heraus. Aber erst zeigt es sich in aller Deutlichkeit. Wenn es dich nervt, wunderbar! Lass es an dich heran, denn das ist der Anfang vom Ende.

Dann wird es nicht lange auf sich warten lassen, dass du dein Versprechen halten kannst.

Es gibt ohnehin nichts Neues; du verpasst nichts. Alles, was du über ihn denken und herausfinden kannst, hast du schon erledigt. Da kommt nichts Neues mehr.

Das Versprechen lautet:

„Ich denke nicht mehr über seine Angelegenheiten nach.“

7. Aufgabe für heute

Einmal pro Stunde, und das kannst du morgen fortführen, bis du die nächste Lektion angehst, legst du die Hand auf dein Herz und sagst ihm, dass du es liebst.

Steck dir einen Zettel oder einen Stein in die Hosentasche, damit du daran denkst.

Vor dem Einschlafen richtest du deine ganze Aufmerksamkeit in den inneren Körper. Wenn du dort etwas fühlst, bleibe dort und ergebe dich. Es ist nur eine Empfindung im Körper. Wenn Angst kommt, dann gib auch ihr einen Augenblick Raum, lege die Hand auf dein Herz und bleibe dort. Dir kann absolut nichts passieren. Und: Du kannst das jederzeit abbrechen.

Tag 4

1. Überkreuz-Übungen

2. Reflexion

Reflektiere die folgende Frage zehn Minuten lang schriftlich:

„Mit was versucht dein Verstand dich in der Affäre festzuhalten?“

Schreibe auf, was der Verstand dir für Gründe auflistet, warum du ihn nicht verlassen kannst.

3. Schreib-Meditation

Auch das tägliche Ausführen dieser Übung möchte ich dir für die nächsten Wochen sehr empfehlen. Wenn du keine Zeit dafür findest, mache sie so oft du kannst, zum Beispiel am Wochenende. Sie eignet sich für jede Lebenslage, in der du vor größeren Entscheidungen oder Aufgaben stehst. Auch, wenn du dir näherkommen, wenn du wachsen und aus schmerzhaften Mustern reifen willst, ist diese Übung sehr wertvoll.

In dieser Situation wird sie erheblich dazu beitragen, dass du im Kontakt mit dir selbst bleibst und einen Bogen um den Überlebensmodus machst. Dir wird manches bewusstwerden, was vorher im Verborgenen lag. Jedes Quäntchen mehr wird dich erlösen, entlasten und dir wieder neuen Halt in dir selbst geben.

Wenn du sie lange genug oder immer wieder machst, wenn du sie brauchst, wird diese Übung Projektionsflächen verkleinern und ausreifen lassen. Damit verschwinden quälende Wiederholungen und jede Art von Festhängen.

Die Übung beginnt mit einer viertelstündigen Sequenz, in der du per Brainstorming stichwortartig alles zu Papier bringst, was dich gerade ärgert, nervt, traurig macht oder sonst wie aufregt. Lass dem Verstand freien Lauf; lass alles kommen.

Manchmal k**** man sich auf Papier so richtig aus. Ein anderes Mal merkt man, wie viele Dinge einen traurig machen oder was einem sonst noch unter den Nägeln brennt. Du kommst so sehr gut auch an die wirklichen Gefühle hinter den „offiziellen".

Nach 15 Minuten hörst du auf zu schreiben und beendest diese Sequenz.

Spüre in dich hinein. Welches Gefühl ist jetzt nach dem Schreiben da?

Das nimmst du mit in die folgende, fünfzehnminütige Meditation.

Setze dich bequem hin und schließe die Augen. Nun fühlst du, wie du es aus unserem bewussten Fühlen kennst, im Körper, was du aus der Schreibsequenz mitgenommen hast.

Bleibe still mit dem Gefühl.

Nach 15 Minuten kannst du die Meditation beenden.

Wichtig ist, dass du die 15 Minuten zum Schreiben voll ausnutzt, auch an den Tagen, an denen du zuerst vielleicht nicht weißt, was du schreiben sollst.

4. Sprich mit deinem Herzen

Bedanke dich für alles, was es ausgehalten hat.

Es kann sein, dass du jetzt vermehrt Sehnsucht spürst oder eine Traurigkeit. Ab jetzt bitte ich dich, jedes Mal, wenn du diese Empfindung hast, einen Moment bei dir zu bleiben und dieses Gefühl total zuzulassen.

Tue, denke und versuche nichts, um das Gefühl loszuwerden. Erlaube es.

Das wird dich sehr entlasten!

5. Versprechen

Kannst du deinem Herzen versprechen, dass du ab jetzt alles dafür tust, um Leid von ihm abzuwenden?

Tag 5

1. Wir beginnen mit den Überkreuz-Übungen

2. Lege die Hand auf dein Herz und spüre eine Minute hinein

3. Reflektiere schriftlich in Stichworten

Heute holen wir Mr. Right vom Podest. Und zwar so richtig.

Je tiefer man in einen Hochgefühl-Schmerz-Zyklus hineingerät, desto mehr idealisiert man den anderen. Wir neigen in einer solchen Situation dazu, alles, was eigentlich nicht passt, alles, was uns eigentlich nicht gefällt, unter den Teppich zu kehren und die Vorzüge überzubewerten. Dadurch verlieren wir die Entscheidungsgrundlagen für oder gegen eine Partnerschaft mit diesem Menschen.

Einigen mag die folgende Übung schwerfallen und es geht auch nicht darum, diesen Menschen auf ewig schlecht zu machen. Aber wir müssen sowieso ein Gleichgewicht herstellen zu der vorangegangenen Idealisierung und damit ein kritischeres und auch etwas negativeres Bild von ihm zeichnen. Wenn du eine lange Affäre mit einem Mann hattest, dem das schnurzpiepegal war, ob und wie oft er dir das Herz gebrochen hat, dann hast du es nicht gerade mit einem Heiligen zu tun.

Das realistische und damit auch „negativere" Bild ist nur für die Dauer der Entwöhnung. Danach wird dir das egal sein.

Das kürzt manches ab, und alles, was es dir leichter macht, soll im Moment recht sein. Du hast genug gelitten.

Übung I: Dieser Teil ist für dich hauptsächlich dann geeignet, wenn du es mit einem Mann zu tun hast, der ganz offensichtlich keine Beziehung eingehen will, sondern nur eine Affäre wünscht.

Wenn du dich jedoch mit einem Mann triffst, der anständig, aber unschlüssig ist, kannst du diese Übung gerne auch machen und schauen, ob du die folgende Frage beantworten kannst. Wenn er aber nie schlecht mit dir umgegangen ist, überspringst du diese Übung und gehst zu Übung II.

Nimm dir ein paar DIN A4-Seiten und schreibe stichwortartig *alles* auf, was dir zu der folgenden Frage einfällt:

„Wo und inwiefern hat er mich verletzt oder despektierlich behandelt? In welchen Situationen und wie hat er mich enttäuscht, beschämt oder verraten?"

Keine Zeitvorgabe – schreibe so lange, bis alles raus ist.

Nimm kein Blatt vor den Mund. Du musst ihn nicht beschützen vor deinem Zorn, den hat er sich eingebrockt. Außerdem machst du das mit dir selbst aus. Es wird Zeit, dass du deine Grenzen wieder fühlst und merkst, wo sie überschritten wurden.

Wenn du bei dieser Aufgabe Schuldgefühle bekommst, dann unterbrich für einen Moment. Gib ihnen Raum und fühle sie in deinem Körper. Gehe dann zurück zur Übung.

Nach der Übung spürst du noch einen Augenblick nach.

Lege die beschriebenen Seiten in eine Schublade und behalte sie dort. Du kannst diese Seiten herausholen, wenn dein Verstand wieder anfängt, in den schönen Zeiten zu schwelgen und wie so oft völlig vergisst, wie weh der Mann dir getan hat. Du hast es nun schriftlich.

Sobald du diese Erinnerungshilfe nicht mehr brauchst, kannst du sie im Garten verbrennen.

Übung II: Nimm wieder Block und Stift zur Hand und fertige eine Liste mit allem an, was dir an ihm nicht gefällt.

Ob das ein bestimmter Blick war, ein blödes Lachen, die hässliche grüne Cordhose, sein Hintern, Abhusten am Morgen, seine spießige Sitzgruppe, seine Art, die Kaffeetasse zu halten, seine Stimme, wenn er seinen Chef am Telefon hat, sein Gesicht von der Seite im Liegen, vielleicht ist er ein schlechter Zuhörer oder kann einfach nicht küssen ... egal – alles, was dir einfällt!

Es wird Zeit, dass du die Idealisierung ein für alle Mal beendest.

Und solltest du nach diesen Übungen das Bedürfnis verspüren, einige Tage lang leise vor dich hinzufluchen, tu dir bitte keinen Zwang an! Die Energie könnte dich erfrischen und beleben und dich geradewegs wieder in deine Mitte zurückbringen! Und vergiss Karma: Nein, das fällt nicht auf dich zurück.

Du entledigst dich nur einer Last, die du lange genug getragen hast. Das Mantra kannst du sofort wieder vergessen, wenn es dir geholfen hat.

Also:

„Was gefällt dir an ihm nicht?"

Zeitvorgabe: fünf bis zehn Minuten

4. Versprechen

Lege die Hand auf dein Herz und versprich dir, dass du ab jetzt ehrlich zu dir bist.

Vergiss das Fühlen am Abend im Bett nicht!

Tag 6

Einer der häufigen Fragenkomplexe, der auftaucht, wenn eine Frau versucht, sich aus einer schmerzhaften Affäre zu lösen, kommt aus dem Feld der Selbstanklage, statt aus der nüchternen Reflexion darüber, ob man vielleicht jemanden verletzt oder seine Grenzen übertreten habe. Stattdessen werden wir von schmerzhaften Fragen geplagt, die keinerlei brauchbares Ergebnis hervorbringen. Die Fragen tauchen automatisiert und gebetsmühlenartig auf und können uns den ganzen Tag verhageln:

Was habe ich falsch gemacht? Liegt es an mir? Bin ich nicht gut/schön/klug/sonst was genug?

Wir können das gut von einer sinnvollen Reflexion unterscheiden, nämlich dadurch, dass es für die Fragen der Selbstanklage fast nie Antworten gibt. Und wenn, dann sind sie vernichtend.

Wenn eine Beziehung nicht zustande kommt, liegt es nur selten daran, dass eine Frau wirklich Mist gebaut hat, sich schlecht benommen oder den Mann nachhaltig abgetörnt hat. Es sind selten Dinge, die sich nicht mehr in Ordnung bringen lassen.

Das, was du siehst, ist da, wo du hinschaust

Wie Beziehungen verlaufen, hat ausschließlich damit zu tun, wie wir uns selbst *wirklich* sehen, wie wir uns selbst *unbewusst* beurteilen.

Halten wir uns unterschwellig für nicht genug, für schuldig, für unzulänglich und für nicht liebenswert, werden wir das im Außen wiederfinden.

Jedenfalls so lange, wie wir *unbewusst* damit umgehen und versuchen, das schlechte Selbstbild vor uns zu verstecken.

Je schlechter unser unbewusstes Selbstbild, desto größer ist die Gefahr, sich in einen Mann zu verlieben, den wir auf die ein oder andere Weise nicht haben können. Unser Unbewusstes sucht sich immer die Bestätigung seiner Glaubenssätze und Thesen über uns. Das ist nicht angenehm, aber der Safe Spot – der sichere Ort, den wir kennen.

Dann haben wir es vielleicht mit jemandem zu tun, der tatsächlich nicht beziehungsfähig ist oder der noch gebunden ist. Oder der noch nicht lange genug getrennt ist, oder jemand, der mit den Gefühlen anderer spielt, ohne sich darum zu scheren, was er anrichtet. Auf die ein oder andere Weise wird unser unbewusstes Selbstbild bestätigt und wir fühlen und verhalten uns so wie damals, als wir kleine Mädchen waren: Wir igeln uns ein, passen uns an, nehmen die Verfehlungen anderer auf uns, bemühen uns wie verrückt, sind gelähmt oder kämpfen.

Aber anstatt das klar zu sehen, hast du vermutlich einige Zeit damit verbracht, darüber nachzudenken, was mit dir nicht stimmt. Ob du hübsch genug bist, ob er dein Parfüm mag, ob du etwas Falsches gesagt hast und wenn ja, was genau und so weiter und so fort.

Das führt jedes Mal dazu, dass du dich am Ende einer solchen Selbstzerpflückungssitzung schlecht fühlst, nichts wert, verunsichert, nicht hübsch oder einfach nicht genug.

Die Selbstbezichtigungsanfälle haben neben dem Safe Spot noch eine weitere unbewusste Funktion: Wenn wir das Dilemma auf uns nehmen oder kämpfen, anstatt *ihn* klar zu sehen, müssen wir nicht aufgeben. Das gibt uns ein Gefühl von Kontrolle: „Wenn es an mir liegt, kann ich das ja ändern."

Das stimmt leider nicht.

Das bringen wir heute und auch in den kommenden Tagen wieder in Ordnung.

Ich schlage dir Folgendes vor: Wenn du dich infrage stellst, dann gehe ab jetzt nicht mehr über die Grenze, ab wo es beginnt, destruktiv, schmerzhaft und selbstbestrafend zu werden. Es gibt keine objektive, genormte Perspektive, aus der heraus man abschließend sagen kann: Ich bin ganz hübsch, aber nicht hübsch genug. Oder: ich bin ein echt netter Mensch, aber nicht nett genug. Das gibt es nicht.

Ob du das Gefühl hast, liebenswert zu sein oder nicht, hängt einzig daran, wie du dich selbst *wirklich* siehst. Es hängt daran, ob du ein Ja zu dir selbst hast.

Und nein, von einer liebevolleren Sicht auf dich selbst wirst du keine eingebildete Ziege werden, sondern du wirst du selbst in deiner wunderbaren und liebenswürdigen Einzigartigkeit!

Und jetzt wird gearbeitet.

1. Überkreuz-Übungen … ja, du brauchst sie noch :)

2. Reflexion

Übung I: Schreibe auf, was du an dir magst. Nicht andere an dir, sondern *du* an dir. Wofür bist du dankbar?

Eigentlich müsste diese Übung Stunden dauern. Wichtig ist, dass die Liste lang wird!

Wenn du zweifelst und nicht weißt, ob du deinen Humor magst oder deine Haare oder den Rat, den du gestern einer Freundin gegeben hast, dann legst du die Hand auf dein Herz und bleibst einen Augenblick dort.
Und überlegst nochmal.

Bleibe sitzen, bis die Liste zwei Seiten lang ist. DIN A4, Minimum.

Übung II: Wenn du fertig mit der Liste bist, überlegst du, womit du dir heute eine Freude machen kannst. Ob du einen Spaziergang machst, zum Friseur gehst, Filzstifte oder Bonbons kaufst, eine Weltreise planst oder Gänseblümchen pflückst, ist völlig egal. Es kann eine ganz kleine Sache sein, es kann eine größere sein. Mache, was möglich ist. Wichtig ist, dass dein Herz sich freut.

Und wenn dir nichts einfällt, dann frag es einfach.

Von da kommt Antwort.

Mache eine verbindliche Zusage an dich selbst. Alles andere kann warten, aber eine Freude für dich nicht. Jedenfalls nicht in dieser Situation.

3. Lege die Hand auf dein Herz und spüre hinein

4. Aufgaben für heute

Hier ist ein kleiner Fragenkomplex zum Mitnehmen und Reflektieren:

„Kann ich mich auch mögen, wenn es mir nicht gut geht? Oder wenn mal alles, was ich in der Liste über mich geschrieben habe, nicht zutrifft? Kann ich mich bedingungslos mögen?“

Bleibe mit diesen Fragen im inneren Kontakt.

Widerstehe dem Drang, ihn anzurufen, um zu erzählen, dass es dir gut geht und zu welchen neuen Erkenntnissen du gekommen bist.

Halte die Versprechen, die du dir gegeben hast.

Tag 7

Heute musst du dir etwas mehr Zeit nehmen.

1. Überkreuz-Übungen

2. Reflexion

Übung I: Schreibe deine Mantras auf. Nimm Dir zehn Minuten Zeit, um sie alle zu sammeln.

Beispiel:
„Ja, aber ich liebe ihn."
„Er ist mein Seelenpartner."
„Ich werde so etwas nie wieder erleben."
„Wenn wir erst richtig zusammen sind, wird er ein ganz anderer sein!"

Welche Sätze haben sich über die Wochen, Monate und vielleicht sogar Jahre mit ihm gebetsmühlenartig wiederholt?

Übung II: Jetzt korrigiere diese Sätze so, wie du das für eine gute Freundin tun würdest. Was würdest du ihr sagen? Nimm dir Zeit dafür.

Beispiel:
„Ja, aber ich liebe ihn!" Dann würdest du deiner Freundin sagen: „Wie kann das sein, dass du jemanden so liebst, der so schlecht mit dir umgeht? Du hast einen Mann verdient, der dich achtet, liebt und für dich da ist. Schau nochmal, ob das wirklich Liebe ist. Vielleicht ist es auch Sehnsucht nach Liebe."

„Ich werde so etwas nie wieder erleben." Dann würdest du deiner Freundin vielleicht sagen: „Was redest du denn da? Wenn du einen guten Mann triffst – und das wirst du – dann wirst du wieder lieben, schöne Momente haben und glücklich mit ihm sein. Auch, wenn du es dir im Moment nicht vorstellen kannst: Das kommt! Und es kann nur besser werden, weil du dich auf so einen wie jetzt nicht wieder einlassen wirst. Du wirst den Mann finden, den du dir wünschst. Ich weiß, dass du das kannst."

Schreibe es ausführlich und sorgfältig auf.

Übung III: Die letzte Übung für heute zielt darauf ab, dir einen Anker zu schaffen, der dir das Idealisieren zunehmend unmöglich macht.

Jedes Mal, wenn du ihn idealisiert hast, tat es hinterher weh, weil die Erwartungen und Hoffnungen, die auf diese Weise entstehen, enttäuscht wurden.

Suche dir einige der *unangenehmen* Erinnerungen aus, die du vor zwei Tagen aufgeschrieben hast. Die heften wir jetzt an die Idealisierungen. Du kannst in die Mantra-Liste schauen oder dich nochmal erinnern, was so auftaucht, wenn das Erinnern und Schwelgen anfängt.

Das sieht dann vielleicht so aus: „Es war immer so schön, wenn wir uns stundenlang unterhalten haben und er mich so liebevoll ansah." Aber: „Das konnte noch so toll sein, auch für ihn, aber er hat mich nie am nächsten Tag angerufen. Ihn konnte ich auch nicht anrufen. Das hat mich total verletzt."

Oder: „Das war der tollste Sex meines Lebens." Aber: „Sein Gehuste und Geschnäuze am nächsten Morgen hat mich echt ernüchtert."

Oder: „Wenn wir uns nah waren, habe ich mich so sehr zu Hause gefühlt." Aber: „Danach hat er mich immer unsanft und eiskalt aus dem Nest geworfen. Ihm war das völlig egal, wie weh mir das getan hat. Ich habe danach immer gelitten."

Was etwas flach anmutet, hilft nicht nur dabei, aus der Affäre und ihren Schmerzen herauszukommen, sondern es ist auch eine Richtigstellung. Es stimmt ja. Du hast es nur übersehen! Es sollen keine Dinge erfunden werden, sondern es geht darum, ein vollständigeres Bild von ihm und von der Beziehung zu erhalten und sich selbst genau damit aus dem schmerzhaften Teil der Geschichte rauszuhelfen.

Schreibe so viele neue Verknüpfungen auf, wie du möchtest.

Suche dir eine aus, an die du dich immer erinnerst, wenn sich das Schwelgen meldet. Verankere die Verknüpfung in dir. Du kannst sie auch in deinen Kalender schreiben, damit du sie sofort findest.

Du kannst es auch ganz anders machen.

Jedes Mal, wenn du an ihn denkst, egal ob sehnsüchtig idealisierend oder sauer, kannst du den Gedanken damit beantworten, dass du dein Herz liebst – egal, wie traurig du in so einem Moment vielleicht wirst. Versage dir diesen Support nicht! Das wird einen ganz erheblichen Einfluss auf dein Denken haben. Ohne, dass du dich weiter darum bemühen müsstest, wird es aufhören, dich zu piesacken, weil du mit einem „Ich-liebe-dich" zum Herzen hin deine Frequenz veränderst.

4. Versprechen

Auch heute gibt es eine Vereinbarung, die du mit dir triffst.

Ist dir schon mal aufgefallen, wie du dich wieder wohlzufühlen beginnst ohne ihn, und dann fängt dein Verstand plötzlich an, dich an „die schönen Zeiten" zu erinnern? Die Party, kurz bevor das mit euch anfing? Oder der Abend, an dem ihr euch das erste Mal nähergekommen seid? Der schöne Spaziergang, die Nacht, als ihr im Wald geschlafen oder als ihr euch beim Seminar in London getroffen habt?

Und weil es so schrecklich-schön ist, schwelgen wir am liebsten in den Anfangszeiten, weil wir da noch alles mit ihm vor uns hatten.

Unmerklich haben sich dabei Geschichten und Handlungsorte in Kultstätten verwandelt, die wir jetzt wie Heiligtümer verehren.

Erst ist die Verehrung eine Schwelgerei mit angenehmen Gefühlen. Aber es lässt nicht lange auf sich warten, dann schlägt das um in Schmerz. Wenn wir dann die Kurve nicht kriegen, hängen wir wieder drin. Wenn es schlecht läuft, tagelang.

Das Berauschen am Kleinod katapultiert dich schneller in den Überlebensmodus, als du bis drei zählen kannst.

Hier das Versprechen:

„Ab heute feiere ich keine Gründungsmythen mehr."

Es gehört der Vergangenheit an; es ist vorbei und die Erinnerung tut mir – im Moment jedenfalls – überhaupt nicht gut.

Wenn du das mit dir vereinbarst, wirst du auch hier zuerst merken, wie oft das eigentlich passiert. Das ist wichtig, denn es kann sich nur ändern, was du siehst.

Wenn der Drang kommt oder die Sehnsucht schon da ist, *fühle* sie, anstatt die Kontrolle an deinen Verstand abzugeben. Der will nämlich wieder schwelgen.

Mit dem bewussten Fühlen unterbrichst du diesen Kreislauf.

Tag 8

1. Lege die Hand auf dein Herz

... und spüre einen Augenblick in dich hinein. Nimm ein paar tiefe Atemzüge. Wenn du die Überkreuz-Übungen brauchst, mache sie.

2. Reflexion

Es ist wichtig, dass du einen Überblick darüber bekommst, welche Situationen dich in den Überlebensmodus bringen. Erinnere dich so gut, du kannst, an die Momente, in denen du aus der Balance geraten bist. Das können bestimmte äußere Situationen sein oder Gedankenwolken wie Zweifel oder Selbst-Tadel.

Diese Übung bezieht sich zwar auf die Affäre, aber sollten sich noch weitere Situationen in deine Erinnerungen mischen, in denen du die Verfassung gewechselt hast, dann ist das willkommen. Dennoch, gehe die Zeit mit deiner Affäre genau durch, und zwar sowohl die äußeren Situationen als auch deine inneren Bewegungen im Denken und Fühlen.

Vergiss nicht, dass auch die Denkfiguren dazu gehören, mit denen du Verliebtheitsgefühle verstärkt oder Hoffnung geschürt hast!

Diese Aufgabe muss schriftlich erledigt werden. Alles, was du schreibst, schafft mehr Klarheit und prägt sich besser ein. Nimm dir für diese Aufgabe 20 Minuten Zeit.

Hier ist die Frage:

„Durch welche inneren und äußeren Situationen hat diese Beziehung mich in den Überlebensmodus gebracht?“

Wenn dir in nächster Zeit noch mehr einfällt oder auffällt, schreibe auch das dazu.

Liegengebliebenes

Heute beginnen wir damit, wieder auf die Lebensbereiche zu schauen, die du in letzter Zeit vernachlässigt hast. Du wirst Dinge herausarbeiten, die nicht nur wichtig sind, sondern die dich tragen, dir Halt und Orientierung geben und dich aus dem obsessiven Denken und Handeln herausholen.

Du hast so viel Zeit damit verbracht, um ihn herum zu träumen, dich um ihn herum zu organisieren und zu schauen, was er macht. Das ganze Gedankenkreisen, checken von Facebook und die Frage, warum er die zuletzt-online-Funktion ausgeschaltet hat, ist zu Ende. Deine Kapazitäten gehören jetzt wieder dir und du hast die Freiheit, sie zu deinem Nutzen und deiner Freude einzusetzen.

Was er gerade macht, ist jetzt egal, weil du dich eigenverantwortlich für dich entschieden hast.

Wenn diese Bemerkung gerade deinem Herzen einen Stich versetzt hat, dann halte inne und spüre das bewusst in deinem Körper. Lasse die Zeit stillstehen und verweile dort eine kleine Weile.

∞

Es gibt sicher einiges, was du in der letzten Zeit vor dir hergeschoben hast. Aber nicht nur das: Du hast auch Dinge vernachlässigt, die dich glücklich machen! Auch wenn du diese *Unliebesgeschichte* für deine Reifung und dein Wachstum gebraucht hast, jetzt hast du entschieden, wieder in dein Wohlbefinden zurückzukehren. Deshalb schauen wir, was heute ansteht.

3. Schreibe auf, was du dir wünschst, und zwar ohne Zensur

Übung I: In diese Liste gehören alle Wünsche, große und kleine. Ob du dir wünschst, dass jemand dir mal wieder etwas schenkt oder ob du endlich, nach langer Zeit, an einem verregneten Sonntagnachmittag, in eine Decke eingekuschelt, ein spannendes Buch lesen willst. Ob du in Sibirien Bäume pflanzen willst oder ob du immer schon gerne Querflöte spielen wolltest. Ob du eine berühmte Buchautorin sein möchtest oder ob du schon lange mal wieder barfuß im Wald spazieren gehen willst. Ob du eine spirituelle Lebensgemeinschaft gründen und Heilkräuter anbauen, einen kleinen Strauß Blumen am Wegesrand pflücken, einen Pferdehof für kranke Kinder betreiben oder Schokolade mit Rosengeschmack herstellen willst oder ob du immer schon mal in die Klostergärtnerei ein paar Kilometer weiter fahren und Rosmarin kaufen oder ein Bild malen wolltest … Jeder Wunsch wird anerkannt und mit Liebe und Hingabe aufgeschrieben :)

Deine Wünsche kommen von Gott. Es sind die seinen.

Unser Job ist es nicht, sie zu bewerten, sondern sie ernst zu nehmen.

Deshalb nimm dir Zeit für diese Liste.

Übung II: Rat mal …

… genau: Suche dir zwei deiner Wünsche aus, die du in dieser Woche noch erfüllst.

Wähle etwas aus, worüber dein Herz sich freut!

Übung III: Suche dir einen der größeren oder ganz großen Wünsche aus und überlege, welchen ersten Schritt du dafür tun kannst.

4. Versprechen

Versprich deinem Herz: „Ich kümmere mich wieder um meine Wünsche und Träume."

Tag 9

1. Spüre in dich hinein

… und bleibe mit deiner Aufmerksamkeit im Inneren.

Wie geht es dir? Wo im Körper spürst du das?
Verweile mit geschlossenen Augen im Inneren für fünf Minuten.

2. Reflexion

Je größer der Widerstand ist, desto mehr Kraft wohnt darin.

Es sind nicht nur deine Wünsche und Bedürfnisse liegengeblieben, sondern vermutlich auch einige Aufgaben, die erledigt werden müssen.

Wenn du dich an die Organisation und das Tun machst, wirst du feststellen, dass dir das nicht nur jede Menge Kraft gibt. Vielmehr führt diese Art der Verantwortungsübernahme auch geradewegs in einen sehr viel ausgeglicheneren Zustand, in welchem du noch einiges mehr von dem schaffst, was du tun willst.

Je größer der Widerstand, desto mehr Kraft schöpfst du, wenn du ihn überwunden hast. Deswegen ist es immer auch ratsam, morgens mit der Aufgabe zu beginnen, auf die du am wenigsten Lust hast.

Danach bist du für den Rest des Tages Supergirl!

Diese Dynamik machen wir uns jetzt zu eigen.

Wir erstellen also wieder eine Liste mit den liegengebliebenen Aufgaben. Sobald diese auf dem Papier stehen, sind sie aus deinem Verdrängungsapparat raus. Dann kannst du nicht mehr daran vorbei.

Es kostet viel Kraft, Dinge, die man eigentlich machen will oder müsste, vor sich herzuschieben. Diese Dinge werden in deiner Psyche verwaltet wie von einem Beamten, der Aktenberge hin und herschiebt, ohne voranzukommen. Die Berge werden größer und der Druck auch.

Das kann dazu führen, dass man eine zunehmende Unzufriedenheit über Unerledigtes und Vernachlässigtes mit dem Verlangen nach dem Mann betäubt. Man vernachlässigt Dinge wegen des Mannes und betäubt dann den Frust darüber mit ihm.

Das kannst du nicht einfach so weiterlaufen lassen und hoffen, dass so ein Kreislauf von allein aufhört.

Das Aufschieben kann in unterschiedlicher Intensität erfolgen: Manch einer lässt fast alles liegen, während ein anderer die Pflichtaufgaben erledigt, aber anderes eben nicht. Vielleicht wollte man sich schon lange bei der Freundin melden, deren Partner verunglückt ist, oder bei der alten Tante, die so geduldig wartet, bis sie etwas von uns hört.

Auch diese Dinge sind enorm wichtig und das Nicht-Erledigen trägt mit dazu bei, einen steten unterschwelligen Druck zu erzeugen, wie es die vordergründig wichtiger erscheinenden Dinge auch tun.

Dann wirft man alles, was einen nervt, in den Pott, wo sein Name draufsteht, weil man es sich gerade für eine Weile angewöhnt hatte, jeden Frust und jede Unzufriedenheit in ihm zu ertränken.

Deshalb ist diese Liste sehr wichtig. Im Laufe der nächsten Tage legst du morgens fest, welche Posten du abarbeitest. Es ist besser, *jeden Morgen* beim Frühstück schriftlich festzulegen, was an der Reihe ist, als sogenannte To-Do-Listen zu führen. Es gilt als erwiesen, und das ist auch meine persönliche Erfahrung: To-Do-Listen werden nur zur Hälfte weggearbeitet, während Morgenplanungen meist ganz erledigt werden. Und zwar leicht. Auch die fiesesten Posten.

Was du erledigt hast, bekommt ein Häkchen oder wird gestrichen. Diese Übung dient deiner Entlastung und einem ordentlichen Ruck zurück in deine Spur und aus dem Überlebensmodus raus.

Nimm dir Zeit für diese Liste, zehn bis fünfzehn Minuten lang. Du wirst dich wundern, was da noch alles draufsteht, wenn du fertig bist.

Dass du einen wichtigen Antrag noch nicht gestellt und den Brief für das Bundesverwaltungsamt noch nicht eingeworfen hast, weißt du.

Aber, dass du endlich mal wieder einen Ausflug mit den Kindern unternehmen, der Nachbarin Suppe bringen oder die Tausendschönchen säen möchtest, dass du die Socken aussortieren, einem alten Freund schreiben und den Werkzeugschrank im Keller ausmisten willst, damit wieder Ordnung und ein frischer Wind im Haus ist, hast du meistens nicht mehr im Kopf, wenn der Mann dort dauernd herumschwirrt.

Hier ist deine Frage für diese Übung:

„Welche Aufgaben möchte ich in den nächsten drei Wochen erledigt sehen?"

Aufgabe: Erledige den ersten Posten heute noch.

3. Reflexion

Nimm dir mindestens fünf Minuten Zeit und denke über diese Frage nach:

„Was würdest du gerne mit der Zeit anfangen, die du darauf verwendet hast, über ihn nachzudenken?"

4. Aufgabe für heute

Schreibe die Namen von fünf Menschen auf, die dich wirklich liebhaben.

Gehe zum Telefon und rufe einen davon an.

So etwas kannst du wieder öfter machen.

Vergiss das Fühlen am Abend im Bett nicht. Spüre mehrmals am Tag in dich hinein, im Aufzug, an der Ampel und wann immer es dir guttut. Lasse einen Moment lang die Zeit stillstehen.

Tag 10

Für heute musst du dir ein bisschen mehr Zeit nehmen. Plane eine Stunde ein.

Heute, am letzten Tag, wird es um dein Wertesystem gehen. Eine gesunde Beziehung fußt auf einem klaren und gesunden Wertesystem. Deshalb kümmern wir uns heute um drei wichtige Aspekte. Wir beginnen jedoch nochmals mit unseren Übungen.

1. Überkreuz-Übungen

2. Spüre in dein Herz hinein und bleibe dort für eine kleine Weile

3. Reflexion

In dieser Übung wirst du deine Standards festlegen, die für dich eine gesunde, stabile Beziehung definieren. Schreibe genau auf, was dir wichtig ist.

Dann schreibe auf, welche Eigenschaften ein Mann haben muss, wenn er mit dir zusammen sein will.

In einer weiteren Liste schreibst du auf, welche Eigenschaften er auf keinen Fall haben und was er auf keinen Fall tun darf.

Also:

„Wie sieht für mich eine gesunde, glückliche und stabile Beziehung aus?“

„Wie muss ein Mann sein, mit dem ich zusammen sein will?“

„Was darf ein Mann nicht haben oder tun? Was sind K.-o.-Kriterien für eine Beziehung?“

4. Reflexion

Ich hoffe, dass du während der Lektüre dieses Buches begonnen hast, darüber nachzudenken, ob das wirklich Liebe ist, was du erlebst. Vielleicht konntest du an das ein oder andere ein Fragezeichen hängen oder dem, was du gefühlt hast, einen anderen Namen verpassen.

Deine jetzige Situation lädt dazu ein, neue Begriffe einzuführen und dein Wertesystem zu überprüfen und zu verfeinern.

Was gibt es also Wichtigeres, als zu reflektieren, was Liebe ist? Das Wort ist in aller Munde und kaum ein Wort wurde so inflationär und beliebig genutzt wie dieses.

Wird so ein wichtiger Begriff in Bedeutung und Inhalt nicht genau untersucht und definiert, ist unser innerer Dialog immer schwammig. Haben Begriffe nämlich beliebige, wechselnde oder ungeklärte Bedeutungen, kommen wir beim Versuch, etwas logisch, analytisch und systematisch zu durchdenken, auf keinen grünen Zweig: Die Erkenntnisse und Lösungen bleiben aus oder sind unbrauchbar. Wir haben schlichtweg keine Messlatte.

Wir können uns nur die Wahrheit sagen, wenn wir wissen, was wir mit dem Gesagten meinen.

Damit du bei der nächsten Begegnung mit einem interessanten Mann frühzeitig eine gute Orientierung darüber hast, aus welchem Material diese Begegnung besteht, will ich dich mit der folgenden Frage inspirieren. Vielleicht gehst du eine Weile mit dieser Frage in einen inneren Dialog, so lange, bis du weißt, dass sie beantwortet ist. Du kannst heute anfangen. Ich gebe dir zunächst die eigentliche Frage, die zu klären ist und im Anschluss ein paar weitere Fragen, die dir helfen sollen, die Hauptfrage zu beantworten.

Hier ist sie:

„Was ist Liebe?“

„Woran kann ich sie erkennen? In welchen Beziehungen zu Menschen oder Tieren kann ich das Vorhandensein von Liebe zweifelsfrei feststellen? Woran kann ich sie dort erkennen? Welche Merkmale hat sie? An welchen Haltungen kann ich sie erkennen? (An Aufrichtigkeit oder Loyalität beispielsweise.) Ist es immer auch ein Gefühl, oder nur manchmal?“

Schaffe dir einen soliden Maßstab, mit dessen Hilfe du Liebe erkennen kannst.

5. Hast du noch Kontakt zu ihm?

Dann schlage ich dir Folgendes vor. Spüre einmal tief in dein Inneres mit der Frage:

„Kann ich ihn aufgeben?“

∞

Du hast entweder ein Ja oder ein Nein bekommen.

Wenn ein Ja gekommen ist, so gib ihn auf. Wenn ein Nein gekommen ist, reflektiere diese weiteren Fragen:

„Wenn eine Trennung von ihm noch nicht an der Reihe ist, was ist denn dann derzeit an der Reihe? Was will das Leben jetzt von mir; worauf zeigt es?“

„Wenn eine Trennung noch nicht geht, wie kann ich dann konstruktiv mit dieser Situation umgehen?“

„Was kann ich im Kontakt mit ihm anders machen als vorher?“

„Gibt es einen neuen Handlungsspielraum, und schließlich: Wie bleibe ich aus dem Überlebensmodus raus?“

Du kannst aufschreiben, welche Antworten aus deinem Inneren gekommen sind. Wenn du keine bekommen hast, dann bleib dran. Frage morgen wieder.

Überhaupt, solltest du in der nächsten Zeit mit diesen Fragen im inneren Kontakt bleiben und mit ihrer Hilfe immer wieder überprüfen, was an der Reihe ist und ob etwas Neues möglich ist.

Diese Vorgehensweise wird dich immer wieder in dir selbst verankern, so dass du den Halt nicht mehr verlierst, aber auch dem Rausch nicht mehr aufsitzt.

Du wirst den Mann weniger brauchen: Je mehr du bei dir bist, desto weniger brauchst du ihn!

Es geht um Präsenz, bleib bei dir!
Mehr und mehr und mehr.
Das ist das Gegenteil vom Überlebensmodus.

6. Diesen Punkt brauchst du nur, wenn du eine Affäre beenden musst und nicht einen Beziehungsversuch

Lies bitte laut:

Ich kann den Kontakt zu ihm nur dann noch vor mir selbst verantworten, wenn ich alles dafür tue, um aus der Sache herauszukommen.

Ich muss die Hoffnung aufgeben und auf den Rausch verzichten.

Ich will nüchtern bleiben.

Ich weiß, dass der Schmerz wiederkommt, wenn ich mich dem Rausch hingegeben habe.

Wenn ich mit ihm zu tun habe – und wenn es nur das Beantworten einer Nachricht ist – muss ich bei mir bleiben.

Bevor ich etwas sage, entscheide, mache oder reagiere, spüre ich einen Augenblick in mich hinein.

Ich habe genug gesehen, habe ihn kennengelernt. Ich gebe jede Hoffnung auf, dass er sich ändert, dass er ein anderer ist, dass aus uns eine Beziehung wird, dass er mich glücklich machen will und wird.

Ich gebe in Bezug auf ihn jede Hoffnung auf.

Ich nutze jede Gelegenheit im Kontakt zu ihm, um meine Präsenz zu erhöhen, um wieder mehr bei mir zu sein.

Spätestens, wenn ich mit ihm zu tun habe, sei es ein Telefonat, sei es, dass ich ihn sehe oder ihm nur eine Nachricht schreibe, spüre ich in mich hinein.

Ich mache nichts mehr in der alten Umnachtung. Ich nutze alles, um wach zu werden.

Ich höre auf, mich zu belügen und mir Märchen zu erzählen.

Ich höre auf, mich selbst zu verletzen.

Ich halte die Versprechen, die ich mir gegeben habe.

Ich nutze alles, um wach, bewusst und präsent zu sein.

ICH BLEIBE BEI MIR.

6. Ein letztes Versprechen, es ist das wichtigste

Hier kommt noch ein letztes Versprechen und vielleicht ist es das wichtigste von allen. Ich kann dir eines sagen: Wenn du dieses Versprechen hältst, werden sich dein Leben und deine Beziehungen ändern.

Zunächst aber hat es weitreichende Auswirkungen auf deine Beziehung zu dir selbst. Es wird dir deine Selbstachtung und Würde zurückgeben. Dieses Versprechen rangiert früher oder später ganz weit oben im Wertesystem. Es wird dir ermöglichen, dich in einem gesunden Maß zu hinterfragen, ohne in Selbstanklage, Schuldgefühle oder Scham zu versinken.

Hier ist das Versprechen:

„Ich rede nie wieder schlecht über mich selbst.
Weder laut noch gedanklich.“

Lege die Hand auf dein Herz und spüre hinein.

Sprich das Versprechen laut aus – drei Mal.

Du wirst dich wundern, wie wach dieser Satz dich macht! Du wirst jetzt erst sehen, wie oft das eigentlich passiert. Und wenn du das Versprechen ernst nimmst, wirst du imstande sein, sehr schnell damit aufzuhören.

7. Schreibe alle Versprechen aus allen Lektionen heraus

… und lese sie in den nächsten zehn Tagen täglich.

Natürlich kannst du den Kurs wiederholen oder einzelne Lektionen nochmals durchführen.

Die Schreib-Meditation und die Überkreuz-Übungen solltest du noch ein paar Wochen lang weiterführen.

Schlusswort: Ist es dein Schicksal, allein zu bleiben?

Viele Frauen, die einen Mann loslassen müssen, in den sie sich verliebt hatten, stellen diese eine Frage: Ist es mein Schicksal, allein bleiben zu müssen? Oder eine Beziehung zu führen, die nur auf Vernunft basiert?

Lass mich so antworten: Das, was du suchst, sucht dich!

Dieser Satz des persischen Sufi-Mystikers Rumi sagt nichts anderes als: Wenn es das ist, was du wirklich willst, ist es bereits deins. Du kannst es nicht verfehlen!

Wenn du dir eine Beziehung wünschst, eine richtig gute – keine halben Sachen – sondern eine lebendige, schöne und sichere Beziehung, dann wird das Leben dir zeigen, wie du dorthin kommst. Dazu zeigt es dir aber erst, was dir im Weg steht.

In diesem Fall ist es ein starkes Überlebenssystem. Wenn du viel Mangelgefühl, viel Sehnsucht in dir trägst, muss das zuerst von dir wahrgenommen und bewusst gefühlt werden. Du weißt jetzt, dass Schmerz nur heilt und reift, wenn wir aufhören, dagegen zu kämpfen und uns für seine Dauer ergeben.

Dein starker Wunsch nach einer schönen, glücklichen und langjährigen Beziehung wird also genau die Reifung von allem auslösen, was seiner Erfüllung im Weg steht!

Das Leben hat dich gerade deinem Traum wieder ein Stück nähergebracht. Mache dir um das *Wie* keine Gedanken.

Wo der Mensch herkommt und wie du ihn kennenlernst, kannst du getrost dem Leben überlassen. Vergiss nie: Das Leben kann alles und immer um Welten mehr, als dein Verstand sich vorstellen kann. Bemühe ihn dafür gar nicht erst.

Du wirst merken, wann du ihn brauchst.

Der Mann, der für dich ist, ist da draußen irgendwo und wünscht sich, dich zu finden. Das Leben arrangiert das, wenn es so weit ist.

Er wird derjenige sein, der dich zu schätzen weiß, der keine Nacht mehr ohne dich sein will. Der Kilometer und Kilometer fährt, um dich sehen zu können, und der dich glücklich machen will. Lasse den Mann, der dir wehgetan hat, hinter dir und betrachte ihn ab heute als jemanden, der zu deiner Reifung beigetragen hat, damit deine Wünsche in Erfüllung gehen. Das war seine Liebe zu dir.

Sei weiter so mutig: Alles kommt so, wie du es dir wünschst. Du musst dafür nur etwas mehr Geduld mitbringen, als du dachtest. Geh weiter auf das zu, was du wirklich willst, aber lasse dich jetzt für den Moment vom Leben unterrichten. Es ist mindestens so wichtig im Leben, zu was wir nein gesagt haben ...

Wenn du den Augenblick gut behandelst, ist für die Zukunft gesorgt, sagt Eckhart Tolle

Du kannst gerne alles vergessen, was du in diesem Buch gelesen hast, wenn du nur das Folgende in Erinnerung behältst. Für die Erfüllung von allem brauchst du diese beiden Dinge: deine Ehrlichkeit zu dir selbst und die Fähigkeit, das Fühlen im Körper wahrzunehmen.

Alles andere macht das Leben.

Vor ein paar Tagen erst fragte mich jemand: „Was ist denn, wenn das Gefühlskino weg ist, wenn die Emotional-Achterbahn nicht mehr da ist? Was tritt an diese Stelle?“

Das ist schnell beantwortet: An die Stelle tritt die richtige Version von allem.

Statt Schein erlebst du das Echte: echte Beziehung, echte Liebe, echtes Empfinden, echtes Vertrauen und vor allem tiefen Frieden.

All das ist möglich, weil du auf diesem Wege so sensibel wirst, dass du die Frequenz Gottes wahrnehmen kannst, die alles durchdringt und dich fortan sanft und zuverlässig durch dein Leben tragen wird.

Wenn die Illusionen des Überlebenssystems verschwunden sind, wirst du erkennen, dass die gesamte Schöpfung aus Liebe gemacht ist.

∞

Mein Angebot an dich

Liebe Leserin,

sicher hat dir dieses Buch manche Fragen beantworten und manchen Zusammenhang verdeutlichen können. Wenn du darüber hinaus noch Fragen hast oder den Wunsch verspürst, persönlichen Kontakt mit mir aufzunehmen, bist du herzlich eingeladen, meine Website, **www.tanja-grundmann.de**, zu besuchen. Dort findest du mein Beratungsangebot und alle Kontaktoptionen. Es gibt auch immer wieder Telefonseminare zu diesen Themen.

Du findest auch weitere Antworten in den frei zugänglichen Artikeln auf meiner Website oder in den Videos und Podcasts auf meinem YouTube-Kanal.

Link zum YouTube-Kanal:
https://www.youtube.com/channel/UCo2SmeKgjoVn7eD0gyNru5w

Meine E-Mail-Adresse:
mail@beziehung-in-balance.de

Ich freue mich auf dich ☺

Deine Tanja

Ihre Zufriedenheit ist unser Ziel!

Liebe Leser, liebe Leserinnen,

hat Ihnen unser Buch gefallen? Haben Sie Anmerkungen für uns? Kritik? Bitte zögern Sie nicht, uns zu schreiben. Wir werden jede Nachricht persönlich lesen und beantworten.

Schreiben Sie uns: info@ek2-publishing.com

Wir würden uns zudem riesig freuen, wenn Sie uns dabei unterstützen, dieses Buch sichtbarer zu machen. Bitte nehmen Sie sich einen Moment Zeit und bewerten Sie dieses Buch auf Amazon. Viele positive Rezensionen führen dazu, dass das Buch erfolgreich wird und wir für Sie weitere spannende Bücher herausbringen können.

Sie können somit mit wenigen Minuten Zeitaufwand unserem kleinen Familienunternehmen einen großen Gefallen tun. Vielen Dank für Ihre Unterstützung!

PS: In seltenen Fällen kommt ein Buch beschädigt beim Kunden an. Bitte zögern Sie in diesem Fall nicht, uns zu kontaktieren. Selbstverständlich ersetzen wir Ihnen das Buch kostenlos.

Viele Grüße aus Duisburg!

Eine Veröffentlichung der EK-2 Publishing GmbH

Friedensstraße 12
47228 Duisburg
Registergericht: Duisburg
Handelsregisternummer: HRB 30321
Geschäftsführerin: Monika Münstermann

E-Mail: info@ek2-publishing.com
Website: www.ek2-publishing.de
E-Mail-Adresse der Autorin: mail@beziehung-in-balance.de

Alle Rechte vorbehalten

Covergestaltung: Danieloart
Autorin: Tanja Grundmann
Lektorat: Jill Marc Münstermann
Buchsatz: Veronika Aretz

1. Auflage, September 2022

ISBN Taschenbuch: 978-3-96403-241-6
ISBN Hardcover: 978-3-96403-242-3

Druckhinweis:

Libri Plureos GmbH

Friedensallee 273

22763 Hamburg

MIX
Papier aus verantwortungsvollen Quellen
Paper from responsible sources
FSC® C105338
FSC
www.fsc.org